Flüchtlinge willkommen – und dann?

d|u|p

Vortragsreihe der IIK-Abendakademie

Band 5

Herausgegeben von

Heiner Barz und Matthias Jung

Heiner Barz (Hrsg.)

Flüchtlinge willkommen – und dann?

Die Flüchtlingskrise als Herausforderung
für Gesellschaft und Bildung

d|u|p

Bibliografische Information der Deutschen Nationalbibliothek

Die Deutsche Nationalbibliothek verzeichnet diese Publikation in der

Deutschen Nationalbibliografie; detaillierte bibliografische Daten sind

im Internet über http://dnb.dnb.de abrufbar.

© düsseldorf university press, Düsseldorf 2017

http://www.dupress.de

Satz, Layout und Umschlaggestaltung: Hannah Reller

Herstellung: docupoint GmbH, Barleben

Der Fließtext ist gesetzt in Minion Pro

ISBN 978-3-95758-036-8

Inhaltsverzeichnis

Vorwort

Andrea von Hülsen-Esch,
Prorektorin für Internationales an der Heinrich-Heine-Universität Düsseldorf

Die Flüchtlingskrise beherrscht uneingeschränkt die Medien, konfrontiert unsere Gesellschaft beständig mit Herausforderungen und Chancen und stellt zur Diskussion, was uns alle auch hier in Düsseldorf mit den vielen zu uns gekommenen Geflüchteten umtreibt: Wie kann es uns gelingen, diese Menschen in unsere Gesellschaft zu integrieren, ihnen ein Alltagsleben zu ermöglichen, ihnen Perspektiven zu eröffnen? Aber auch: Wie gelingt nachhaltig interkulturelle Verständigung, wenn erste Hilfsmaßnahmen geleistet, überfüllte Kleiderschränke entleert und das persönliche Zeitbudget für Hilfsaktionen bereits erschöpft ist? Wie können wir Ängste, Fremdheitsgefühle, Verständigungsprobleme auf beiden Seiten abbauen, wenn nicht genügend Sprachvermittler zur Verfügung stehen, wenn Gesten, Sitten, Gebräuche auf beiden Seiten zu Missverständnissen führen? Wie verhindern wir Hetzparolen und Angriffe auf Menschen, die nur eines möchten: endlich in Sicherheit sein? Wie können wir den Menschen helfen, ihre furchtbaren Erfahrungen und Traumata einer gefahrvollen Flucht aus der Kriegshölle zu verarbeiten? Der Fragenkatalog ließe sich beliebig verlängern, und diese Fragen gehen uns alle an, uns als potentielle Nachbarn, Arbeitgeber, Arbeitskollegen, Lehrer, Mitschüler, Sportkameraden und, dies ist eine Zukunftsvision: vielleicht einmal als Freunde.

Was hat dieses Thema mit der Heinrich-Heine-Universität Düsseldorf und dem Institut für Internationale Kommunikation zu tun? 1989 aus der Düsseldorfer Germanistik als Verein ausgegründet, genießt das IIK heute internationales Renommee in der Konkurrenz der deutschlandweiten Weiterbildungsangebote und hat insbesondere wegen seiner exzellenten Arbeit im Bereich des Deutschen als Fremdsprache einen hervorragenden Ruf.

Doch neben der Sprachausbildung greift das Institut auch aktuelle gesellschaftliche Fragestellungen auf, die für das Zusammenleben unterschiedlicher Kulturen innerhalb Deutschlands, aber auch innerhalb einer Weltgemeinschaft, von zentraler Bedeutung sind. Wie viele andere Universitäten in Deutschland unterstützt auch die Heinrich-Heine-Universität Düsseldorf studieninteressierte Asylbewerber, sich mit Hilfe von Deutschunterricht und dem Besuch von Lehrveranstaltungen auf ein Studium an einer deutschen Hochschule vorzubereiten. Wir haben erreicht, dass studieninteressierte Flüchtlinge Lehrveranstaltungen und eigens eingerichtete Sprachkurse besuchen können. Diese Initiative werden wir in Zukunft ausbauen und Beratungsformate für Doktoranden und Postdoktoranden sowie Maßnahmen zur Integration von Wissenschaftlern unter den Asylbewerbern entwickeln.

Der äußerst sensible Bereich der Integration mit seiner gesellschaftlich drängenden Frage nach Möglichkeiten zur friedlichen Koexistenz unterschiedlicher Kulturen, Religionen und Glaubenspraxen konfrontiert uns alle in unserem täglichen Leben.

Als Prorektorin für Internationales liegt mir dieses Thema der Integration und der Öffnung der Menschen zur Sensibilität im Umgang mit Andersdenkenden und anderen Kulturen besonders am Herzen. Eine Internationalisierung der Universität lebt insbesondere von diesem Fundament, dem Fundament der Toleranz und Vorurteilslosigkeit. Es zeigt sich in einer gelebten Willkommenskultur der Universität ebenso wie in einem von interkulturellem Wissen und Verständnis für den anderen geprägten Miteinander. Wir müssen uns dringend öffnen für die Chancen, Möglichkeiten und Bereicherungen unterschiedlicher Nationen, Religionen und vor allem: unterschiedlicher Menschen für unser Zusammenleben. Das können wir jedoch nur aus Überzeugung tun, wenn wir mehr wissen um die Probleme, Ängste, Bedürfnisse, Wünsche, Befangenheiten von Geflüchteten und Einheimischen.

An der Heinrich-Heine-Universität stehen wir in der Tradition unseres Namenspatrons für eine weltoffene und tolerante Gesellschaft. Die Entwicklungen der letzten Wochen, in denen Hetzparolen und Anschläge ein Klima der Fremdenfeindlichkeit und der Intoleranz erzeugt haben, beobachten wir daher mit großer Sorge.

Auch wenn hinsichtlich der Unterbringung der Flüchtlinge, ihrer Integration in unsere Gesellschaft und ihrer Eingliederung in die Arbeitswelt viele Fragen noch nicht beantwortet sind, dürfen wir nicht zulassen, dass diese Unsicherheit von nationalistischen und rassistischen Stimmungsmachern instrumentalisiert und Ängste geschürt werden. Volksverhetzende Aufrufe und Gewalt verurteilen wir auf das Schärfste. Gleiches gilt für Anfeindungen gegenüber Menschen, die sich in der derzeitigen Lage für Flüchtlinge und Integration engagieren.

Sie verdienen unseren vollsten Respekt, unsere Anerkennung und unsere wohlwollende Unterstützung.

Hetze, Ausgrenzung, verbale oder physische Gewalt bedrohen die Grundfeste unserer Gesellschaft. Als Angehörige einer Universität sind wir aufgefordert, diesen Angriffen auf unsere freiheitlich demokratische Grundordnung gemeinsam entgegenzutreten und für die Wahrung der Menschenrechte – auf dem Campus und in unserer persönlichen Umgebung – einzustehen. Ich hoffe, dass wir es gemeinsam schaffen, das Willkommenheißen von Flüchtlingen in eine echte Willkommenskultur zu überführen.

Die Flüchtlingskrise als Herausforderung für Gesellschaft und Bildung

Heiner Barz

Es gibt sehr unterschiedliche Einschätzungen zur Flüchtlingskrise: In Großbritannien hält man uns, die Deutschen, für übergeschnappt. Der englische Politologe Anthony Glees sagte nach der offiziellen Außerkraftsetzung der Dublin-Regelung Anfang September 2015, Deutschland handle wie ein gefühlgesteuerter „Hippie-Staat" (Deutschlandfunk 08.09.2015). Die Abschottung gegenüber Flüchtlingen wird jedenfalls auf den britischen Inseln mit erheblichem Aufwand betrieben und gesellschaftlich von einer großen Mehrheit befürwortet. Schließlich wird die Brexit-Entscheidung vom Sommer 2016 auch als Votum gegen einen verstärkten Zustrom von Ausländern und Flüchtlingen auf die britischen Inseln diskutiert. In Frankreich behauptet die Vorsitzende des rechtspopulistischen Front National, dass Deutschland die Flüchtlinge nur aus Eigennutz ins Land lasse. Marine Le Pen behauptete zwischenzeitlich sogar, Deutschland wolle die Flüchtlinge als Sklaven rekrutieren (vgl. Die Welt 07.09.2015). So sehr die osteuropäischen Länder, die seit der Auflösung des Warschauer Paktes in EU und NATO aufgenommen wurden, sich ansonsten von Moskau distanzieren – in der Frage der Bewertung der deutschen Flüchtlingspolitik sind sie sich mit Russland bemerkenswert einig: Sie wollen damit nichts zu tun haben und bewerten die Aufnahme von hunderttausenden von muslimischen Flüchtlingen mindestens als Kontrollverlust, wenn nicht als Zeichen von Dekadenz, Kapitulation und Ausverkauf dessen, was einst als Deutschlands Stärke galt.

Man kann es sich eigentlich nur so erklären, dass entweder Deutschland kollektiv von einer Art geistigen Verwirrung heimgesucht wurde – oder dass die Regierung von irgendwie ferngesteuerten feindlichen Mächten übernommen und die Deutschen hinters Licht geführt werden.

In Deutschland selbst scheint sich, nach „Schließung der Balkanroute" und „Türkei-Deal", nach dem deutlichen Rückgang der Zahlen der in Deutschland ankommenden Flüchtlinge im Jahr 2016 also, eine ambivalente Bewertung breit zu machen. Sieht man von radikaleren Statements an den Rändern des politischen Spektrums ab, dann findet man eine weit verbreitete Zustimmung zum „Ja, aber ..." oder zum „Nein, aber ...". Ja, es war richtig, die Grenzkontrollen und Registrierungen kurzfristig Anfang September auszusetzen, weil nur so eine humanitäre Katastrophe verhindert werden konnte. Aber man hätte das Heft des Handelns viel schneller wieder in die Hand bekommen müssen. Außerdem hätte der Ausnahmecharakter der Situation viel klarer kommuniziert werden sollen. Andere sagen rückblickend: Nein, es war falsch, die Dublin-Regeln, die schließlich geltendes europäisch vereinbartes Recht sind, offiziell außer Kraft zu setzen – aber die menschlich gut verständlichen Beweggründe dafür will man doch nicht in Frage stellen. Es hätte andere Wege der Bewältigung der akuten Krisenlage geben müssen, die juristisch unproblematischer und hinsichtlich ihrer Sogwirkung weniger kontraproduktiv gewesen wären.

Über die Frage, welche Einschätzung letztlich die Situation richtig beschreibt, wird die Geschichte entscheiden. Man wird in 10–20 Jahren wissen, ob die Einschätzungen richtig waren, die vor allem die Chancen und die Arbeitskräftepotentiale betonen. Ob die Kanzlerin richtig lag, mit ihrer deutschen Variante von „Yes, we can", oder ob sich die Befürchtungen einer Überlastung Deutschlands, einer Überforderung selbst der Hilfsbereiten und Engagierten am Ende bewahrheiten. Natürlich hoffe ich, hoffen wir, dass die „Ja, wir schaffen das"-Version sich als tragfähig erweisen wird. Und wir wollen auch dabei mithelfen.

Tatsache ist, dass Deutschland in besonderer Weise durch den Flüchtlingsstrom herausgefordert war und ist, weil ein großer Teil der Flüchtlinge durch das Image, das Deutschland in der Welt genießt, sich hier am besten aufgehoben und am stärksten angezogen fühlt. Die positiven Assoziationen zu Deutschland betreffen – wenn man den Umfragen glauben darf – auch nicht mehr nur die schon länger dominierenden Eigenschaften von pragmatischer Effizienz und wirtschaftlicher Prosperität – sie betreffen inzwischen auch das, was man als Willkommenskultur bezeichnet. Das ist natürlich einerseits tatsächlich erfreulich. Es weckt aber auch Ängste und Befürchtungen, von denen man nicht sagen kann, dass sie nur von Rechtspopulisten geschürt werden. Weil ja tatsächlich schwer absehbar ist, ob die Bekämpfung der Fluchtursachen nachhaltig Wirkung zeigen wird und zum Beispiel die Flüchtlingspolitik der Türkei, so teuer sie erkauft ist, eine ziemlich unsichere Komponente darstellt. Ebenso wenig ist noch immer absehbar, ob die Europäische Union sich auf eine realistische Lastenteilung wird einigen können. So ist damit zu rechnen, dass zumindest vorläufig größere Zahlen von Menschen, die in Deutschland Schutz suchen, erhalten bleiben – wenngleich auf einem im Vergleich zu 2015 deutlich niedrigeren Niveau. Und es bleibt die Aufgabe, diese Menschen nicht nur mit einem Schlafplatz, mit Kleidung und Essen zu versorgen, sondern auch die Weichen für eine gelingende Integration möglichst frühzeitig zu stellen.

Sache und Wort „Willkommenskultur" haben ja eine noch vergleichsweise kurze Geschichte. Das Wort hat erst in den letzten 5–6 Jahren in Deutschland Fuß gefasst. 2010/11 habe ich für den damaligen Integrationsminister Armin Laschet eine erste Studie zum Thema Willkommenskultur erstellt.

Damals war die Situation so, dass am 27. November 2008 auf europäischer Ebene der Beschluss zur freiwilligen Aufnahme von europaweit insgesamt 10.000 besonders schutzbedürftiger irakischer Flüchtlinge getroffen worden war – darunter fielen damals Angehörige verfolgter Minderheiten (insbesondere Christen), gesundheitlich beeinträchtigte Menschen (u. a. Traumatisierte, Folteropfer) und alleinerziehende Mütter mit Kindern – aus den bisherigen Aufnahmeländern Jordanien und Syrien. Die Innenminister der Länder hatten sich mit dem Bundesminister des Innern im November 2008 darauf verständigt, dass Deutschland sich an einer europäischen Aufnahmeaktion beteiligt und insgesamt 2.500 besonders schutzbedürftige Flüchtlinge aus den vorgenannten Personengruppen aufnimmt. Entsprechend dem Königsteiner Schlüssel wurden in Nordrhein-Westfalen 536 Personen aufgenommen.

Gemeinsam mit dem Integrationsministerium wurde ein Forschungsprojekt entwickelt, in dem die damals erstmals von politischer Seite offensiv propagierte Willkommenskultur am Beispiel dieser irakischen Kontingentflüchtlinge überprüft und optimiert werden konnte. Mit Hilfe eines Fragenkataloges u. a. in englischer, arabischer und aramäischer Sprache und auch mit Mitarbeitern der Sozialämter und der Migrationsdienste der Wohlfahrtsverbände wurden zahlreiche Befragungen mit Flüchtlingen geführt. Die Ergebnisse waren für die Politik insofern überraschend, als sie – trotz der Weisungen einer positiven Sonderbehandlung dieser Flüchtlingsgruppe – doch auf bereits damals absehbare größere Problembereiche hinwiesen. Aus dem Katalog der Empfehlungen, der damals von uns erarbeitet worden war, will ich nur drei exemplarisch herausgreifen:

1. Weichere Übergänge von intensiver Erstbetreuung zur vollkommenen Eigenverantwortung der Flüchtlinge. Einrichtung zusätzlicher „Schnittstellen-Dienste": Trotz des vergleichsweise guten Zusammenspiels der verschiedenen beteiligten Einrichtungen formulierten die Flüchtlinge selbst eine deutliche Unzufriedenheit mit der Betreuungssituation. Als höchst problematischer Punkt im Erleben der Flüchtlinge zeigte sich immer wieder der Übergang aus der Erstbetreuung in Aufnahmelagern und Übergangsheimen in die offenere Situation einer eigenen Wohnung. Denn die Verfügbarkeit von unmittelbaren Ansprechpartnern, die Möglichkeit alle Probleme „aus einer Hand" angehen zu können, fällt hier sozusagen schlagartig weg. Das Gefühl, auf sich alleine gestellt zu sein, ohne Sprachkenntnisse, ohne räumliche Orientierung und ohne leicht erreichbare Ansprechpartner, wurde an diesem Punkt immer wieder als subjektiv große Belastung deutlich.

2. Präventive Information über die realen Lebensbedingungen von Flüchtlingen in der BRD:
Die Enttäuschungserfahrungen der irakischen Flüchtlinge, soweit sie durch die Differenz hoher materieller Erwartungen an Deutschland als „gelobtes Land" und den tatsächlichen niedrigen Komfort-Status in Sozialwohnungen bedingt sind, wird man kaum entschieden reduzieren können. Auch wird es kaum realistische Optionen geben, die Erfahrung des „doppelten Kulturschocks" zu verhindern, die darin liegt, mitten in Deutschland auf Wohn- und Schulumfelder zu stoßen, in denen deutsche Kulturtraditionen deutlich marginalisiert sind. Zu prüfen wäre, ob durch eine „prophylaktische", vor überhöhten Erwartungen warnende Kommunikations- und Informationspolitik gegenüber potentiellen Flüchtlingen bzw. Flüchtlingen, die sich bereits in Asylbewerberunterkünften oder Übergangswohnheimen aufhalten, hier auf eine realistischere Erwartungshaltung hingewirkt werden könnte.

3. Schulzuweisung auf Basis individueller Kompetenzprofile:
Die aktuelle Praxis der Zuordnung von Flüchtlingskindern zu einzelnen Schularten scheint Begabungen, Talente und Bildungsaspirationen nicht immer genügend zu berücksichtigen. Die Befunde der damaligen Studie legten nahe, sowohl das am Anfang stehende Zuweisungsprocedere zu überprüfen als auch

eine regelmäßige Dokumentation der Schulerfolge zu etablieren, um eventuelle Schulwechsel ggfs. frühzeitig vorzubereiten und in die Wege zu leiten.

Die Befunde und Empfehlungen machen deutlich, dass wir mit dem Thema Willkommenskultur und seiner Einbettung in eine Konstellation aus ehrenamtlichen Helfern, staatlichen Stellen und Verbänden eine wichtige und politisch zu gestaltende Aufgabe vor uns haben. Dass auch Bildung dabei eine Rolle spielen muss, versteht sich von selbst. Dass allerdings die gegenwärtigen Herausforderungen auch eine alltagspraktische Bewährungsprobe jenseits aller Schulmeisterei bedeuten, hat sich inzwischen auch allenthalben herumgesprochen. Dazu gehört an vorderster Stelle auch das Erlernen der deutschen Sprache – und deshalb sieht sich auch das Institut für Internationale Kommunikation (IIK e.V. Düsseldorf und Berlin), das in der studienvorbereitenden Fremdsprachenvermittlung einen Arbeitsschwerpunkt hat, hier aufgefordert, einen Beitrag zu leisten. Als Präsident des IIK freue ich mich, dass wir mit diesem Band nun eine erste Zwischenbilanz der Anforderungen, der Erwartungen und Diskussionen, die der große Flüchtlingszustrom 2015 in Deutschland notwendigerweise ausgelöst hat, vorlegen können. Der Band dokumentiert die Herausforderungen (durch den jüngsten Flüchtlingszustrom) aus Perspektiven der Sozialwissenschaft und der Bildungsforschung. Im Mittelpunkt steht dabei vor allem die Frage der Bildungsintegration und des Spracherwerbs. Welche Probleme und welche Chancen sind es, vor denen Bildungseinrichtungen im vorschulischen und schulischen Kontext aber auch Hochschulen heute stehen? Welche Rolle können zivilgesellschaftliche Akteure, welchen Beitrag die vielen ehrenamtlichen Helfer leisten? Und welche Weichenstellungen sind von der Politik gefordert? Ausgewiesene Expertinnen und Experten aus Wissenschaft, Politik und Praxis liefern nicht nur eine Zwischenbilanz der aktuellen Entwicklung. Sie diskutieren auch Lösungsvorschläge und Ansatzpunkte für die praktische Arbeit. Dabei kommen auch Fragen der Arbeitsmarktintegration und erste Annäherungen an eine empirische Bestandsaufnahme zum Thema posttraumatische Belastungsstörungen bei Fluchtmigranten zur Sprache. Schließlich werden auch relevante Aspekte der interkulturellen Reibungspunkte ausgeleuchtet, die sich aus der Tatsache ergeben, dass ein großer Teil der Flüchtlinge sich zum Islam bekennt und damit zu einer Religion, die in ihren heutigen Ausprägungen teilweise problematische Einstellungen und Verhaltensmuster konserviert.

Im Rahmen der diesem Band im Wintersemester 2015/16 vorangegangenen Vortragsreihe der IIK-Abendakademie in Zusammenarbeit mit der Philosophischen Fakultät der Heinrich-Heine-Universität Düsseldorf hatte auch Rupert Neudeck gesprochen. Rupert Neudeck, der für viele so etwas wie der Vater aller Flüchtlingshilfe war, ist am 31. Mai 2016 gestorben. Ihm zu begegnen war für mich, wenn dieses persönliche Wort hier erlaubt ist, ein ganz besonderes Erlebnis: Nie habe ich einen Menschen mit einer so außergewöhnlichen Ausstrahlung kennengelernt. Das Frappierende war gerade der Kontrast zwischen den großen Leistungen, der großen öffentlichen Resonanz seiner beeindruckenden Hilfseinsätze in vielen Krisenregionen der Welt – und einem völlig uniprätentiösen Auftreten.

Dabei wirkte die Bescheidenheit kein bisschen demonstrativ – sondern ehrlich und pragmatisch. Ich weiß nicht mehr, ob er wirklich Sandalen anhatte – aber auch ohne „Jesus-Latschen" hatte ich den Eindruck, einen modernen Heiligen vor mir zu haben. Zurecht waren die Zeitungen voll mit Würdigungen für diesen außergewöhnlichen Menschen, dessen Vortrag vom 5. November 2015 unter dem Titel „Das Jahrhundert der Flüchtlinge – Herausforderung und Chance" im vorliegenden Band dokumentiert ist. In einem der Nachrufe (FAZ) konnte man lesen:

> Rupert Neudeck ist Zeit seines Lebens wie ein Flüchtling ohne Gepäck gewesen und ein Botschafter ihrer Nöte in Deutschland. Nie vergaß er, dass er 1945 als fünf Jahre altes Kind aus Danzig nur knapp dem Tod auf der ‚Wilhelm Gustloff' entkommen war, die von sowjetischen Torpedos versenkt wurde. Seine Familie erreichte den Hafen zu spät und entkam so dem Tod. Doch die Erinnerung an jene verzweifelte Flucht und bittere Armut später im westfälischen Hagen prägten Neudeck sein Leben lang. Bei Reisen kam er stets mit einem kleinen Köfferchen aus, stieg immer in den bescheidensten Herbergen ab und fühlte sich besonders wohl bei Flüchtlingen, in denen er Gefährten in der Not wiedererkannte.

Literatur

ARMBRÜSTER, Tobias (2015): „Wie ein Hippie-Staat von Gefühlen geleitet". In: Deutschlandfunk 08.09.2015. http://www.deutschlandfunk.de/deutschland-und-die-fluechtlinge-wie-ein-hippie-staat-von.694.de.html?dram:article_id=330441

O.A. (2015): Berlin will mit Flüchtlingen „Sklaven rekrutieren". In: Die Welt 07.09.2015. https://www.welt.de/politik/ausland/article146112084/Berlin-will-mit-Fluechtlingen-Sklaven-rekrutieren.html

BREMER, Jörg (2016): Zum Tod von Rupert Neudeck. Ein Flüchtling unter Flüchtlingen. In: Frankfurter Allgemeine Zeitung vom 31.05.2016. http://www.faz.net/aktuell/politik/inland/zum-tod-von-rupert-neudeck-ein-fluechtling-unter-fluechtlingen-14262029.html

Das Jahrhundert der Flüchtlinge – Herausforderung und Chance[1]

Rupert Neudeck

Eines vorweg, und das betrifft auch die Bereiche der Forschung, Politik und weiterer Experten: Niemand hat vorausgesehen und gewusst, was wir in diesem Jahre vor uns haben. Niemand! Die Geheimdienste nehme ich aus solchen Prognosen immer schon aus, die wissen sowieso nichts im Voraus. Aber auch unter uns, unter politisch denkenden und analysierenden Menschen, unter Journalisten, unter Abgeordneten. Einzelne Elemente konnte man absehen und aus diesen heraus kann man bestimmte Mahnungen an die Politik vertreten. Aber niemand hat diese Wucht einer Weltbewegung kommen sehen.

Ich möchte die fünf Kategorien der Flüchtlinge, die gegenwärtig oder demnächst auf Europa zu drängen, besprechen. Doch zunächst möchte ich einen Eindruck eines Platzes vermitteln, an dem es im Moment dramatisch zugeht, die Insel Lesbos. Ich habe von unseren beiden Grünhelmen, die dort arbeiten, erfahren, dass die Situation gar nicht mehr zu fassen ist. An der anderen Seite der türkischen Küste sammeln sich Busse und die Zahl derer, die täglich in Schlauchbooten herüberkommen. Einige von ihnen, meist Kinder, ertrinken dabei. Die Anzahl der Schlauchboote ist so groß, dass wir täglich allein 3.000 Flüchtlinge in dem Ort Skala Sikaminias verzeichnen.

Auch da muss ich wieder sagen: Man muss sich trauen zuzugeben, dass man sich geirrt hat.

Als ich vor anderthalb Wochen auf Lesbos war, haben wir besprochen, dass diese Zahl aufgrund der saisonalen Situation parallel zum Seeverkehr sinken wird. Wenn der Winter kommt, wenn die Winde kommen, kann man mit einem Schlauchboot eigentlich nicht mehr eine solche Meerenge bestreiten. Doch wir haben uns geirrt, denn die Wucht ist weiterhin groß. Und wir müssen uns klarmachen, weshalb sie so groß ist! Es gibt nicht einen Motivstrang, es gibt mehrere. Aber ich fange mal an mit den fünf großen Kategorien derer, die gegenwärtig sich auf den Weg machen.

---

[1]   Redaktionell leicht überarbeitete Mitschrift eines Vortrags am 5. November 2015 im Townhouse Düsseldorf im Rahmen der IIK-Abendakademie.

Die Erste bilden die Syrer, die wahrscheinlich die Hauptmasse gegenwärtig darstellen, auch auf Lesbos. Mit den Syrern ist es, in Anführungszeichen, vergleichsweise einfach. Sie sind erst mal diejenigen, denen wir das am einfachsten und schnellsten gönnen möchten, dass sie in Europa einen sicheren Hafen, ein sicheres Land betreten können, weil in ihrem Land der Krieg und die Brutalität toben. Als wir 2012–2013 im Norden Syriens gearbeitet haben, konnten wir nicht ahnen, dass es noch einmal zu einer solchen Eskalation an Brutalität kommen kann. Es ist nicht zu fassen. Kriege wurden wissenschaftlich als asymmetrisch beschrieben. Ich glaube, wir kommen in eine Phase, wo Kriege sich dadurch auszeichnen, dass die Kriegsparteien sich an Brutalität übertreffen – an Abschreckungsbrutalität. In einem Vorort von Damaskus gibt es auf LKW montierte Käfige, in denen sich genau diejenigen befinden, die das Regime nicht treffen darf, nämlich Aleviten. Sie werden verhaftet und als Schutzschilde einem nächsten Bombenangriff geradezu ausgesetzt. Was das menschliche Hirn gar nicht auszubrüten vermag, kommt in solchen Situationen dann zu einer realen Entfaltung.

Realistisch gesprochen sind die Syrer im Vergleich mit den Vietnamesen eine vergleichsweise leichte Gruppe für uns. Dieser Vergleich ist jetzt etwas platt dargestellt und ich müsste ihn weiter erklären, was an dieser Stelle jedoch zu weit führen würde. Aber warum sind die Syrer für unsere deutsche Flüchtlingspolitik eine leichte Gruppe? Die Antwort darauf habe ich vor 36 Jahren gelernt. Damals war ich der Meinung, kulturelle Unterschiede vergrößerten sich mit der geografischen Distanz. Doch: Pustekuchen, das muss gar nichts heißen. Die vietnamesische Gesellschaft war damals schon eine Mittelstandsgesellschaft, hatte ein Ausbildungsniveau, das unserem entsprach und somit gelang das Einleben in unsere Gesellschaft und Lebenskultur natürlich sehr viel leichter. Dies sind keine Argumente gegen andere Volksgruppen, sondern nur ein Hinweis darauf, dass es Nationalitäten gibt, mit denen wir es leichter haben und andere, mit denen wir es schwerer haben.

Die zweite Kategorie der Flüchtlinge stellen die Afghanen dar. Sie kommen jetzt in einer Zahl, die wir uns gar nicht vorstellen konnten und die von deutscher Politik und Bundeswehr her gar nicht hätte kommen dürfen. Wie kommen sie darauf, nachdem wir 900 Milliarden Euro in ihrem Land ausgegeben haben? Wie kommen sie darauf, plötzlich zu uns zu kommen? Das hat tiefliegende Gründe. Der Wandel in der Welt, welchen wir mit dem Modewort Globalisierung bezeichnen, bewirkt nun mal, dass es keinen Flecken auf der Erde mehr gibt, an dem man sich nicht Informationen beschaffen kann. Für die aktuelle Fluchtbewegung kann man die Bedeutung der digitalen Kommunikation nicht überschätzen! Und das betrifft auch die Kategorie, die ich als nächstes ansprechen werde: Afrikanische Migranten.

Unter der eine Milliarde Afrikaner werden mittlerweile 420 Millionen Handybesitzer gezählt. Jeder Flüchtling – ganz gleich ob er oberhalb der spanischen Enklave von Melilla auf marokkanischem Boden, in dem Wald Guru Guru, oberhalb von Ceuta, in Ägypten, in Jordanien oder in Zaatari lebt – jeder von ihnen hat ein Handy oder ein Smartphone. Und auch das müssen wir wieder verstehen, weil es weiter in meiner Gesellschaft das Vorurteil gibt, dass Flüchtlinge arm zu sein haben und am besten halbnackt ausgehungert ankommen müssen. Dann sind sie richtig gute Flüchtlinge. Und wenn jemand ein Smartphone in der Hand hat, dann hat er doch schon Geld, dann ist er kein richtiger Flüchtling. Das hat mir ein ehemaliger Ministerpräsident eines deutschen Bundeslandes gesagt, ich werde nicht verraten, wer das war. Wir müssen davon Abschied nehmen, dass wir nur abgerissene Menschen bekommen, die durch die Strapazen, die Tragödie dieser wahnsinnigen Flucht zu Fuß, zu Lande, zu Wasser und in der Luft arm aussehen müssen. Dieses Smartphone – um nochmal einen Moment dabei zu bleiben – öffnet für Millionen von jungen Menschen die Welt und zwar in einer Weise, die wir uns plastisch kaum vorstellen können.

Ich nenne Ihnen ein Beispiel: Afghanistan. Ich besinne mich an wunderbare Momente aus den Jahren 2003–2005, als wir mit dem Schulbau im Westen Afghanistans anfingen. Dort mussten wir den Schülerinnen und Schülern sowie den Lehrerinnen und Lehrern in den Klassen immer wieder anhand einer Tafel erklären, von wo wir komischen Deutschen denn herkommen. Das waren geradezu Momente der Enthüllung, denn wir stellten fest, dass die Welt der Afghanen gerade einmal Afghanistan, den Iran und Pakistan umschloss.

Dahinter gab es nichts und wenn wir sagten, wir kommen aber aus einem Land hinter Afghanistan, haben sie uns ganz komisch angeguckt. Das hat sich bis heute total geändert. Wir haben in Afghanistan miterlebt, wie kurz darauf die große Abwanderung der arbeitslosen Jugendlichen begann, welche bis heute die Tragödie des Landes darstellt. Sie gingen alle, auch wenn es illegal war, in den Iran. Sie haben es irgendwie geschafft dort reinzukommen, weil sie wussten, dass man dort eine Ausbildung machen und Geld verdienen konnte. Heute sind die Menschen in Afghanistan informiert, dass es bessere Optionen gibt, als in den Iran zu gehen und dort nicht geduldet zu werden. Noch viel besser ist es etwa, wenn man durch zwei islamische Länder hindurchgeht und bei den Ungläubigen landet, um es mal islamisch zu sagen.

Diese Annahmen werden auch gewaltige Auswirkungen darauf haben, was wir jetzt in Bezug auf die Verhältnisse innerhalb des Islams erleben. Es gibt in den sozialen Medien der arabischen Welt gewaltige Diskussionen darüber, weshalb Saudi-Arabien denn nicht diese Menschen aufnimmt, weshalb sie alle nach Berlin müssen. Und wieso Berlin und nicht Mekka? Schande über den Islam! Das sind Titelzeilen in den Blogs in der arabischen Welt. Dies sind Nebeneffekte dieser Bewegung, weil sie etwas erneuern, weil sie etwas aufreißen im Bewusstsein von Menschen.

Mit den Afghanen wird es wesentlich schwieriger werden. Nicht, weil sie schlechte Menschen sind, sondern weil sie einer Gesellschaft angehören, in der Analphabetismus noch sehr verbreitet ist. Es gibt so gut wie keine Berufsausbildungen. Arbeitskräfte werden nur auf dem landwirtschaftlichen, oder dem Opiummarkt gebraucht und dort gibt es natürlich wenige Kapazitäten.

Also diese Gruppe, die aktuell stark im Kommen ist und sich wahrscheinlich nochmal neu formiert, wird uns viel Arbeit machen. Mehr Arbeit als die Syrer.

Eine dritte Kategorie sind die Menschen, die eigentlich keine Flüchtlinge sind: die Balkanflüchtlinge. Für mich gibt es Flüchtlinge und Nicht-Flüchtlinge. Und diese Menschen aus der Balkanregion sind keine Flüchtlinge, bis auf wenige, die als Roma, Ashkali oder in Ländern Südosteuropas als Zigeuner bezeichnet werden. Bis auf diese wenigen, deren Anzahl weiter sinkt, haben Menschen aus der Balkanregion eigentlich nichts als Flüchtlinge bei uns verloren. Und es wäre gut, wenn die Europäische Union, die gegenwärtig sowieso in einer dramatischen existenziellen Situation ist, verstehen würde, dass es für die Aufnahme eines Landes in die EU Bedingung sein muss, dass Minderheiten im jeweiligen Antragsland gut behandelt werden müssen. Das hat man zum Beispiel bei Rumänien und Bulgarien schon verpasst. Gott sei Dank gibt es dort keinen Widerstand von falscher Seite. Ein Positivbeispiel wäre der Kosovo, den ich alle halbe Jahre besuche. Ich kenne die Menschen, also auch die Roma und Ashkali dort. Es hat im Kosovo eine Entwicklung gegeben, die die gesamte Gesellschaft wirtschaftlich zu Boden gebracht hat, aber eine große Errungenschaft hat sich der Kosovo zugelegt: In ihrer Verfassung gibt es ein ausdrückliches Schutzmandat für Minderheiten. Und dieses wird eingehalten und hat auch materielle Bedeutung: Die Roma und Ashkali haben vier Abgeordnete im Parlament. Ich habe mit allen gesprochen, das heißt, sie haben richtige Volksvertreter, die etwas bewirken können in einer demokratisch verfassten Gesellschaft.

Die alte Geschichte von der Trepca Mine in Mitrovica ist längst aufgehoben, dort ist eine große Siedlung entstanden mit Jugendklub, mit Arbeitsplätzen, mit Werkstätten. Ich war mit dem Bürgermeister dort unterwegs: es geht ihnen besser. Es gibt Roma NGOs und im kosovorischen Fernsehen und Radio täglich eine romanische Sendung, das ist einzigartig in der EU. Das gibt es nirgendwo in Europa, daher erwähne ich es hier.

Die vierte Gruppe der Flüchtlinge kommt aus einer Gegend, aus der wir keine Flüchtlinge erwartet haben: aus Südasien. Das sind Pakistanis und Kaschmiris. Die Anzahl dieser Flüchtlinge findet die Politik bedenklich, weil die Gesamtzahl an Flüchtlingen durch sie rasant steigt.

Eine große Gruppe bilden zudem afrikanische Migranten. Das ist eine Gruppe, die ich besonders gut kenne, weil wir uns in zwei afrikanischen Ländern besonders in Mauretanien, südlich von Marokko, stark engagiert haben. Dort gibt es einen großen Hafen in Nouadhibou. Dort haben wir bei einer Bevölkerung von 80.000 Menschen, 60.000 Migranten, die dort zugelassen werden, weil der Staat sich nicht um sie kümmert. Sie dürfen sogar dort arbeiten, wenn sie denn eine Arbeit finden. Diese jungen Migranten stammen aus 17 afrikanischen Ländern und wir haben uns mit ihnen unterhalten. Es funktioniert einfach nicht, was die Politik in Deutschland leichtfertig fordert. Diese Menschen können nicht einfach zurück in ihr Herkunftsland, denn die meisten haben von ihrer Dorfgemeinde einen Kredit von 1.000–1.200 USD aufgenommen, was für ein afrikanisches Dorf eine gewaltige Summe ist. Die Dorfgemeinschaft hat einem von ihnen diese Summe anvertraut, damit er etwas mit dem Kredit macht.

Nun sieht dieser Jemand, dass an der Küste Mauretaniens Leichen angeschwemmt werden und die Überfahrt auf die Kanarischen Inseln mit der Pirogge vier ganze Tage und Nächte dauert und viele dabei ertrinken. Würde diese Person jetzt mit seinem für die Anreise nach Mauretanien halb verbrauchten Kredit zurück in sein Dorf kehren würde, wäre er dort seines Lebens nicht sicher, denn er hat die geforderte Leistung nicht erbracht. Doch es gibt einen Königsweg für diese Menschen: Sie können eine Berufsausbildung machen. Diese jungen Leute wollen ja auch gar nicht unbedingt irgendwo anders hin. Sie wünschen sich eine Perspektive. Genau deswegen haben wir in Nouadhibou Berufsausbildung angeboten, für Berufe, die in afrikanischen Ländern sehr gefragt sind, wie Bautechniker, Zimmerleute, Maurer, Elektroingenieure oder Solaringenieure. Allein die Solarenergie bedeutet für Afrika schon unendlich viel mehr als für uns im verregneten Europa.

Und so können beispielsweise ausgebildete Kfz-Mechaniker mit einem Zertifikat nach eineinhalb Jahren zurückgehen und ein Gewerbe aufmachen. Ich kenne einige Leute in Ouagadougou und auch in Bamako, die haben eine Ausbildung absolviert und sind dann zurückgegangen und konnten sich gut etablieren. So entsteht ein Mittelstand in der afrikanischen Gesellschaft. Meines Erachtens reicht es nicht, in der Politik nur von Ursachenbekämpfung zu reden, man muss auch zeigen, wie es gehen kann. Und meiner Meinung nach wäre eine gute Lösung, in nordafrikanischen Ländern großflächig Berufsausbildungen für junge Menschen zu organisieren. Wir sind gerade dabei, ein entsprechendes Pilotprojekt in Marokko und Ägypten vorzubereiten. Die deutsche Wirtschaft ist auch schon längst in Marokko, Tunesien und Ägypten angekommen.

Erst kürzlich habe ich mit der deutschen Industrie- und Handelskammer in Casablanca gesprochen. Sie und die marokkanische Regierung begrüßen unsere Projekte sehr.

Das ist noch einmal ein Hinweis darauf, dass wir mit unserem alten Asylrecht so nicht weiterkommen. Wir sind politisch gesehen aktuell dabei, dieses auf einen zweiten Ellipsenpunkt zu verlagern. Die überwiegende Mehrheit der afrikanischen Migranten wird nicht politisch verfolgt. Sie sind deshalb aber nicht weniger berechtigt hierher zu kommen, weil auch sie in Not sind. Aber wir müssen wegkommen von diesem Zwang, der auf der ganzen Welt bekannt ist: Dass, wenn man nach Deutschland kommt und einen Fuß über die Grenze gesetzt hat, das Wort Asyl kennen muss und dass man einen Asylantrag stellen soll, ganz gleich ob man jemals im Leben eine politische Verfolgung erlebt hat oder nicht. Das ist ein falscher Weg. Damit belasten wir die Bürokratie unerträglich.

Eine Kategorie von Flüchtlingen ist noch gar nicht da, kommt aber wahrscheinlich mit, ja fast Geschichtsnotwendigkeit. Hans-Joachim Schellnhuber, der die Bundesregierung und den Papst in Umweltfragen berät und ein großer Kenner der Umweltsituation ist, hat ein wahnsinnig interessantes Buch herausgebracht, *Selbstverbrennung* heißt es. Schellnhuber beschreibt in einem Kapitel die Begegnung mit dem jungen Präsidenten der Malediven, Abdulla Yameen, in Berlin. Yameen ist heute schon dabei, für seine ganze Bevölkerung auf den verschiedenen Inseln und Atollen der Malediven ein Auswegterritorium zu suchen. Aktuell befinden sich die Malediven nur ein bis zwei Meter über dem Meeresspiegel und werden die ersten sein, die ein Anstieg des Meeresspiegels trifft.

Dies ist eine Flüchtlingskategorie die noch nicht da ist, auf die wir uns aber vorbereiten sollten. Als Weltgemeinschaft und als Europäische Gemeinschaft.

Ich will noch einmal zurückkommen auf unser Land. Ich hatte ja schon gesagt, dass niemand voraussehen konnte, dass diese gewaltige Bewegung so stark in Deutschland stattfinden wird. Deshalb ist es so enorm wichtig, dass wir uns dem aussetzen, was wir sehen können. Ich bin zunächst unglaublich dankbar und froh darüber, dass Hunderttausende von Menschen in Deutschland an die Arbeit gehen, obwohl sie das gar nicht müssen. Die Flüchtlingshilfe wäre längst zusammengebrochen, wenn man sie allein der Verwaltung überlassen hätte. Die Verwaltung kann auch nur die Hälfte dessen machen, was die Flüchtlinge brauchen. Die Hälfte ist: Das ordentliche Unterbringen, das Registrieren, das Kopfkissen und die Decke und das Essen. Dies beinhält jedoch nicht das Hauptbedürfnis eines traumatisierten Flüchtlings, der jetzt durch die Balkanroute gewandert ist oder der von Libyen mit einem entsetzlich baufälligen Schiff übers Mittelmeer oder über andere Strecken zu uns kommt. Das größte Bedürfnis ist das Sicherheitsbedürfnis. Auch wenn jemand die Sprache nicht versteht, versteht er ein freundliches Gesicht. Und das habe ich hundertfältig in Deutschland erlebt und darüber bin ich unendlich dankbar. Es ist aus der Mode gekommen und Politik und Journalismus tun das sowieso nicht, aber ich tue es einfach mal hier am heutigen Abend: Man muss von Zeit zu Zeit seine Gesellschaft auch mal loben und das tue ich hiermit.

Gleichermaßen muss ich auch Kritik äußern, denn Sie wissen, ich bin von Hause aus Journalist. Ich finde es unerträglich, wie die großen, vornehmen Intelligenzblätter unseres Landes ein journalistisches Brimborium, aus dieser größten Aufgabe des wiedervereinigten Deutschlands machen, indem sie jetzt schon wissen, dass Angela Merkel nach drei Wochen gestürzt ist.

Natürlich sind das, was wir heute über die Ereignisse in den Zeltlagern des Roten Kreuzes lesen, Probleme. Was soll es denn anderes sein? Aber gleichermaßen finden ganz großartige Bewegungen statt, Menschen nehmen Familien auf in ihre Häuser. Gemeinden machen sich stark. Es ist mir wichtig, dies nochmal zu betonen. Vielleicht kann ich an der Stelle ein Zitat einbringen, was mir so unglaublich eindrucksvoll schien. Der nicht mehr so junge Martin Walser hat in einem Interview vor fast einem Monat auf Schlussfrage zur aktuellen Lage Deutschlands im Hinblick auf den Flüchtlingsstrom Folgendes gesagt:

> Was uns da passiert, das ist für mich eine Prüfung. Ich weiß auch, dass es keine Weltregierung gibt und dass der Himmel ziemlich leer ist. Aber das alles hier wirkt so als würde jetzt Europa geprüft auf seine Gültigkeit als humaner Kontinent. Durch die Flüchtlingszahlen wird jede Ökonomie, jede Verwaltung erschüttert.

Genauso ist es. Unsere Vertreter in Staat und Regierung werden durch diese Provokation auf Herz und Nieren bzw. auf den Gültigkeitsgrad ihrer Humanität geprüft.

Wir haben uns in den letzten 40 Jahren ein sehr kompliziertes System angeschafft, ähnlich eines Verschiebebahnhofs. Ankommende Flüchtlinge werden verschoben von einer Erstaufnahmeunterkunft in eine Kommune und dann in eine weitere Kommune. Es wird ausdrücklich keine Rücksicht darauf genommen, dass eine Familie schreit und sagt, sie will bei ihren Verwandten in der Nähe bleiben. Nein, da hilft gar nichts. Administration ist Administration. Es werden nicht Familien zusammengeführt, es werden sogar Familien auseinandergerissen. Das ist kein böser Wille.

Es ist nur durch dieses unglaubliche Gewirr von Regulationen und Gesetzen dazu gekommen, dass es jetzt einen totalen Engpass gibt. Es gibt eine Sackgasse. Die Sackgasse ist am heftigsten bei der schönen Abkürzung BAMF, also bei dem Bundesamt für Migration und Flüchtlinge. Die sind, wie ich jetzt erfahren habe, noch nicht einmal dabei, die ersten Syrer zu bearbeiten, weil sie erst einmal alle Balkanflüchtlinge bearbeiten. Damit sind sie vielleicht in einem halben Jahr fertig und dann kommen die Syrer dran. Das geht nicht, wenn man eine solche Herausforderung hat.

Es gab einen Satz von der Kanzlerin bei ihrer Sonderpressekonferenz, da hat sie etwas noch viel Mutigeres gesagt als wir schaffen das. Wir schaffen das, ist ja ein Allgemeinsatz. Sie hat gesagt, wir müssen aus der deutschen Gründlichkeit rauskommen zu deutscher Flexibilität. Stellen sie sich das mal vor. Wie sollen wir Deutsche das denn machen? Sollen wir Italiener werden? Im Grunde hat sie natürlich Recht. Es ist ja auch einiges zu langsam, zu promadisch und so weiter, aber die Tatsache, dass zum Beispiel die Universität Würzburg bereits 50 Syrer für Studiengänge aufgenommen hat, wird aber erlaubt.

Wir werden auch versuchen, als NGO in Göttingen ein Haus zu bauen mit den jungen Leuten, die da rumsitzen und das gefährlichste ist doch, das wissen wir doch selbst aus unserer Erfahrung, wenn wir tagelang herumsitzen und nichts zu tun haben und der Tag ist nicht gegliedert, vergammeln wir. Und das ist für die Mehrzahl dieser Flüchtlinge ein Zustand bis zu 17 Monaten. Das ist nämlich die Zeit, bis zu der man einen Bescheid bekommt. Und das ist eine wertvolle Zeit. Die kann man nutzen.

In Göttingen sind der Bürgermeister und der Stadtrat bereit, das zu erlauben, dass man mit jungen Migranten, mit jungen Flüchtlingen einfach eine ganz neue Form der Unterbringung macht, in dem sie ihre neue Unterbringung bauen. Unter Umständen kann das als Produktionsgenossenschaft gewertet werden. Dabei hätten wir drei Fliegen mit einer Klappe geschlagen. Der Tag wäre gegliedert und organisiert für diese jungen Menschen. Sie würden einen Beruf lernen und sie würden Deutsch lernen. Besser geht es gar nicht. Also das sind jetzt so Dinge, die müssen reinkommen in diese Bewegung in der wir gegenwärtig sind, wo ich sehr viel mehr Chancen sehe als Belastungen. Ich will aber dennoch sagen, es ist schwierig, es ist nicht einfach. Nicht dass jemand meint, ich hätte gesagt, es wäre einfach. Es ist ganz schwierig. Ich möchte in dieser Zeit nicht Politiker sein. Das ist eine unglaublich schwierige Aufgabe, die Politik wird versagen, und wir werden darüber drei Kreuze machen und das zurecht kritisieren, wenn die Politik jetzt daraus eine Parteigeschichte macht. Das ist eine nationale Aufgabe und das ist keine parteipolitische Aufgabe. Also wenn wir dazu kommen, würde ich mich freuen, das könnte auch ganz gut gelingen.

Ich möchte zum Schluss noch zwei Zitate vortragen: Im Buch 6/23 heißt es bei Caesar, De bello Gallico: Den Gast zu verletzen, gilt bei den Germanen als Frevel. Aus welchen Anlässen er auch zu ihnen kommen möchte, wir schützen ihn vor Unrecht und behandeln ihn als unverletzlich. Jedes Manns Haus steht ihnen offen. Und man teilt mit ihnen das Essen. Das ist Dokument Nummer 1, das gut in unsere Zeit passt. Wahrscheinlich wissen wir das gar nicht mehr, wie toll die Germanen waren, unsere Vorfahren. Aber noch toller ist es in dem 1. großen Buch über die Germanen von Tacitus, wie Germania über Deutschland.

Das soll 98 oder 104 entstanden sein und der Tacitus hat das auch recherchiert, wie ich jetzt von einem Altphilologen nochmal erfuhr.

Während der Caesar das nur von Hörensagen berichtet hat. Zitat: Es gilt bei den Germanen als Sünde, einem Menschen sein Haus zu verschließen, wer es auch sei. Jeder empfängt ihn mit einem seinen wirtschaftlichen Verhältnissen entsprechenden reich zubereiteten Mahle. Sind die Vorräte aufgezehrt, dann weiß der, der eben noch Gastgeber gewesen war, den Weg zu einem anderen gastlichen Haus und geht selbst mit. Uneingeladen betreten sie den nächsten Hof und der Empfang ist nicht weniger herzlich. Im Gastrecht macht keiner einen Unterschied zwischen Bekannten und Unbekannten. Zwischen Gastgeber und Gast gibt es keinen Unterschied von mein und sein.Wie sagte Napoleons Mutter zu ihrem Sohn: Porwuke Sardije, wenn das mal anhält unter uns Deutschen. Danke schön.

Auswahl von Büchern von Rupert Neudeck zum Thema:

NEUDECK, Rupert (1980): Das Jahrhundert der Flüchtlinge. Ein Schiff für Vietnam. Ärzte für Kambodscha. Not-Ärzte für Afghanistan. Not-Ärzte für Somalia. Deutsches Komitee Not-Ärzte, Troisdorf/Köln.

NEUDECK, Rupert (1988): Afghanistan. Politische Expeditionen. Mit einem Überblick zur Geschichte Afghanistans. Hammer, Wuppertal.

NEUDECK, Rupert (1992): Verjagt und vernichtet. Kurden kämpfen um ihr Leben. Rowohlt, Reinbek bei Hamburg.

NEUDECK, Rupert/ ALBUS, Michael/ HÄRTLING, Peter (1992): Treibsand. Menschen auf der Flucht. Patmos, Düsseldorf.

NEUDECK, Rupert (1993): Asyl. Warum das Boot nicht voll ist. Patmos, Düsseldorf.

NEUDECK, Rupert (2003): Jenseits von Kabul. Unterwegs in Afghanistan. Beck, München.

NEUDECK, Rupert (2005): Die Flüchtlinge kommen. Warum sich unsere Asylpolitik ändern muss. Diederichs, Kreuzlingen.

NEUDECK, Rupert (2013): Es gibt ein Leben nach Assad. Syrisches Tagebuch. Beck, München.

NEUDECK, Rubert (2016): In uns allen steckt ein Flüchtling. Ein Vermächtnis. Beck, München.

Deutsch als Fremdsprache –
Neue Ansprüche an Unterricht und Lehrmaterialien
Hermann Funk[1]

Die aktuelle Situation geflüchteter Menschen in Deutschland erfordert auch grundsätzliche Überlegungen in Bezug auf die Sprachvermittlung und die Unterrichtsmaterialien. Wir alle würden das große und großzügige Wort „Wir schaffen das!" sicher unterschreiben. Großzügigkeit und Gutwilligkeit sind wichtige, aber keine hinreichenden Voraussetzungen dafür, wie unter anderem das großartige Engagement vieler ehrenamtlicher Sprachhelfer zeigt. Besser wäre Sachkompetenz und noch besser: ein Plan und die dazugehörigen Ressourcen. Davon sind wir noch weit entfernt. Derzeit ist kein Gesamtkonzept erkennbar, das von der schulischen Sprachförderung bis hin zur beruflichen Integration reichen würde. Nicht einmal in Ansätzen. Weder in den Vorstellungen, die das BAMF auf seinen Internetseiten zu berufsorientiertem Deutschunterricht entwickelt, noch in den Vorgaben von Bildungsträgern ist ein schlüssiges, geschweige denn umfassendes oder gar konsekutives Konzept sichtbar.

Konzeptlosigkeit scheint auch in Bezug auf die Materialentwicklung vorzuherrschen – von Ausnahmen abgesehen. Von Ehrenamtlichen speziell für Flüchtlinge erstellte Lehrwerke und Unterrichtskonzepte wie etwa das Thannhauser Modell[2] scheinen sprachdidaktisch eher naiv und wenig durchdacht – gut gemeint, aber eine Reproduktion sprachdidaktisch recht schlichter Übungsformate aus der Vergangenheit. Und deren Behauptung, es gäbe ja nichts Passendes, offenbart Selbstüberschätzung und Unkenntnis zugleich. Damit schaffen wir „das" jedenfalls nicht. Ein bisschen mehr konzeptionelle Anstrengung, Bescheidenheit und Respekt vor der fachdidaktisch-methodischen Forschung wäre schon anzuraten.

---

[1] Der Beitrag ist die leicht gekürzte und redigierte Fassung eines Vortrages, den Prof. Dr. Herman Funk im Rahmen der IIK-Abendakademie am 03.12.2015 in Düsseldorf zum Thema des vorliegenden Bandes gehalten hat. Der mündliche Duktus wurde im Wesentlichen beibehalten.

[2] Vgl. www.deutschkurs-asylbewerber.de

1. Mangel an Experten und Expertise

Ein Blick zurück: Die DaF/DaZ-Kurse für Migrantinnen und Migranten sind keine ganz neue Erfindung. Sie existieren seit den 70er Jahren und wurden zunächst vom Sprachverband in Mainz organisiert und fachdidaktisch strukturiert. Sie waren selten mit Schulen oder Einrichtungen der beruflichen Bildung vernetzt. Die Beschäftigungsverhältnisse der Lehrkräfte in diesen Kursen waren immer unsicher und keine Karriere- und Professionalisierungsoption für die Unterrichtenden. Man konnte keinem Studierenden empfehlen: Werde DaF/DaZ-Lehrkraft und spezialisiere dich auf solche Klassen und Vermittlungsprozesse! Wir haben eine ganze Studentengeneration verloren, die sich mangels beruflicher Perspektiven nicht in der Sprachausbildung spezialisieren konnte.

Heute fehlen nicht nur Expertinnen und Experten mit Erfahrung oder gar Promotionen mit dem Schwerpunkt der Vermittlung des Deutschen als Zweitsprache (DaZ).[3] Das ist eine Tatsache, die nach sich zieht, dass gegenwärtig in diesem Bereich in den Universitäten und schulbasierten Forschungsprojekten vorwiegend Linguist/innen ohne berufliche Schulerfahrung forschend unterwegs sind – nicht selten führt das auch mal zu Unmut bei den schulischen Praktikern.

Da nun z. T. auch Aussichten auf Verstetigung dieser Tätigkeit und bessere Bezahlung existieren als in der Vergangenheit, kann man auf eine stärkere Professionalisierung hoffen. Wer bisher professionell in Deutsch als Fremdsprache arbeiten wollte, der ging ins Ausland. Aus fachlicher Sicht erklärt das die Probleme von heute. So gibt es zwar DaF-/DaZ-Anfängerkurse in großer Zahl, aber es fehlt an ausreichend ausgebildetem Lehrpersonal. Und darauf sollten wir bestehen: Ausgebildetes Personal kann in der Regel erkennbar besser unterrichten als Laien. Ehrenamtliches Engagement ist hochwillkommen und momentan bitter nötig, ohne Zweifel. Von „ehrenamtlichen Lehrkräften" würde ich aber genauso wenig sprechen, wie von unausgebildeten ehrenamtlichen Zahnärzten, Busfahrern oder Piloten.

---

[3] Deutsch als Zweitsprache (DaZ) betont im Gegensatz zu dem älteren Ausdruck Deutsch als Fremdsprache (DaF), dass es sich nicht um das Deutschlernen in fremdsprachlichen Kulturen geht, sondern um Deutsch als Umgebungssprache, die auch, besonders von Kindern, ohne Unterricht gelernt und genauso selbstverständlich gebraucht werden kann wie eine Muttersprache. Während der Erwerbskontext unterschiedlich ist, gilt dies nicht oder selten für konkrete Unterrichtsmodelle und -abläufe.

Der Begriff Sprachhelfer ist entschieden treffender. Für diese habe ich nach vielen Einzelanfragen dann ein kleines Youtube-Video aufgenommen: „Tipps für die Arbeit mit Flüchtlingen".[4] Der erste Tipp war Bescheidenheit, verbunden mit der Empfehlung: „Fragen Sie Leute, die das studiert, oder die in dem Bereich gearbeitet haben, ob sie Ihnen helfen können!" Ehrenamtliche Helfer sind keine Schauspieler, keine Lehrer-Darsteller. Sie verrichten sinnvolle Arbeit, etwa in der Hilfe beim Lernen von Wörtern, beim Schreiben von Texten oder beim Training der Aussprache. Sie sollten aber nicht versuchen, Unterricht zu spielen.

2. Lehrmaterialien für Zuwanderungsklassen

Ein weiteres Problem sind ungeeignete Unterrichtsmaterialien. An unserer Arbeitsstelle für Lehrwerkforschung und Materialentwicklung (ALM, s. www.alm.uni-jena.de) an der Universität Jena haben wir ein Lehrwerkmodell für Zuwanderungsklassen – die heißen überall anders: Willkommensklassen, Aufnahmeklassen, internationale Klassen usw. – im Auftrag der Zentralstelle für das Auslandsschulwesen entwickelt. Hintergrund ist die Tatsache, dass immer mehr Bundesländer das von der Zentralstelle entwickelte KMK-Sprachdiplom in den genannten Klassen durchführen. Die Sprachlehrwerke mit ihren Niveaustufeneinteilungen A1, A2, B1 usw.[5] sind im Kontext dieser Klassen denkbar ungeeignete Materialien, denn die Schüler sind auf allen Levels gleichzeitig und nirgendwo. Benötigt wird jetzt Material, etwa zum Thema „Schule", das einen Multi-Level-Zugang anbietet: Ich habe eine Klasse, ich muss differenzieren, ich habe alle drei Niveaustufen im gleichen Raum, am nächsten Tage fünf neue Schüler, zwei sind weg und ich habe das gleiche Thema. Da nützt es nichts, wenn ich ein Lehrbuch mit einer konstanten Progression von der ersten bis zur letzten Seite habe. Ich brauche ein Thema – und da sind kleine Themenbausteine gefragt, die jeweils auf drei Levels zugänglich sind. Die Entwicklung eines solchen praxistauglichen Mehr-Ebenen-Modells mit variablen Ein- und Ausstiegen war eine Herausforderung. Die vorliegende Modelleinheit zeigt, dass es möglich ist.

Acht Bundesländer, auch NRW, führen die Prüfungen zum Deutschen Sprachdiplom (DSD) durch, obwohl die Prüfungen gar nicht für das Inland ge-

---

[4] https://www.youtube.com/watch?v=9eKR3nmzVgw

[5] Im Gemeinsamen Europäischen Referenzrahmen für Sprachen (GER) werden einzelsprachübergreifend sechs Kompetenzstufen auf drei Niveaus definiert: A1/A2 (elementarer Sprachgebrauch), B1/B2 (selbständige Sprachverwendung) und C1/C2 (kompetente Sprachverwendung).

dacht sind. Letztlich füllt die Prüfung an dieser Stelle ebenfalls eine Lücke. Eine allgemein anerkannte DaZ-Prüfung existiert nicht. Es gibt allerdings offensichtlich Bedarf für eine Prüfung, nicht zuletzt von Schülerseite, denn die möchten irgendetwas auf Deutsch mitnehmen, was ihnen Sicherheit gibt. Die eigentlich nicht vorhandene Validität des Prüfungskonstruktes – die Prüfung sagt nichts darüber aus, ob man dann wirklich die sprachlichen Anforderungen in den Schulfächern meistern kann – erscheint dabei offensichtlich nicht von Bedeutung. An diesem Beispiel sieht man, dass vieles derzeit unkoordiniert und konzeptionslos ist. Der Druck auf Innovation und Systematik kommt aus der Praxis.

Das Team der ALM hat sich eine Reihe dieser Klassen angeschaut, um einen Eindruck zu gewinnen, wie Lehrkräfte mit der Heterogenität in den Gruppen umgehen und welches Unterrichtsmaterial sie benutzen. In aller Regel sind sie auf diese Situation nicht vorbereitet. Selten haben Lehrkräfte in der Ausbildung beispielsweise gelernt, das Unterrichtsmaterial so zu arrangieren, dass die Schüler es in parallelen Lernstationen nebeneinander nutzen können. Wir wollten mit dem Konzept einfach zeigen: So könnte es gehen, auch wenn wir dafür keinen Entwicklungs-Auftrag erhalten haben. Durchdachte Versuche gemeinsam mit Praktikern weisen aber einen Weg, wie man zu verwendbaren Unterrichtsmaterialien kommt. Der Bedarf an neuen Sprachlehr-/lern-Konzepten und -Materialien ist groß. Letzteres gilt auch und besonders für die sprachliche Integration von beruflichem und allgemeinsprachlichem Lernen. Vergleicht man die Anzahl der Nachwuchs-DaZ-Forscherinnen, die sich (meistens aus linguistischer Sicht) mit Fragen des schulischen Deutschunterrichts befassen mit jenen, die sich mit der beruflichen Bildung und der Erwachsenenbildung befassen, vergleicht man dazu das Verhältnis von Kindern und Erwachsenen unter den Flüchtlingen, so wird deutlich, dass in Bezug auf die sprachliche und berufliche Integration der großen Mehrheit der Flüchtlinge, das sind nämlich die Erwachsenen, kaum Anstrengungen unternommen werden. Es wirkt fast so, als hätte man die jetzige Flüchtlingsgeneration schon verloren gegeben und setze auf die Zukunft. In den vergangenen Jahren ist aber auch im beruflichen Bereich eine Reihe von Ideen und Modellen für ein effektiveres Sprachtraining entstanden, aber das Unterrichtsmaterial dazu fehlt in der Regel, weil es wiederum keine expliziten berufsvorbereitenden Sprachkurse gibt, in denen es eingesetzt werden könnte.

Wenn den Verlagen deutlich gemacht würde, dass diese Materialien in einem bestimmten Kurstyp benötigt werden, dann würden sie diese wahrscheinlich auch produzieren. Diese Idee muss man ihnen aber erst einmal vermitteln und dann muss sie auch noch gut umgesetzt werden. Dafür braucht man ein Materialkonzept, das man mit Praktikern entwickeln kann und das einen Kurs trägt. Anders als bei dem genannten, gut gemeinten Produkt von engagierten Flüchtlingshelfern oder manchen rasch umgetitelten und neu aufgelegten Fremdsprachenlehrwerken müssen hier allerdings auch aktuelle sprachdidaktische Überlegungen eingehen. Viele der aktuellen Sprachlehrmaterialien mit ihren Einsetzübungen, die dann zusammengefügt werden sollen, machen das Sprachenlernen unnötig schwer. Das sind unnatürliche Übungsformen, da sie im Alltag der Verwendung der Sprache nicht vorkommen und von keinem Konzept des mentalen Lexikons ausgehen. Was soll etwa die Abtrennung und spätere Zuordnung der Artikel der-die-das. Da es kaum Regeln der Zuordnung gibt, ist das ein reines Glücksspiel. Zeitverschwendung. Man könnte es den Menschen viel einfacher machen, die Sprache zu lernen.

3. Praxisorientierte Forschung

Für mich ist es eine Herausforderung, einmal genau zu schauen, wohin die Forschungsgelder gehen, wofür sie verwendet werden und was am Ende damit erreicht werden kann. Es ist derzeit nämlich viel Geld in diesem Bereich unterwegs. Endlich – kann man sagen. Die Universität zu Köln, um im Land zu bleiben, hat von der Mercator-Stiftung im Jahr 2016 mehr als 12 Millionen Euro erhalten, um die Forschung im Bereich der Zuwanderung und des Spracherwerbs in der Migration zu koordinieren, praktikable Lösungen und Konzepte zu entwickeln.

Das ist gut investiertes Geld, wenn tatsächlich im Mittelpunkt Lösungen für die Praxis stehen. Das sollte man sich genau anschauen, wobei den Erfolg dieser Forschung vielleicht besser nicht diejenigen beurteilen sollten, die das Geld bekommen haben. Unabhängige Wirksamkeitsstudien sehen anders aus. Verloren geht derzeit nach meinem Eindruck die Einheit von Forschung und Entwicklung. Wenn am Ende eines teuren und mehrere Universitäten einbeziehenden Projekts herauskommt, dass Migrantenkinder Schwierigkeiten mit den korrekten Pluralendungen und mit Relativsätzen und mit der Satzstellung haben, sage ich mir:

Fein. Das weiß jede Lehrkraft seit mehr als 20 Jahren. Gut, jetzt wissen es die Linguisten auch und, mehr noch, sie können es sogar beweisen. Was hier verloren geht, ist die Einheit von Forschung und Entwicklung. Die Rechtfertigung für die Investition erheblicher Forschungsmittel kann nur darin bestehen, dass auch Lösungen entwickelt werden, die beim Sprachenlernen helfen.

Es ist zentral, Praxismodelle zu entwickeln, sei es für Deutsch als Fremd- oder für Deutsch als Zweitsprache. Warum fragt man nicht die Beforschten, welchen Forschungs- und Entwicklungsbedarf sie haben? Warum versucht man stattdessen, linguistische Hypothesen in der Praxis zu überprüfen? Ich denke, wir brauchen auch eine bessere Forschungssteuerung im Sinne einer stärker praxisorientierten Forschung. Und ich stelle ganz vorsichtig die Frage nach der Forschungsförderpolitik: Das Land Berlin gibt zusammen mit Brandenburg drei Millionen für den Bereich Deutsch als Zweitsprache aus. Vorher war nie Geld da, plötzlich gibt es jetzt drei Millionen für den Bereich. Chapeau, das finde ich toll! Wer prüft allerdings am Ende, was mit dem Mitteleinsatz erreicht wurde?

Die legitime Frage lautet: Gehen in die derzeitigen Forschungskonstrukte tatsächlich auch die Probleme ein, die Sie in der Praxis sehen? Ich würde gerne dazu Forschungsfragen sammeln. Manche werden vermutlich nicht die sein, die die Experten für Deutsch als Zweitsprache derzeit verfolgen. Ich stelle mir mehr eine Aktionsforschung vor, in der die „beforschten" Lehrkräfte und Lerner die Fragen stellen. Es ist auch nicht klug, wie schon gesagt, die Evaluation der Forschungsergebnisse von denselben Personen überprüfen zu lassen, die den Antrag gestellt haben. Ich würde also nicht die Beforschung der Praxis an sich fördern, sondern ich würde stärker schauen, wer die Fragen stellt und wie wir sie beantworten können. Es wäre eine wichtige Aufgabe, die Erstellung von Forschungskonstrukten in diesem Bereich zukünftig etwas überlegter und nicht nur aus der linguistischen Perspektive anzugehen.

4. Deutsch ist keine schwere Sprache

Ich hatte heute ein Interview mit dem Handelsblatt zu der Problematik, um die es hier geht. Wenn Journalisten über das Deutschlernen schreiben, fehlt selten die Feststellung „Deutsch ist eine schwere Sprache". Jeder Journalist schreibt, wenn er z. B. irgendwas zu den gestiegenen Anmeldezahlen für die Kurse des Goethe-Instituts im Ausland sagen will, Deutsch sei eine schwere Sprache und die armen Leute müssten es ja lernen. Was für ein Unsinn, den Journalisten hier über unsere Sprache verbreiten! Das sagt mehr über die Journalisten aus als über die Sprache. Deutsch ist nicht schwerer oder leichter als andere Sprachen auch. Wir haben an der einen oder anderen Stelle ein paar mehr grammatische Regeln als einige andere Sprachen, das macht die Sprache aber nicht schwerer. Wenn Sie *keine* Regeln haben, dann ist eine Sprache schwer zu lernen. Schauen Sie sich einmal fortgeschrittenes Englisch an, da gibt es kaum Regeln, ergo kann es niemand. Die, die Englisch für einfach halten, denken meist an das Niveau A1 oder A2 und können oftmals selber auch nicht mehr. Aber worin liegt der Sinn, Deutsch als schwere Sprache zu verunglimpfen? Gewiss, manche Lehrer machen es den Schülern unnötig schwer, indem sie versuchen, Kompetenz vorwiegend über die Regelkenntnis zu erreichen. Das ist allerdings nicht nur für das Deutsche eine ganz schlechte Idee. Nehmen wir z. B. die vielen Formen von Pluralbildungen. Sie alle haben das als Muttersprachler wunderbar gelernt. Aber erklären können Sie nicht, warum es heißt: *die Maus* und *die Mäuse* und *das Haus* und *die Häuser*, aber nicht *die Mäuser*. Sie müssen es auch nicht erklären können – das ist die gute Botschaft. Mit Regeln können Sie das nicht lernen. Wenn Sie immer den Umweg über die Regeln nehmen, dann ist Deutsch in der Tat eine ganz schwere Sprache. Intuitiv und ganz ohne linguistische Forschungsprojekte sagen Lehrkräfte, dass man die Pluralformen eben mit den Nomen gleich mitlernt.

Im A1-Bereich für die Anfänger sollte man sich bei zentralen Grammatikphänomenen mit Regeln zurückhalten. Da lernen Sie vieles als feste Wendungen. So würde man auf die Frage: „Wie kommst du nach Hause" antworten „mit dem Bus" und das nicht als regelhaften Gebrauch der Präposition „mit Dativ" vermitteln (ganz sich nicht in A1) sondern als feste Wendung. Die Pluralformen würde man ebenfalls sinnvollerweise nicht über Regeln lernen, sondern über Wortverbindungen. Im A1-Bereich funktioniert das sehr gut. Und dann, wenn Sie ein bisschen geübt haben, können Sie sich das Gelernte auch bewusst machen, hinterher, aber nicht umgekehrt, nicht:

erst die Regel lernen und dann dürfen Sie die Regel benutzen. Manche, die es gut meinen, machen das so zur vermeintlichen Verstehenserleichterung.

5. Sprachliches Handeln im Beruf

Sprachliches Handeln im Beruf gehört für mich sowohl in den Sprachkurs als auch in den beruflichen Integrationsprozess. Das betrifft vor allem vier Punkte:

1. Informationsverarbeitung

   Umgang mit Informationen: Das ist wesentlich, wo es um Qualifikation und Bildungserfolg geht und das gilt für alle Fächer – das gibt es in Deutsch, das gibt es in Biologie, das gibt es in der beruflichen Grundbildung.

2. Umgang mit Kommunikationstechnologie

   Das hat mich in den Zuwanderungsklassen allerdings ein bisschen überrascht, denn die Schülerinnen und Schüler waren technisch gar nicht so interessiert und die Lehrkräfte übrigens auch nicht. Wir arbeiten in der Sprachvermittlung sehr viel mit Technik. Smartphones und Tablets waren jetzt aber gar kein so großes Thema, moderne Medien waren in den Klassen überhaupt nicht existent. In Bezug auf die hilfreiche Rolle von Medien, die eben nicht sinnlose Übungen der Vergangenheit nun in die digitale Zukunft transferieren, besteht erheblicher Forschungsbedarf.

3. Berufsfeldübergreifender Grundwortschatz

   Es gibt eine Menge Vokabular im Deutschen, das in allen Berufen eine Rolle spielt. Ob es jetzt „einen Termin machen", „Service", „Kosten" oder „Rechnungen" heißt – das ist ein Grundwortschatz, der in jedem Beruf gilt.

Wir nennen es *polyvalente Berufswörter*, die müssten wir viel stärker von Anfang an im DaF/DaZ-Repertoire haben. Wörter, die ich in jedem Beruf brauche, Handlungen, Sprachhandlungen, die ich in jedem Beruf vollziehen muss, die überall wichtig sind: Was notiere ich, wie sichere ich die Informationen, usw. das sind Dinge, die unverzichtbar sind und doch weit über diese Wortschatz- oder Grammatiklastigen Bücher hinausgehen. Sie nehmen die Handlungen in den Blick, die im unmittelbaren beruflichen Umgang miteinander von zentraler Bedeutung für das Gelingen des Alltags im Beruf sind. Und schließlich:

4. Sprachkompetente Kooperation in Teams

   Arbeit ist nicht mehr wie früher – jeder für sich und vor sich hin. Arbeit läuft mit anderen zusammen und die Ergebnisse werden gemeinsam erzielt.

Und so muss auch Sprachunterricht in der Klasse aussehen, die Form des Sprachunterrichts muss ein gutes Training für den beruflichen Alltag sein. Projektarbeit ist eine feine Sache, aber sie muss organisiert werden, was Menschen, die das nicht kennen, schwerer fällt als Lehrkräften, die einmal in der Ausbildung richtig gelernt haben, wie man Projektarbeit und Stationenlernen organisieren und durchführen kann. Wie organisiere ich eine Gruppe so, dass alle am Gleichen arbeiten? Wie baut man Lernstationen? Wann ist es angebracht, etwas mit Bewegung zu lernen? Man kann sich das gut aneignen, man kann auch im Schnellkurs einiges lernen, die Routine baut sich aber immer erst langsam mit einer entsprechenden Ausbildung und guten Praktika auf.

Ich entdecke immer mehr: Guter Unterricht unterscheidet sich nicht dadurch, ob Sie Deutsch als Zweitsprache oder Deutsch als Fremdsprache lehren. Guter Unterricht geht davon aus, was die Lernenden können, und schaut sich an, was sie lernen wollen, und organisiert dann, wie man dahin kommt. „Rückwärtsplanung" ist das von meinem Fachkollegen Legutke genannt worden. Das gilt für Deutsch als Zweitsprache und Deutsch als Fremdsprache in gleicher Weise. Forschung kann hier bei Lernwegen und Lernzielplanung eine unterstützende Funktion haben.

Bei Deutsch als Fremdsprache fällt mir auf, dass viele Leute in den Projekten sich stark auf die Linguistik und auf die Fehler stürzen und überlegen, wie man Fehler vermeidet. Aber die Korrektur von Fehlern ergibt keine sinnvolle Progression beim Sprachenlernen, das funktioniert so nicht. Die sogenannten Spracherwerbsstufen sind zwar linguistisch höchst interessant, für die Praktiker aber eher sekundär. Guter Unterricht lässt sich nicht durch eine Konzentration auf Fehlervermeidung gestalten und auf Übungen, die Schülern ständig vor Augen führen, was sie noch nicht können. Erfolgsorientiertes Üben lässt dagegen die Schüler demonstrieren und anwenden, was sie können. Er animiert nicht zum Fehlermachen, die die Lehrkräfte dann korrigieren. Einen schlechten Unterricht erkenne ich z. B. daran, dass einer etwas sagt und die anderen gleichzeitig angeblich zuhören (wofür es keinen wirklichen Beleg gibt). Ob nun eine Lehrkraft oder ein Schüler an der Tafel allein mit Zuschauern arbeitet, ist kein Unterschied. Sinnvoll genutzte Arbeitszeit in Gruppen sieht anders aus. Guter

Unterricht findet immer dann statt, wenn alle zugleich etwas Sinnvolles tun, ein Produkt, einen Text oder ein Plakat gemeinsam erstellen und dabei miteinander sprechen. Ein Blick in aktuelle Unterrichtsmaterialien im DaZ-Bereich zeigt, dass die Anlage solcher Unterrichtsszenarien, die Lehrkräfte als wirkliche Unterstützung betrachten würden, noch Mangelware ist.

Sprachliche Förderung von Flüchtlingen und Migranten: Kontinuitäten und Diskontinuitäten seit den 70er Jahren

Matthias Jung

1. Einleitung

Dass Deutschkenntnisse bei der Integration von Migranten eine wichtige, ja mit Abstand die wichtigste Rolle spielen und gezielt gefördert werden müssen, scheint mittlerweile eine Binsenweisheit und entsprechende staatlich finanzierte Kursangebote sind inzwischen gang und gäbe. Mit der Aufnahme von rund 890.000 Flüchtlingen 2015[1] und dem Merkelschen „Wir schaffen das" sind entsprechende Maßnahmen noch einmal deutlich intensiviert worden und die zur Verfügung stehenden Mittel sogar überproportional zu den Flüchtlingszahlen gestiegen.

Die systematische Sprachförderung aller Migranten war aber lange Zeit keineswegs eine Selbstverständlichkeit. Erst mit dem Zuwanderungsgesetz, das zum 01.01.2005 in Kraft trat und zur Schaffung des Bundesamtes für Migration und Flüchtlinge (BAMF) in seiner heutigen Form führte, wurde dieses Credo institutionell sichtbar zur staatlichen Leitlinie: Seitdem arbeitet das BAMF nicht nur Asylanträge ab, sondern hat sich auch zu einer zentralen Sprachintegrationsbehörde entwickelt. Denn unabhängig von diffuseren und selten offen artikulierten Vorstellungen der Nation als sprachhomogener Gemeinschaft gilt: Ohne gute Deutschkenntnisse keine gute Schul- und oder Berufsbildung, kaum Chancen auf einen nicht prekären Arbeitsplatz, wenig Kontakte mit der eingesessenen Wohnbevölkerung und erst recht keine staatsbürgerliche Teilhabe.

Die Institutionalisierung der Sprachförderpolitik auf Bundesebene in den Jahren 2003–2005, die politisch „als Neuanfang und Bruch" geradezu „emphatisch" kommuniziert wurde (Bommes 2006, S. 75), verdeckt jedoch mehr als drei Jahrzehnte alte Kontinuitäten ebenso wie die in diesem Prozess der Neubegründung eingetretenen Kompetenzverluste (vgl. zur Nieden 2009, S. 132), an denen das Integrationskurssystem zum Teil bis heute krankt. Weder die Aufgaben noch die Herausforderungen der Integration durch Sprache waren Anfang der 2000er Jahre neu: Verschiedene Migranten- und Flüchtlingsgruppen haben in einzel-

---

[1] Vgl. Brücker et al. (2016, S. 1). Bis heute zirkuliert dagegen immer noch die lange propagierte Zahl von ca. 1,1 Millionen Flüchtlingen, die auf Doppelerfassungen beruhte und erst Mitte 2016 offiziell revidiert wurde.

nen zeitlichen Schüben die Geschichte der Bundesrepublik geprägt, von den Vertriebenen und „Displaced Persons" der Nachkriegszeit über die DDR- und Ostblockflüchtlinge der 50er und 60er Jahre, die Anwerbung der „Gastarbeiter" inkl. Familiennachzug oder die Aufnahme von Flüchtlingen aus Vietnam seit den 70er Jahren, bis hin zum verstärkten Zuzug von Spätaussiedlern, Asylbewerbern oder Kriegsflüchtlingen aus Jugoslawien der 80er und 90er Jahre. Staatliche Integrationsmaßnahmen in Form von öffentlichen geförderten Sprachkursen reichen entsprechend bis in die 60er Jahre zurück (vgl. Szablewski 2001, S. 1 f.), wobei anfangs besonders die gesetzlich notwendige schulische Integration der „Gastarbeiterkinder" und die Handlungsfähigkeit der Arbeitskräfte im Betrieb bzw. ihre gesellschaftliche Emanzipation als Schutz vor Ausbeutung im Vordergrund standen (vgl. Hess/Moser 2009, S. 15).

Erst später, mit dem allmählichen Abrücken von der Überzeugung, die Bundesrepublik sei kein Einwanderungsland und die „Gastarbeiter" würden anschließend wieder in ihre Herkunftsländer zurückkehren, verschob sich der Fokus auf die dauerhafte gesellschaftliche Aufnahme der verschiedenen Zuwanderergruppen, d. h. auf eine systematische Integrations- und damit auch Sprachpolitik.

2. Institutionelle Wurzeln der Sprachförderung in der Bundesrepublik

Vor der Neuausrichtung des BAMF lag die bundesweite institutionelle Sprachförderung vor allem in den Händen juristisch vom Staat unabhängiger Mittlerorganisation. Neben der *Otto-Benecke-Stiftung*, die sich vor allem um Akademiker bemühte, war dies in erster Linie der *Sprachverband Deutsch e.V.* Dieser Verband war 1974 auf Initiative des damaligen Bundesministeriums für Arbeit und Sozialordnung zusammen mit der Bundesanstalt für Arbeit, dem Deutschen Volkshochschulverband und den für die Sozialbetreuung zuständigen Trägern der freien Wohlfahrtspflege, noch ganz im Zeichen der „Gastarbeiter"-Zuwanderung, als *Sprachverband Deutsch für ausländische Arbeitnehmer e. V.* in Mainz gegründet worden. Später traten dem e.V. die Bundesländer und 13 weitere Organisationen von überregionalen Bildungsträgern bei. In dem Maße, in dem diese Mittlerorganisation Schritt für Schritt die Förderung weiterer Zuwanderergruppen übernahm, verwaltete der Sprachverband schließlich auch Mittel verschiedener an der Sprachförderung beteiligter Bundes- wie Landesministerien (vgl. Dormann/Schlebusch 2000, S. 66 f.). Dadurch, ebenso wie über seine Mitgliedsinstitutionen erreichte der Verband eine Vernetzung wichtiger Integrationsakteure, der man sich heute, mehrere Jahrzehnte später, erst mühsam wieder annähert.

Entsprechend hatte der Sprachverband bereits in den 90er Jahren ein „Gesamtsprachförderkonzept" entwickelt, das von diversen Behörden verwaltete Sprachangebote für unterschiedliche Zuwanderergruppen zusammenfasste (vgl. Kaufmann 2010, S. 1096). Damit war der Sprachverband damals der nach 2015 offiziell entdeckten Notwendigkeit eines „Gesamtprogramms Sprache" in manchen Hinsichten voraus. Der Verband verkürzte schließlich 2001, kurz bevor er aufgelöst wurde, seinen Namen zu „Sprachverband e.V.", was den mittlerweile ganz allgemeinen Sprachförderanspruch besser deutlich machte.

Im Zuge des 2003 zunächst gescheiterten, zum 01.01.2005 schließlich verabschiedeten Zuwanderungsgesetzes wurden die Aufgaben des Sprachverbands ab dem 30.09.2003 auf das Bundesamt für Migration und Flüchtlinge (BAMF) übertragen, das zuvor unter dem Namen *Bundesamt für die Anerkennung ausländischer Flüchtlinge*, wie der Name schon sagt, wesentlich eingeschränktere Aufgaben innehatte. Mit der Aufwertung des BAMF zu einer umfänglichen Migrationsbehörde zog Innenminister Otto Schily Kompetenzen an sich, die vorher beim Arbeits- und Sozialministerium gelegen hatten und im Sozialgesetzbuch (SGB) geregelt waren. Grund dafür war wohl nicht zuletzt, dass das Bundesamt in seiner bisherigen Form nach der Verschärfung des Asylrechts 1993 und dem damit einhergehenden drastischen Rückgang der Asylbewerberzahlen überbesetzt war und neue Aufgaben suchte (vgl. Bommes 2006, S. 72). Obwohl das BAMF zunächst nur für die Sprachförderung von Neuzuwanderern zuständig sein sollte, traten die Integrationskurse „faktisch […] die volle Nachfolge der Sprachverbandskurse an" (Reich 2010, S. 67).

Statt eines Verbandes, der aus der Lehr- und Forschungspraxis heraus entstanden war, definiert seitdem das BMI, das vorher nicht in der Sprachförderung involviert war, „top down" über die nachgeordnete Bundesbehörde BAMF – und das in zunehmendem Maße – eine deutschlandweite Sprachintegrationspolitik. Gleichzeitig vertritt das BMI aber vor allem das staatliche Gewaltmonopol (Justiz und Polizei) und entscheidet nicht nur über Wohl und Wehe, Anerkennung oder Ablehnung von Flüchtlingen und Migranten, sondern setzt diese Entscheidungen dann auch bis hin zu Abschiebehaft und Zwangsmaßnahmen um. Kontrolle und Strafe stehen aber im Konflikt mit der sozialpädagogischen Herangehensweise einer sprachlichen Integrationspolitik. Der Wechsel des zuständigen Ministeriums bedeutet so gesehen: „„Integration' hat mit ,Arbeit und Sozialem' offenbar nicht mehr so viel zu tun" (zur Nieden 2009, S. 135).

Die Bundesbehörde BAMF ist zwar nicht direkt in den Vollzug ausländerrechtlicher Maßnahmen eingebunden, sondern nur für die Entscheidung über die Asylanträge zuständig; die Doppelrolle des Bundesamtes als Entscheider über existenzielle Fragen *und* Integrationsförderer stört aber den pädagogischen Auftrag: Kommt es etwa zu unangemeldeten Kurskontrollen von Kursträgern, geraten manche Flüchtlinge in Panik, da sie Auswirkungen auf ihren Asylantrag fürchten, wo es doch nur um Formalia der Integrationskursabrechnung geht.

Der Kultur- und Kompetenzbruch, der mit der Installation des BAMF als zentraler Sprachförderbehörde einherging, ist bis heute vielfach wirkmächtig: So sitzen z. B. in den regionalen Außenstellen des BAMF, die die Aufsicht über die Kursträger vor Ort ausüben, Verwaltungsbeamte ohne Fachkenntnisse in der Deutschvermittlung, die bei ihren Kontrollen darauf achten sollen, ob ein Kursteilnehmer in den täglichen Präsenzlisten unerlaubter Weise mit Bleistift statt mit Kugelschreiber unterschrieben hat, statt die Qualität des Unterrichts zu fördern. Aus Verwaltungssicht sind gute Kursträger diejenigen, die alle Formalia am besten erfüllen, nicht diejenigen, die guten und engagierten Unterricht machen.

Die administrativen Spielregeln für die Integrationskurse wurden erstmals in der seit dem 01.01.2005 geltenden Integrationskursverordnung (IntV) festgehalten, die auf dem § 43 Abs. 4 des gleichzeitig in Kraft tretenden Aufenthaltsgesetzes vom 30.07.2004 beruhte. Der volle Titel dieser Verordnung lautet bezeichnenderweise bis heute „Verordnung über die Durchführung von Integrationskursen für Ausländer und Spätaussiedler", obwohl unter bestimmten Umständen auch deutsche Staatsbürger, die keine Spätaussiedler sind, einen Anspruch auf geförderte Deutschkurse haben und die Spätaussiedler selber zahlenmäßig kaum noch eine Rolle spielen. Die Integrationskursverordnung (IntV) regelt in 21 Paragraphen recht detailliert Fragen wie Kursdauer, Teilnahmeberechtigung bzw. Verpflichtung, Kurstypen, Kursinhalte und Kursziele, Zulassung von Kursträgern, Lehrkräften, Prüfungen und Prüfern sowie Lernmitteln,

Kostenerstattungen bis hin zu Fahrtkosten und Kinderbetreuung, auszustellenden Bescheinigungen, Datenübermittlung u. a. m.

Hinzu kommen weitere, die Integrationskursverordnung ausführende Bestimmungen wie die Abrechnungsrichtlinien mit zwanzig und mehr Paragraphen sowie die Trägerrundschreiben des BAMF mit zusätzlichen Präzisierungen und Anweisungen zur Integrationskursverwaltung. Unter Berufung auf diese Zuständigkeiten in der Integrationskursverordnung hat das BAMF inzwischen zahlreiche Curricula für die einzelnen Kurstypen entwickelt und über die Lehrerzulassung definiert, wie eine DaF/DaZ-Lehrkraft[2], die in BAMF-Kursen unterrichtet, qualifiziert sein muss. Ansonsten gibt es nämlich bis heute keinerlei Ausbildungsvorgaben für Sprachlehrkräfte in der Erwachsenenbildung: Im Unterschied etwa zu regulierten Berufen wie Arzt oder Rechtsanwalt darf außerhalb des öffentlichen Schulwesens jeder Sprachen wie Deutsch unterrichten.

Während Lehrkräfte zu Zeiten des Sprachverbands lediglich an einer einwöchigen Fortbildung des Goethe-Instituts teilnehmen mussten (vgl. zur Nieden 2009, S. 130), legte das BAMF detaillierte Kriterien für die Lehrkräftezulassung (vgl. BAMF 2016b) fest und setzte dabei allmählich das Hochschulstudium als notwendige Bedingung für DaF/DaZ-Lehrer in Integrationskursen durch. Erfahrene Lehrkräfte ohne Hochschulabschluss konnten diesen Mangel zunächst noch durch eine vom BAMF finanzierte Nachqualifizierung wettmachen. Die Zulassungsvoraussetzungen wurden im Laufe der Jahre verfeinert, aber auch der jeweiligen Bedarfslage angepasst, wie sich zuletzt 2015 zeigte. Festzuhalten bleibt, dass auch aktuell ein DaF/DaZ-Studium auf Bachelor- oder Masterniveau keineswegs der einzige Zugangsweg zur Deutschlehrkraft mit BAMF-Zulassung für den Unterricht in den Integrationskursen ist. Absolventen anderer Studiengänge müssen lediglich Kurzqualifizierungen nachweisen, deren Länge je nach veranschlagter Nähe zu DaF/DaZ-Hochschulabschlüssen und/oder Lehrerfahrung abgestuft ist. Hinzu kommen im Falle der Bildungsausländer, d. h. Personen, die ihren Schulabschluss nicht in Deutschland erworben haben, noch Nachweise der Deutschkompetenz auf dem Niveau C1, was deutlich unterhalb

---

[2] Deutsch als Zweitsprache (DaZ) betont im Gegensatz zu dem älteren Ausdruck Deutsch als Fremdsprache (DaF) den Aspekt, dass es nicht um das schulische Deutschlernen im Fremdsprachenunterricht der Regelschule geht, sondern um Deutsch als Handlungs- und Umgebungssprache, die auch, besonders von Kindern, ohne Unterricht gelernt und schließlich genauso selbstverständlich gebraucht werden kann wie eine Muttersprache. Während der Erwerbskontext bei DaF und DaZ unterschiedlich ist, gilt dies nicht oder selten für konkrete Unterrichtsmodelle und -abläufe.

der Sprachbeherrschung inländischer Lehrkräfte liegt. Allerdings kommt es auch mehr auf die Vermittlungs- als auf die Sprachkompetenz an, die alleine keineswegs eine gute Lehrkraft definiert.

Trotz der seit 2005 dominanten Stellung des BAMF im Bereich Deutsch als Zweitsprache (vgl. Reich 2010, S. 67 f.) darf nicht vergessen werden, dass – neben der zentralen staatlichen Erstförderung zur Integration in den Alltag – Deutschkurse für Migranten und Flüchtlinge von weiteren Ministerien, wenn auch oft in wenig konsistenter Weise, finanziert werden (vgl. Dormann/Schlebusch 2000). Eine besondere Stellung nahmen hierbei die der Eingliederung in den Arbeitsmarkt dienenden Maßnahmen ein, die bis 2015 ebenfalls teilweise zentral unter Beteiligung der Jobagenturen vom BAMF mit Mitteln des Europäischen Sozialfonds (ESF) und des Bundes bzw. der Länder ausgeschrieben wurden und die 2017 auslaufen. Die sogenannten ESF-BAMF-Kurse kombinierten berufsbezogene Sprachkurse mit sonstigen Eingliederungshilfen in den Beruf für Arbeitslose („Aktivierungsmaßnahmen" im Jargon der BA) wie z. B. Praktika. Schließlich ist staatlicherseits noch der vom Bundesfamilienministerium verwaltete „Garantiefonds Hochschule" (GFH) zu nennen, der unter bestimmten Bedingungen Sprachkurse bis zur Stufe C1 für junge Zugewanderte (bis 30 Jahre) fördert, damit diese studieren können. Der GFH, dessen Mittel begrenzt sind, war ursprünglich vor allem für Spätaussiedler gedacht; erst später konnten allmählich auch andere Migrantengruppen auf ihn zugreifen.

Meist aus dem Blick gerät zudem die große Menge der Sprachkurse, die von den Ländern, den Arbeitsämtern auf individueller Basis sowie von gemeinnützigen Institutionen und den Wohlfahrtsverbänden finanziert oder von den Migranten selbst bezahlt werden, soweit es sich nicht sogar um kostenlose Angebote mit ehrenamtlichen Lehrkräften handelt. Aufgrund ihrer dezentralen Organisation ohne eine gemeinsame institutionelle Brücke gibt es leider keine verfügbaren Zahlen oder einen ungefähren Überblick über diese Kurse. Ein großer Teil davon richtet sich speziell an Personengruppen, die laut Integrationsgesetz bzw. -verordnung kein Anrecht auf den Besuch eines Integrationskurses haben.

3. Integrationskurse: Nachweise, Rechte und Pflichten

Inhaltlich ist festzuhalten, dass die Integrationskurse nicht nur der Vermittlung von „ausreichenden Kenntnissen der deutschen Sprache", sondern auch „von Alltagswissen sowie von Kenntnissen der Rechtsordnung, der Kultur und der Geschichte Deutschlands, insbesondere auch der Werte des demokratischen Staatswesens der Bundesrepublik Deutschland und der Prinzipien der Rechtsstaatlichkeit, Gleichberechtigung, Toleranz und Religionsfreiheit" (IntV § 3 (1)) dienen. Das Erreichen beider Lernziele, für das zunächst 600 UE (=Unterrichtseinheiten à 45 Minuten), ab 2007 sogar 900 UE gefördert werden konnten, muss durch eigene Prüfungen – einerseits den „Deutschtest für Zuwanderer" (DTZ) andererseits den staatsbürgerkundlichen Test „Leben in Deutschland" – nachgewiesen werden. Über „ausreichende Kenntnisse der deutschen Sprache" verfügt,

> wer sich im täglichen Leben in seiner Umgebung selbständig sprachlich zurechtfinden und entsprechend seinem Alter und Bildungsstand ein Gespräch führen und sich schriftlich ausdrücken kann (Niveau B1 des Gemeinsamen Europäischen Referenzrahmens für Sprachen [GER]) (IntV § 3, (2)).

Auffällig ist, dass diese Definition des Niveaus B1 laut Gemeinsamem Europäischem Referenzrahmen für Sprachen (GER) durch diesen nicht gedeckt wird. Offiziell ist die Stufe B1 nämlich deutlich bescheidener definiert:

Kann die Hauptpunkte verstehen, wenn klare Standardsprache verwendet wird und wenn es um vertraute Dinge aus Arbeit, Schule, Freizeit usw. geht. Kann die meisten Situationen bewältigen, denen man auf Reisen[3] im Sprachgebiet begegnet. Kann sich einfach und zusammenhängend über vertraute Themen und persönliche Interessengebiete äußern. Kann über Erfahrungen und Ereignisse berichten, Träume, Hoffnungen und Ziele beschreiben und zu Plänen und Ansichten kurze Begründungen oder Erklärungen geben.[4]

Diese Definition macht zahlreiche Einschränkungen („Hauptpunkte verstehen", „wenn klare Standardsprache verwendet wird", „die meisten Situationen bewältigen", „einfach", „kurz", „vertraute Themen"), vor allem aber gibt es im Europäischen Referenzrahmen für Sprachen keinen Bezug auf Alter und Bildungsstand.

---

[3]   An der Bestimmung „auf Reisen im Sprachgebiet" erkennt man dass der Referenzrahmen vor allem für *Fremd*- und nicht für *Zweit*sprachensprecher gedacht war, was aber für den Anspruch der einzelsprachenübergreifenden Definition von Kompetenzstufen keine große Rolle spielt.

[4]   Quelle: http://www.goethe.de/z/50/commeuro/303.html

Das ist deswegen wichtig, weil die erforderlichen Sprachkenntnisse für eine Integration in die Arbeitswelt, zumindest in den allermeisten qualifizierten Berufen, deutlich höher angesetzt werden müssen. Hier werden meist die Stufen B2 oder C1 verlangt, die beispielsweise auch erforderlich sind, um eine Ausbildung oder ein Hochschulstudium zu beginnen.

Einmalig teilnahmeberechtigt an Integrationskursen sind laut IntV § 4 unter Bezug auf das Aufenthaltsgesetz (AufenthaltG § 44) – vereinfacht gesagt – alle Ausländer, die sich dauerhaft in Deutschland aufhalten, sei es zu Erwerbszwecken, durch Familiennachzug, aus humanitären Gründen (Asylberechtigte und Vergleichbare) u. a. Dabei gilt:

> Von einem dauerhaften Aufenthalt ist in der Regel auszugehen, wenn der Ausländer eine Aufenthaltserlaubnis von mindestens einem Jahr erhält oder seit über 18 Monaten eine Aufenthaltserlaubnis besitzt (AufenthaltG § 44 (1)).

Ausgenommen sind Kinder, Jugendliche und jugendliche Erwachsene in Schule und Ausbildung. Hier sind die Länder und Schulministerien für die sprachliche Integration zuständig, zumal für minderjährige Geflüchtete auch Schulpflicht besteht.

Neben der *Berechtigung* zur Teilnahme an einem Integrationskurs gibt es für viele Berechtigte mit keinen oder nur geringen Deutschkenntnissen aber auch eine *Verpflichtung* zur Teilnahme an Integrationskursen (AufenthaltG § 44a), und zwar insbesondere beim Bezug von Sozialleistungen und im Falle des Familiennachzugs, aber auch nach Ermessen der Ausländerbehörde allgemein, wenn sie einen Aufenthaltstitel ausstellt. Bei Nichtteilnahme am Integrationskurs können Zwangsmaßnahmen wie Abzüge von den Sozialleistungen oder Einschränkungen bei der Aufenthaltserlaubnis bis hin zum Entzug derselben ergriffen werden. Zu Letzterem ebenso wie zur Verweigerung der deutschen Staatsbürgerschaft kann auch eine nicht bestandene Sprachprüfung führen. Schließlich müssen nach IntV § 9 Integrationskursberechtigte 50 Prozent des Kostenbeitrags zahlen, soweit sie dazu finanziell in der Lage sind. Bei Migranten ohne Deutschkenntnisse sind dies insgesamt Beträge von 1.000 Euro bis 2.000 Euro für länger dauernde Kurse, je nachdem welches Kursziel erreicht werden soll. Von dieser Pflicht ausgenommen sind Empfänger von Sozialhilfe sowie alle Fälle, in denen diese Kostenbeteiligung „eine unzumutbare Härte" darstellen würde. Bei erfolgreichem Abschluss der Kurse werden 50 Prozent der Zuzahlung wieder erstattet. Generell nicht berechtigt zur Teilnahme an den Integrationskursen des BAMF waren bis zur Änderung des SGB im Oktober 2015 und der darauf aufbauenden Integrationskursverordnung vom 24.10.2015 Asylbewerber in laufenden Verfahren sowie abgelehnte, aber aus humanitären Gründen weiterhin geduldete Asylbewerber.

4. Defizite der Sprachförderung bis 2015

In den mehr als zehn Jahren seit der Übernahme der Sprachförderung für Migranten am 01.10.2003[5], wofür übrigens erst ab 01.01.2005 offiziell die Bezeichnung *Integrationskurse* verwendet wurde, hat sich das BAMF zu einer umfassenden Bildungsregulierungsbehörde des Bundes entwickelt, deren Richtlinienkompetenz in etwa der eines Schulministeriums auf Länderebene entspricht, ohne allerdings in der Breite dieselbe pädagogische Kompetenz zu besitzen.

Obwohl das BAMF eine große und personalstarke Forschungsabteilung besitzt (vgl. Reich 2010, S. 67 f.), bedient es sich für curriculare Fragen externer Expertise, und zwar weniger durch ihr praktisch bedeutungsloses, weil erst nachträglich beteiligtes Beratungsgremium (die sogenannte „Bewertungskommission"[6]) als vielmehr durch individuelle Aufträge an einzelne Fachleute oder Institutionen wie das Goethe-Institut, denen die Entwicklung von Rahmen- und Modulcurricula, Einstufungs- oder Abschlusstests übertragen wird (vgl. Reich 2010, S. 68), ohne dass – wie bei der Entwicklung von Lehrplänen für das öffentliche Schulwesen üblich – die Lehrerschaft über Fachverbände eingebunden wäre.

Die Übertragung der Sprachförderung als zusätzliche Aufgabe an das BAMF lässt sich aus heutiger Sicht einerseits begrüßen, da die Verankerung dieser Aufgaben in einer Bundesbehörde den Willen zu einer umfassenden, vor allem auch sprachlichen Immigrationspolitik ausdrückte, zumal parallel auch eine erhebliche Ausweitung des Budgets für entsprechende Fördermaßnahmen erfolgte.

---

[5] Antwort der Bundesregierung vom 20.02.2003, Bundestagsdrucksache 15/504, S.5 f. (PDF), http://dipbt.bundestag.de/doc/btd/15/005/1500504.pdf zuletzt abgerufen am 27.11.2016.

[6] Diese Einschätzung beruht auf Gesprächen mit Mitgliedern der Kommission sowie den öffentlich zugänglichen Protokollen, aber auch auf dem lediglich jährlichen Sitzungsturnus, der viel zu selten ist, um auf aktuelle Entwicklungen steuernd reagieren zu können. Laut den Protokollen verlaufen die Sitzungen nach dem Muster: ‚Das BAMF berichtet – Experten hören zu', deutlich z. B. im letzten derzeit veröffentlichten Protokoll der 25. Sitzung vom 10./11.09.2015 (Online gestellt am 06.04.2016, s. http://www.bamf.de/DE/Infothek/TraegerIntegrationskurse/Bewertungskommission/bewertungskommission-node.html.) Außer „Nachfragen" verzeichnet das Protokoll nur an einer Stelle eine Meinungsäußerung der Kommission: „Die Mitglieder der Bewertungskommission sprechen sich dafür aus die Standards für Lehrkräfte nicht weiter abzusenken", nachdem sie vor vollendete Tatsachen gestellt wurden und die betreffende Absenkung der Standards bereits rund sechs Monate zurücklag.

Andererseits ging damit aber der institutionsübergreifende und vor allem primär pädagogische Ansatz des Sprachverbands mit seiner über Jahrzehnte erworbenen Expertise für die Vermittlung des Deutschen als Fremdsprache verloren und wurde durch die auf das Exekutive fixierte Sicht einer ungleich größeren und schwerfälligeren Verwaltungsbehörde ersetzt. Es steht keineswegs im Widerspruch zu dieser Kritik, wenn man gleichzeitig die Bemühungen und die Fortschritte anerkennt, die das BAMF unter seinen drei Präsidenten im ersten Jahrzehnt seit seiner Gründung gemacht hat, um eine umfassende Migrationsagentur mit Schwerpunkt auf der sprachlichen Integration zu werden.

Die Gründung des BAMF verkörperte auch einen Wechsel vom ausschließlichen Fördern zum Prinzip des „Förderns und *Forderns*", das ein am betriebswirtschaftlichen Controlling ausgerichtetes „New Public Management" (Bommes 2006, S. 78 ff.) quantitativ – etwa in Form von Prüfungen, Zulassungszahlen und Bestehensquoten zusammen mit ausführlichen Datenerhebungen zu den Teilnehmern – überprüfen, steuern und optimieren sollte. Damit wurde Integration als „in Tests messbare Leistung" definiert, womit auch die Schaffung der rechtlichen Grundlagen zur Steuerung und Disziplinierung der Migranten einherging (vgl. zur Nieden 2009, S. 127). Seitdem ist der Besuch von Integrationskursen nicht mehr rein freiwillig, sondern ggf. durch Sanktionen wie Kürzung von Sozialleistungen oder Abschiebung zu erzwingen, zudem müssen die Papiere und Berechtigungen der Kurseilnehmer persönlich überprüft werden und mit der Flexibilität der individuell vom Kursträger zu verantwortenden Zulassung einzelner Migranten war es auch vorbei.

Zu Zeiten des Sprachverbands bescheinigte man dagegen die Kurteilnahme oder Prüfungsergebnisse meist nur auf ausdrücklichen Wunsch (vgl. Dormann/ Schlebusch 2000, S. 70) und statt dem formalen Kriterium des Aufenthaltsstatus einer Person, zählte vielmehr „die passende Version der eigenen Migrationsgeschichte" (zur Nieden 2009, S. 131).

Aufgrund seines institutionellen und finanziellen Monopols konnte das BAMF formale Qualitätsstandards (etwa bei der Lehrerqualifikation) und Normierungen (etwa von Curricula und Prüfungen) deutlich besser als die früher zuständige Mittlerorganisation durchsetzen, nutzte aber gleichzeitig auch seine Marktmacht rücksichtslos aus. Denn die Bundesbehörde diktierte nun den Kurstägern – nicht zuletzt im europäischen Vergleich (vgl. Bommes 2006, S. 74)

– äußerst niedrige Erstattungssätze[7], so dass die an die Lehrkräfte gezahlten Honorare in der Folge deutlich sanken[8] und die Integrationskurse zu unbeliebten „Schmuddelkursen", unterrichtet von einem Lehrkräfteprekariat, werden ließen. Dies konterkarierte die eingeführten formalen Qualitätsnormen für Integrationskurse und funktionierte leidlich nur noch unter Ausbeutung des hohen sozialen Engagements vieler Kursträger und Lehrkräfte. In der Anfangsphase legte das BAMF lediglich den Erstattungssatz fest, den es an die Kursträger pro Teilnehmer und Unterrichtsstunde (45 Minuten) zahlte. Für die daraus resultierende wenig qualifikationsgerechte Bezahlung der Lehrkräfte, an die gleichzeitig höhere Anforderungen gestellt wurden, fühlte sich das Bundesamt dagegen lange Zeit nicht verantwortlich. Erst später empfahl das Bundesamt Mindesthonorare, die mit entsprechenden Erhöhungen der Erstattungssätze verknüpft waren und allmählich einen verbindlichen Charakter annahmen, da sie immer enger an die Trägerzulassung gekoppelt wurden.

Parallel wurde der wirtschaftliche Druck auf die Kursträger erhöht, die nun die Kurse vorzufinanzieren hatten und denen die Fehlstunden der Teilnehmer von ihrer Erstattung abgezogen wurden – ein in einem privatrechtlichen Vertragsverhältnis undenkbarer Vorgang. Außerdem wurden den Kursträgern immer neue administrative Pflichten auferlegt: Das Spektrum reicht dabei von der umgehenden Eingabe ausführlicher Teilnehmerdaten in die BAMF-Datenbank bei Kursbeginn über die Übermittlung sämtlicher Fehlzeiten und täglich akribisch zu führenden Unterschriftenlisten bis hin zur Stellung von Anträgen auf Übernahme der Kurs- und Fahrtkosten für die Teilnehmer, wobei alle Fehler zu Lasten der Kursträger gingen und zu finanziellen Einbußen bei ihnen führten (vgl. zur Nieden 2009, S. 133 f.). Auch diese Maßnahmen, die von den Kursträgern häufig auf die Lehrkräfte abgewälzt wurden, trafen letztlich die wirtschaftlich Schwächsten und trugen weiter zum schlechten Image der Integrationskurse bei. Erst allmählich setzte sich im Innenministerium die Erkenntnis durch, dass man so die selbst gesteckten hehren Integrationsziele ernsthaft gefährdete, wodurch ein vorsichtiges Umsteuern begann, das in den Veränderungen der Jahre 2015/2016 kulminierte.

---

[7]   Beim staatlich unterstützten Goethe-Institut kosteten Deutschkurse pro Teilnehmer und Kursstunde immer mindestens das Vierfache des staatlichen Erstattungssatzes für Integrationskurse.

[8]   Der Sprachverband hatte schon vor 2001 ein Honorar von 23,10 EUR festgesetzt (S. z. B. https://heimatkunde. boell.de/2007/11/18/integrationskurse-auf-dem-pruefstand-frauen-profitieren). Das BAMF empfahl erst im Oktober 2015 seinen Kursträger wieder 23 EUR als Mindesthonorar nach zuvor 18 EUR und 20 EUR!

Als problematisch bei den sprachlichen Integrationsmaßnahmen hatten sich bis 2015 vor allem folgende Komplexe erwiesen:

Das staatliche Integrationskurssystem erfasste Flüchtlinge erst nach der Anerkennung als Asylbewerber bzw. der Gewährung eines dauerhaften Bleiberechts – ein Prozess, der sich über mehrere Jahre hinziehen konnte, die damit für die Integration weitgehend verloren waren.

Die Integrationskurse zielten auf die sprachliche Handlungsfähigkeit im Alltag auf dem Niveau B1 ab, das für die meisten Berufe und angesichts der Veränderungen der Arbeitswelt auch immer weniger ausreicht, zumal im Alltag notwendige Sprachkompetenzen nicht deckungsgleich mit den im Beruf geforderten sind.

Viele Migranten erreichten das avisierte Sprachniveau trotz der (begrenzten) Wiederholbarkeit von Sprachkursen und -prüfungen nicht. Im Schnitt liegen die Bestehensquoten bei der Abschlussprüfung des Sprachkurses (inkl. Wiederholer) seit vielen Jahren insgesamt um die 60 Prozent. Davon erreichen ca. 32 Prozent aller Prüflinge statt dem Kursziel B1 nur das nächsttiefere Niveau A2, ca. 8 Prozent liegen sogar noch darunter bei lediglich A1 (vgl. BAMF 2016a, S. 12). Diese Zahlen sind aber noch viel zu positiv, denn sie beziehen sich nur auf diejenigen, die sich zur Prüfung angemeldet haben, Kursabbrecher sind dabei ebenso wenig erfasst wie diejenigen, die nie einen Kurs besucht haben.

Die vielfältigen Zuständigkeiten von Behörden auf nationaler (BAMF), regionaler (Sozialministerien der Länder) und lokaler Ebene (Jobzentren, Ausländerbehörden, Sozialämter) mit ihren unterschiedlichen Förderzielen ergaben meist eine heillos zersplitterte Förderbiographie mit zahlreichen Brüchen statt einer auf das Individuum von Anfang an abgestimmten „Förderkette".

Auch wenn m. W. keine genauen Zahlen vorliegen, was den Status Quo der Sprachkenntnisse der sich schon seit mehr als einem Jahr in Deutschland aufhaltenden Migranten angeht: Projiziert man die obigen Werte auf die neu angekommenen Flüchtlinge, so dürften in der 1. Generation weit weniger als die Hälfte der langfristig in Deutschland verbleibenden erwachsenen Zuwanderer nach jetzigem Stand das in der Integrationskursverordnung festgelegte Ziel der sprachlichen Handlungsfähigkeit auf dem Niveau B1 erreichen, das als kontinuierlich zu erweiternde Basis für eine normale staatsbürgerliche Teilhabe in Alltag und Beruf gesehen werden kann. Hohe Sprachkompetenzniveaus sind durchgängig erst in der zweiten Generation und durch das Schulsystem erreichbar - eine Erfahrung, die auch bereits in Nachbarländern gemacht wurde (vgl. Bommes 2006, S. 77).

Man tut den vielen hoch-, manchmal sogar übermotivierten Flüchtlingen (vgl. Brücker et al. 2016) keineswegs Unrecht, wenn man gleichzeitig darauf verweist, dass andere Migranten, vor allem solche, die dies wegen Flucht und Vertreibung aus der Not heraus tun, gar nicht primär das Ziel der Integration in die deutsche Gesellschaft haben. Das bedeutet, sie haben diese Übersiedlung im Unterschied etwa zu Arbeitsmigranten oder ausländischen Studierenden nicht geplant oder in irgendeiner Weise vorbereitet. Sie haben daher u. U. keine wirkliche Motivation, die deutsche Sprache über ein minimales „Survival-Deutsch" hinaus zu erlernen. Aber auch jenseits des motivationalen Antriebs, dessen Wichtigkeit für den erfolgreichen Spracherwerb neben individuellen Anlagen, Bildungsvoraussetzungen, Milieufaktoren und dem Integrationsgrad kaum überschätzt werden kann (vgl. Esser 2006), muss man festhalten, dass der Zweitspracherwerb bei Erwachsenen oft auf einem erschreckend niedrigen Niveau stehenbleibt und „fossiliert", selbst wenn sie weiter einen Sprachkurs besuchen. Diese Tendenz belegt schon die geringe Erfolgsquote der Prüfungswiederholer von nur ca. 35 Prozent, während sie bei den Erstprüflingen bei rund 65 Prozent liegt (vgl. BAMF 2016a, S. 12). Anders gesagt: Der Erwerb von Deutschkenntnissen lässt sich nur in Grenzen „erzwingen", selbst bei denen, die ihn am dringendsten brauchen und meist auch wollen, vor allem aber benötigt er Zeit, viel mehr Zeit als eine vom BAMF zunehmend technokratisierte Integrationspolitik verspricht oder sich eingestehen will (vgl. Bommes 2006, S. 82), denn von Sprachkursen profitieren am ehesten „diejenigen mit bereits höherer Bildung und besseren Qualifikationen" (Esser 2006, S. 30) bzw. die „aufgrund ihrer kulturellen Ausstattung und Bildung am wenigsten darauf angewiesen sind" (Bommes 2006, S. 77).

Probleme bei den sprachlichen Integrationsmaßnahmen waren seit längerem erkannt, und in den Bundesländern wurde bereits mit Maßnahmen zu ihrer Abhilfe experimentiert (etwa in NRW mit dem sogenannten „Early Intervention Programm", bei der die Sprachförderung schon vor dem gesicherten Bleiberecht einsetzte). Doch erst mit dem starken Anstieg der Flüchtlingszahlen, die, unterstützt durch viele medienwirksame Bilder, politischen Handlungsdruck erzeugten, kam es zu einer Reihe von entscheidenden Änderungen, die weit über eine Aufstockung der verfügbaren Finanzmittel hinausgingen.

5. Sprachförderung im Zeichen des Flüchtlingsdrucks

Als Angela Merkel auf der Bundespressekonferenz am 31.08.2015 den seitdem immer wieder aufgegriffenen Satz „Wir schaffen das" äußerte, gab es also ein eingespieltes staatliches Sprachfördersystem für Migranten und Jahrzehnte vor der Neuausrichtung des BAMF zurückreichende Erfahrungen mit Sprachkursen für traumatisierte Flüchtlinge, unbegleiteten Minderjährigen oder auch ehrenamtlichen Lernbegleitern. Neu waren allerdings die quantitative Dimension, die öffentliche Aufmerksamkeit und der politische Wille, Fehler der Vergangenheit diesmal zu vermeiden und über das bisherige Fördersystem hinaus Finanzmittel für eine qualitative Verbesserung der Integrationsmaßnahmen in die Hand zu nehmen. Insofern lässt sich die Entscheidung Merkels auch als Datum mit Signalwirkung für wesentliche Änderungen in der Integrationspolitik und insbesondere auch der Sprachförderung sehen. Die Bundesregierung steht seitdem in der Pflicht, wobei sie auf einen im Grundsatz breiten Konsens aller im Bundestag vertretenen Parteien setzen konnte.

Durch die anschließende faktische Grenzöffnung am 04./05.09.2015, als den auf der Balkanroute festsitzenden Flüchtlingen die Weiterreise nach Deutschland gestattet wurde und in der Folge die Zahl der ankommenden Flüchtlinge auf weit über 100.000 pro Monat hochschnellte, wurde dann auch der Druck, schnell zu handeln, immer größer. Parallel zu dem Chaos bei der kurzfristigen Notaufnahme so vieler Menschen verstärkte sich das Durcheinander in der Sprachförderung. Verschiedene Ministerien auf Bundes- wie Länderebene überboten sich in schnellen Vorschlägen zur Sprachförderung, für die sie dann auch die entsprechenden Mittel zur Verfügung stellten.

Institutionell am folgenreichsten war aber der Wechsel am 18.09.2015 in der Leitung des BAMF von Manfred Schmidt zu Frank-Jürgen Weise, der damit in dieser entscheidenden Umbruchzeit die Bundesagentur für Arbeit (BA) und das BAMF bis zum 31.12.2016 leitete und darüber hinaus als Beauftragter des Innenministeriums berät. Parallel dazu wurden die gesetzlichen Grundlagen geschaffen, dass die BA eine aktive Rolle in der sprachlichen Basisförderung spielen darf, was bis dahin nach der Sozialgesetzgebung ausgeschlossen gewesen war. Ziel war nicht zuletzt eine engere Zusammenarbeit von BAMF und BA in der Integrationspolitik. Damit verschob sich institutionell für erwachsene Lerner der Fokus der Sprachpolitik vom Zurechtkommen im Alltag hin zur besseren Unterstützung der Integration in den Arbeitsmarkt – eine Tendenz, die sich bei den öffentlich finanzierten Kursangeboten schon lange abgezeichnet hatte. Die genannten gesetzlichen, personellen und förderpolitischen Veränderungen stellten das Primat des Bundesministeriums für Arbeit und Soziales als zentraler Integrationsinstanz auch bei der Sprachförderung wieder her, so wie dies bis zur Neuausrichtung des BAMF nach 2003 der Fall gewesen war, als das Innenministerium die entsprechenden Aufgaben und Finanzen an sich zog.

Eine erste und in manchen Hinsichten geradezu spektakuläre Maßnahme war die Ausschreibung der sogenannten „Einstiegskurse" durch die BA. Hier wurden erstmals Kurse für Asylbewerber und Flüchtlinge, die sich noch im Anerkennungsverfahren befanden, in großem Maßstab mit Bundesmitteln gefördert, d. h. viele Monate bevor Asylbewerber oder Flüchtlinge gemäß der damaligen Praxis ein Anrecht auf die „Integrationskurse" des BAMF gehabt hätten. Diese Maßnahme beschränkte sich allerdings nur auf Nationalitäten „mit guter Bleibeperspektive", d. h. aus Ländern, bei denen die Anerkennungsquote im Asylverfahren bei über 50 Prozent lag (Syrien, Irak, Iran und Eritrea; später kam noch Somalia hinzu). Spektakulär war die Maßnahme nicht nur wegen des deutlich früheren Beginns der Sprachförderung, sondern auch wegen der für Kursträger wie Behörde äußerst unaufwändigen administrativen Abwicklung, die im Widerspruch zum überbürokratisierten Dirigismus des BAMF stand, allerdings anschließend genau deswegen auch heftig kritisiert wurde (z. B. FAZ 25.02.2016).

Ursprünglich hatte man bei der BA mit bis zu 100.000 Teilnehmern für diese sehr kurzfristige Maßnahme gerechnet, bei der die Kurse mit Beginn zwischen dem 24.10.2015 und dem 31.12.2015 finanziert wurden.[9] 2015 war die Nachfrage aber so groß, dass schließlich rund 203.000 Teilnehmer mit bis zu 320 Unterrichtsstunden Deutsch abgerechnet wurden und die Kosten auf rund 310 Mio. Euro stiegen. Es ist unklar, wie viel Missbrauch es bei den Einstiegskursen gab, also beispielsweise Teilnehmer von unterschiedlichen Kursträgern mehrfach gemeldet

---

[9] Presse-Info 005 der Bundesagentur für Arbeit vom 15.01.2016.
https://www.arbeitsagentur.de/web/content/DE/Presse/Presseinformationen/Sonstiges/Detail/index.htm?dfContentId=L6019022DSTBAI806319

waren und abgerechnet wurden, den Kurs frühzeitig wieder abgebrochen haben oder unqualifizierte Lehrkräfte schlechten Unterricht mit geringem Lernerfolg erteilten.[10] Trotz aller Kritik an den Einstiegskursen wurde aber im Folgenden das Prinzip des vorgezogenen Beginns der sprachlichen Integrationsmaßnahmen Ende 2015 auch für die Integrationskurse des BAMF übernommen. Auch in anderen Punkten setzen sich die Vorstellungen der BA durch. So kritisierte der designierte Leiter der Bundesagentur ab dem 01.04.2017, Detlef Scheele, in einem Interview[11] das bisherige BAMF-Vorgehen deutlich, etwa bezogen auf das Steuerungssystem für die Sprachkursplätze oder hinsichtlich der mangelnden Verzahnung von Sprachkurs und Phasen in der Weiterbildung bzw. Anwendung im Betrieb.

Er verwies hierbei auf entsprechende Änderungen unter Federführung der BA, wobei dem BAMF die Rolle des ausführenden Organs zugewiesen wurde. Besonders deutlich zeigte sich dies beim Erlass der „Verordnung über die berufsbezogene Deutschsprachförderung (DeuFöV)" vom 04.05.2016 (in Kraft getreten am 01.07.2016), die eine erhebliche Ausweitung der staatlich garantierten Sprachförderung bedeutete und eine Reihe von Neuerungen enthielt: die Förderung über das Niveau B1 der bisherigen Integrationskurse hinaus in allgemein berufsbezogenen Deutschkursen mit jeweils 300 UStd. je Niveaustufe von B2 über C1 bis C2 (§ 12), Spezialmodule mit bis zu 600 UStd. für Migranten, die in den Integrationskursen (bis zu 1.200 UStd. inkl. Alphabetisierung und Wiederholung) noch nicht das Niveau B1 erreicht haben (§ 13), Fachmodule mit 600 UStd. für bestimmte Berufsgruppen (§ 13). Auch hier gilt: Die Jobagenturen entscheiden über die Berechtigung zur Teilnahme an den jeweiligen Zusatzmodulen, das BAMF aber muss die Vorgaben der Verordnung umsetzen und über Kursträgerausschreibungen ein entsprechendes Angebot sicherstellen.

---

[10] Der abschließende Bericht des Bundesrechnungshofes liegt noch nicht vor.

[11] Der Westen 01.06.2016, http://www.derwesten.de/politik/bundesagentur-vorstand-kritisiert-integrationskurse-id11876581.html?service=mobile

6. Der Mangel an qualifizierten Lehrkräften

Der große Anstieg der Flüchtlingszahlen erzeugte den frühesten und unmittelbarsten Druck, ganz ohne irgendwelche Gesetzes- und Förderpolitikänderungen in den Schulen, da für die mitreisenden Kinder in aller Regel bundesweit Schulpflicht besteht. In der Folge wurde zahlreiche sogenannte „Vorbereitungs-" oder „Willkommensklassen" (je nach Bundesland auch anders genannt) eingerichtet, in denen diese Kinder zunächst einmal an die deutsche Sprache herangeführt werden, bevor sie dann in die normalen Regelklassen, meist mit begleitendem zusätzlichem Förderunterricht integriert werden können. Auch wenn die einzelnen Bundesländer diesen zusätzlichen Bedarf an DaF/DaZ-Lehrkräften in Willkommens- und Förderklassen auf sehr unterschiedliche Weise zu decken versuchten, wurden unterm Strich doch zahlreiche, wenn auch oft nur befristete Stellen für ausgebildete Fachkräfte als Quereinsteiger, d. h. ohne Referendariat geschaffen, in die zahlreiche DaF/DaZ-Kräfte, die bisher lediglich auf Honorarbasis gearbeitet hatten, abwanderten.

Dieser Trend verstärkte sich durch die Millionen an Fördergeldern, die das BMBF den Hochschulen über den DAAD parallel für die Einführung von Programmen für Akademiker unter den Flüchtlingen zur Verfügung stellte und mit denen sie oft ebenfalls (befristete) Stellen für Deutschdozenten einrichteten. Gleichzeitig stieg durch die hohen Flüchtlingszahlen, verbunden mit einer Ausweitung des Kreises der Berechtigten für die Teilnahme an einem Integrationskurs auch in der Erwachsenenbildung die Nachfrage nach Lehrkräften für Integrationskurse stark an. Da hier aber ganz überwiegend nur mit recht bescheidenen Honoraren zu rechnen war (Das BAMF gab Anfang 2015 noch 20 Euro pro UE vor), die Stellen in Schulen und Hochschulen aber deutlich höher bezahlt wurden und bessere Aussichten boten, fehlten auf einmal zahlreiche Fachkräfte für Integrationskurse, die vom BAMF zunächst als Lehrkräfte zugelassen werden müssen, wobei eine Matrix angewendet wird, die je nach Fachspezifik der Ausbildung und Umfang der Berufserfahrung zur sofortigen Unterrichtserlaubnis oder Auflagen zur Nachqualifizierung im Umfang von 70 oder 140 Unterrichtsstunden führt. Grundvoraussetzung ist aber immer ein Hochschulabschluss (vgl. BAMF 2016b). Auf den akuten Mangel an Lehrkräften ab Herbst 2015 reagierte das BAMF mit vier Maßnahmen:

1. Erweiterung des Angebots an Kursplätzen durch erleichterte Zulassung neuer Integrationskursträger.
2. Erhöhung der Maximalteilnehmerzahl in Integrationskursen von 20 auf 25, was rechnerisch einer Erhöhung der Zahl der verfügbaren Integrationskursplätze um 25 Prozent entspricht, ohne dass man zusätzliche Lehrkräfte dafür benötigt.
3. Verbesserung der finanziellen Situation der Lehrkräfte: Die Mindesthonorare stiegen ab dem 01.01.2016 von 20 Euro auf 23 Euro und nach dem 01.07.2016 sogar auf 35 Euro – d. h. innerhalb eines knappen Jahres um 75 Prozent! – bei gleichzeitiger Anhebung der Erstattungen pro UStd. und Teilnehmer für die Kursträger.
4. Absenkung der Qualitätsstandards für Lehrkräfte: Das betraf einerseits die sprachliche Qualifikation von Nicht-Muttersprachlern, die im Deutschen nur noch das Niveau C1 nachweisen mussten, und andererseits ab März 2016 auch die fachliche Qualifikation der Lehrkräfte.

Seitdem dürfen auch Lehrkräfte unterrichten, die nach den Kriterien des BAMF eigentlich noch eine Zusatzausbildung hätten absolvieren müssen. Dafür wurden ihnen großzügige Nachholfristen, erst bis Ende 2016, dann bis Ende 2017 eingeräumt. Der Mangel an ausreichend qualifizierten Lehrkräften konnte dadurch aber nicht behoben, sondern nur reduziert werden, zumal die Zahl universitär ausgebildeter Fachlehrkräfte für Deutsch als Fremd- oder Zweitsprache sich nicht kurzfristig beliebig erhöhen lässt. Besonders groß ist der Lehrkräftemangel bei den Alphabetisierungskursen, die ebenfalls eine gesonderte Zusatzausbildung erfordern.

Grundsätzlich hat das große öffentliche Interesse für die sprachliche Integration verbunden mit den genannten erheblichen finanziellen Verbesserungen zu einem erheblichen Prestigegewinn für Integrationskurslehrkräfte geführt.

Während diese Tätigkeit früher gegenüber der Arbeit in studienvorbereitenden und studienbegleitenden Deutschkursen weniger angesehen *und* schlechter bezahlt war, hat sich dieses Verhältnis nun umgekehrt.

Eine besondere Stellung auf dem Feld der sprachlichen Integration nehmen ehrenamtliche „Sprachlernbegleiter", wie sie schließlich offiziell tituliert wurden, ein. Das ehrenamtliche Engagement für Flüchtlinge war und ist in weiten

Kreisen der Bevölkerung groß. Bei vielfältigen gemeinsamen Aktivitäten für und mit Flüchtlingen nimmt die Sprachvermittlung einen wesentlichen Platz ein, Deutsch kann schließlich jeder. Aber kann er/sie es auch vermitteln? Dass ehrenamtliche Formen des Unterrichts von Experten wie professionellen Lehrkräften kritisch gesehen werden, ist wenig verwunderlich, schließlich stellen sie damit indirekt die Notwendigkeit bezahlten Unterrichts durch universitär ausgebildete Lehrkräfte in Frage, zumal die Ehrenamtlichen hohe Anerkennung und viel Lob durch die Politik erfuhren und für Kurzausbildungen ehrenamtlicher Sprachvermittler durch Hochschulen, das Goethe-Institut oder die Volkshochschulen öffentliche Gelder bereitgestellt wurden. Trotz der durchaus berechtigten Kritik an den oft falschen Methoden der Deutschvermittlung durch Ehrenamtliche bleibt aber festzuhalten, dass sie in guten „integrierten" Konzepten zur Zusammenarbeit von professionellen und ehrenamtlichen Deutschlehrkräften eine wichtige Rolle spielen: als erste, frühe Begegnung mit der deutschen Sprache, bis Berechtigungen und professionelle Kurssysteme greifen, als alternativloses Angebot für Gruppen, die weiterhin auf lange Zeit keinen Anspruch auf staatlich geförderte Integrationskurse haben (etwa Asylbewerber aus Afghanistan, die nicht aus einem Land „mit guter Bleibeperspektive" kommen), als professionelle Kurse ergänzende und unterstützende Anwendungsangebote, insbesondere im Bereich der Konversation, der Hausaufgabenbetreuung oder gemeinsamer Sprachhandlungsaktivitäten (z. B. Einkaufen, gemeinsam Nähen oder Sport treiben), als soziokulturelle Integration und Begegnung mit der hiesigen Wohnbevölkerung.

7. Fazit

Die große Zahl der seit 2015 aufgenommenen Flüchtlinge und der politische Wille zu ihrer möglichst frühzeitigen Integration hat im Bereich der staatlichen Sprachförderung einiges in Bewegung gebracht und eine Reihe von Verbesserungen bewirkt. Allerdings zeigt der Blick in die Geschichte der öffentlichen Sprachförderung seit den 70er Jahren, dass insbesondere dem BAMF hierbei eine zwiespältige Rolle zukommt. Mit seiner Ausgestaltung als zentralstaatlicher Integrationsbehörde 2003 gingen bei der Sprachförderung fachliche Expertise und eine erfolgreiche Praxis der Kooperation verschiedener Sozialpartner verloren, auf die man sich erst heute teilweise wieder besinnt. Die staatliche Monopolstellung des BAMF erlaubte diesem, seinen eigenen Kostendruck unmittelbar an die Kursträger weiterzugeben, und traf vor allem die Lehrkräfte, die finanzielle Einbußen in einer sowieso schon prekären Beschäftigungssituation hinnehmen mussten, was sich erst allmählich und 2015/2016 im Zeichen der verstärkten Flüchtlingszuwanderung und des Lehrkräftemangels beschleunigt änderte.

Aus pädagogischer Sicht fatal sind vor allem die weiter zunehmende Bürokratisierung und die Fixierung auf Kontrolle der Finanzen, zu denen inzwischen auch immer engere curriculare Regelungen, top-down verordnet, hinzukommen. Nirgendwo sonst im öffentlichen Bildungswesen wird derart in den Unterricht hineinregiert bei so wenig pädagogischer Qualifikation der Kontrollbehörde. Eine ganz andere Förderphilosophie als Innenministerium und Arbeitsministerium verfolgen dagegen das Wissenschaft- und das Bundesfamilienministerium. Sie stellen Gelder zur Verfügung, bei deren Abruf gewisse Vorgaben zu erfüllen sind und die selbstverständlich am Ende ordnungsgemäß abgerechnet werden müssen, verzichten aber auf die engmaschige Kontrolle und genaue curriculare Vorgaben. Hier werden bei ungleich geringerem Aufwand vermutlich bessere Sprachfortschritte erzielt, zumal anders als in den undifferenzierten Integrationskursen des BAMF die lernerfahrenen und motivierten Migranten unter sich sind. Andererseits hat das BAMF viel zur Verbesserung und Vereinheitlichung der Qualitätsstandards bei den Lehrern getan, erhebt z. B. zeitnah die relevanten Daten zur Sprachförderung in der bundesdeutschen Erwachsenenbildung und hat sich allgemein um die Vereinheitlichung der Standards verdient gemacht.

Von einem tatsächlichen „Gesamtprogramm Sprache (GPS)", wie es 2015 von der Bundesregierung als Addition von Integrationskursen und berufsbezogener Deutschförderung verkündet wurde (Bundesregierung 2015), ist die Sprachförderung in Deutschland allerdings noch weit entfernt. Dies würde eine individuelle Potenzialanalyse und die anschließende durchgehende Förderung aus einer Hand bis zu einem vorher festgelegten Ziel in leistungsdifferenzierten Kursen bedeuten. Stattdessen überschneiden sich weiterhin die Förderlinien von vier Bundesministerien, sitzen in den Basisintegrationskursen immer noch bestens qualifizierte Studierende neben frisch alphabetisierten Rentnerinnen und Rentnern mit wenig Lernerfahrung, sind die einzelnen Maßnahmen additiv unter Beteiligung verschiedener sich nicht immer einiger Ämter konzipiert, so dass die angestrebte Bildungskette immer wieder unterbrochen wird.

Auch grundsätzliche Fragen bleiben offen: Warum kann nicht jeder motivierte Migrant oder jede motivierte Migrantin einen staatlich geförderten Deutschkurs besuchen? Kann man Zuwanderer zum Deutschlernen verpflichten und funktioniert das? Macht es Sinn, Migranten, die nach 900 UStd. noch nicht das Niveau B1 erreicht haben, noch mal zu weiteren 600 UStd. zu verpflichten? Oder muss man bei erwachsenen Lernern akzeptieren, dass einige dieses Niveau nicht mehr erreichen können? Gibt es vielleicht andere Formen der Integration als die rein sprachliche bzw. ist eine gelingende (Sprach-)Integration nicht häufig ein Generationenprojekt? Diesen Fragen wird sich die deutsche Integrations- und Sprachförderpolitik auch in den nächsten Jahren stellen müssen, denn die Zuwanderungszahlen bleiben beträchtlich und das Gros der Geflüchteten des Jahres 2015 ist noch weit davon entfernt, das ganze Sprachfördersystem durchlaufen zu haben. Obwohl sich die Zahl der neuen Kursteilnehmer 2016 (ca. 260.200) im Vergleich zu 2015 (ca. 136.000) schon fast verdoppelt hat, so wurden 2016 rund 479.600 Berechtigungen zum Besuch eines Integrationskurses ausgestellt (vgl. Bundestagsdrucksache 2016, S. 6), d. h. mindestens 219.400 haben ihren Integrationskurs 2016 noch gar nicht angetreten. Auch wenn die Flüchtlingszahlen seit 2015 zurückgehen, so werden doch auch für 2017 nach vorläufigen Schätzungen 200.000–300.000 neu ankommende Asylsuchende erwartet. Sprachförderung bleibt damit quantitativ wie qualitativ eine der großen Herausforderungen der kommenden Jahre.

Literatur

BAMF (2016a): Bericht zur Integrationskursgeschäftsstatistik für das erste Halbjahr 2016. https://www.bamf.de/SharedDocs/Anlagen/DE/Downloads/Infothek/Statistik/Integration/2016-halbjahr1-integrationskursgeschaeftsstatistik-gesamt_bund.pdf (zuletzt abgerufen am 02.11.2016).

BAMF (2016b): Zulassungskriterien für Lehrkräfte in Integrationskursen. http://www.bamf.de/SharedDocs/Anlagen/DE/Downloads/Infothek/Integrationskurse/Lehrkraefte/matrix-zulassung-lehrkraefte-integrationskurse.pdf (zuletzt abgerufen am 06.11.2016).

BUNDESTAGSDRUCKSACHE (2016): Durchführung, Kontrolle und tatsächliche Kosten der in den Jahren 2015 und 2016 von der Bundesagentur für Arbeit finanzierten Deutschkurse für Flüchtlinge. Antwort der Bundesregierung auf die Kleine Anfrage der Abgeordneten Sevim Dağdelen, Frank Tempel, Sigrid Hupach, weiterer Abgeordneter und der Fraktion DIE LINKE. Drucksache 18/10452 vom 28.11.2016.

BUNDESREGIERUNG (2015): Gesamtprogramm Sprache. Artikel vom 04.05.2015.https://www.bundesregierung.de/Content/DE/Artikel/2016/05/2016-05-04-kabinett-fluechtlinge-sprachfoerderung.html.

BOMMES, Michael (2006): Integration durch Sprache als politisches Konzept. In: Ulrike Davy/Albrecht Weber (Hrsg.): Paradigmenwechsel in Einwanderungsfragen? Überlegungen zum neuen Zuwanderungsgesetz. Baden-Baden, S. 59–89.

BRÜCKER, Herbert et al. (2016): Flucht, Ankunft in Deutschland und erste Schritte der Integration. Ausgabe 5-2016 der Kurzanalysen des Forschungszentrums Migration, Integration und Asyl des Bundesamtes für Migration und Flüchtlinge. Nürnberg. http://www.bamf.de/SharedDocs/Anlagen/DE/Publikationen/Kurzanalysen/kurz-analyse5_iab-bamf-soep-befragung-gefluechtete.html?nn=1366152 (zuletzt abgerufen am 21.12.2016).

DORMANN, Franz/SCHLEBUSCH, Martina (2000): Die Sprachförderung für Migranten in Deutschland. Systematische Inkonsistenzen bei gleicher Zielsetzung. In: fes-library, Friedrich-Ebert-Stiftung, Februar 2000; http://www.fes.de/fulltext/asfo/00713a06.html (zuletzt abgerufen am 21.12.2016).

ESSER, Hartmut (2006): Migration, Sprache und Integration. AKI-Forschungsbilanz 4. Arbeitsstelle Interkulturelle Konflikte und gesellschaftliche Integration. Wissenschaftszentrum Berlin.www.bagkjs.de/media/raw/AKI_Forschungsbilanz_4_Sprache.pdf (zuletzt abgerufen am 21.12.2016).

GEMEINSAMER EUROPÄISCHER REFERENZRAHMEN FÜR SPRACHEN (2016): http://www.goethe.de/z/50/commeuro/303.htm (zuletzt abgerufen am 21.12.2016).

HESS, Sabine/MOSER, Johannes (Hg.) (2009): Jenseits der Integration. Kulturwissenschaftliche Betrachtungen einer Debatte. In: Hess/Binder/Moser (Hg.), S. 11–25.

HESS, Sabine/BINDER, Jana/Moser, Johannes (Hg.) (2009): No integration?! Kulturwissenschaftliche Beiträge zur Integrationsdebatte. Bielefeld.

KAUFMANN, Susan (2010): Curriculum und Lehrziele DaZ in der Erwachsenbildung: Integrationskurse. In: Krumm, Hans-Jürgen et al. (Hrsg.): Handbuch Deutsch als Fremd- und Zweitsprache. Berlin, S. 1096–1105.

NIEDEN, Birgit zur (2009): „... und deutsch ist wichtig für die Sicherheit!". Eine kleine Genealogie des Spracherwerbs Deutsch in der BRD. In: Hess/Binder/Moser, S. 123–136.

REICH, Hans H. (2010): Entwicklung von Deutsch als Zweitsprache in Deutschland. In: Hans-Jürgen Krumm et al. (Hrsg.), S. 63–72.

SZABLEWSKI-ÇAVUŞ, Petra (2001): Skizze einer Profilierung: Der Unterricht Deutsch für ausländische Arbeitnehmer. In: Deutsch als Zweitsprache Extraheft, S. 23–33.

Überlegungen zu *einer* Sprachförderung für Geflüchtete

Barbara Baumann und Alfred Riedl

1. Zur Dekonstruktion homogener Sprachförderbedarfe unter Geflüchteten

Die Suche nach *einer* Sprachförderung für Geflüchtete setzt die Annahme voraus, dass man es mit weitestgehend homogenen Sprachfördervoraussetzungen sowie -bedarfen zu tun hat. Dem steht entgegen, dass nach Europa bzw. Deutschland fliehende Menschen augenscheinlich nicht aus pädagogisch-didaktischen Überlegungen heraus zu einer Gruppe zusammengefasst werden. Was Geflüchtete eint, ist zunächst einmal sehr allgemein gesprochen die Tatsache, „dass sie aufgrund ihres Verlusts von und auf der Suche nach grundlegenden Rechten und Schutz migrieren" (Kleist 2015, S. 153). In Deutschland angekommen, treffen sie auf gruppenspezifische Gesetzesregelungen wie z. B. das Asylgesetz (AsylG) und daraus resultierende mehr oder weniger einheitliche Lebensbedingungen, z. B. hinsichtlich einer Unterbringung in Gemeinschaftsunterkünften oder staatlich festgelegter Zugangsmöglichkeiten zum Arbeitsmarkt. Setzt man sich mit Fragen der Sprachaneignung auseinander, so lässt sich unter sprach- und bildungsbiografischen Gesichtspunkten jedoch eine Dekonstruktion der vermeintlich homogenen Gruppe *Geflüchteter* vornehmen. In den folgenden Abschnitten werden hierzu die Ergebnisse einer empirischen Studie unter neu Zugewanderten im jungen Erwachsenenalter vorgestellt. Am Ende des Beitrags steht die Frage, was diese Erkenntnisse hinsichtlich diverser Lerneingangsvoraussetzungen und -ziele für die Sprachförderung bedeuten. Es wird dafür plädiert, zunächst einmal bestehende Sprachvermittlungsansätze nutzbar zu machen. Spezielle Angebote für Geflüchtete hingegen sind theoriebasiert zu legitimieren. Hierzu lassen sich exemplarische Überlegungen auf Basis des soziokulturellen Paradigmas anstellen.

2. Zur sprach- und bildungsbiografischen Diversität von Geflüchteten: Ergebnisse einer empirischen Erhebung an Bayerns Berufsschulen

Einblicke in die Sprach- und Bildungsbiografien von Geflüchteten liegen erst ansatzweise vor. So konnten beispielsweise die Teilnehmenden der Projekte des ESF-Bundesprogramms zur arbeitsmarktlichen Unterstützung für Bleibeberechtigte und Flüchtlinge zu Aspekten wie Schulbildung oder Berufserfahrungen befragt werden (vgl. Mirbach et al. 2014). Das Bundesamt für Migration und Flüchtlinge (BAMF) gibt Auskunft über die schulische und berufliche Qualifikation von Asylberechtigten und anerkannten Flüchtlingen aus Afghanistan, Irak und Syrien (vgl. BAMF 2016a). Es verfügt zudem über die so genannten SoKo-Daten (Soziale Komponente) (vgl. BAMF 2016b): Dabei handelt es sich um freiwillige Informationen von Asylantragstellenden u. a. in den Bereichen schulische Vorbildung, Sprachkenntnisse sowie Arbeitserfahrungen. Die Datenanalysen von Liebau/Salikutlu (2016) sowie Liebau/Schacht (2016) sind insbesondere deshalb interessant, weil sie als Zielgruppe nicht in den letzten Monaten eingereiste Personen im Blick haben, sondern sich frühere Migrationsbewegungen genauer angesehen. Sie bieten die Gelegenheit, aus der Vergangenheit zu lernen, indem sie aus der Migrationsbefragung des Instituts für Arbeitsmarkt und Berufsforschung (IAB) und des Sozio-oekonomischen Panels (SOEP) neue Ergebnisse herausarbeiten. Im Folgenden soll exemplarisch eine Studie unter neu zugewanderten Schülerinnen und Schüler im Berufsschulalter dargestellt werden, um deren sprach- und bildungsbiografische Diversität aufzuzeigen. Dazu wird zunächst die Situation an Bayerns Berufsschulen, wo die Erhebung stattgefunden hat, skizziert und das Studiendesign knapp erläutert. Im Anschluss sind die Ergebnisse zur sprachlichen Vielfalt, den schulischen Vorerfahrungen der Befragten sowie ihre Ausbildungswünsche zusammengefasst. Die folgenden Teilkapitel a. bis e. sind in dieser Form bereits in der Zeitschrift *berufsbildung* erschienen (vgl. Baumann et al. 2016).

a. Die Situation an Berufsschulen in Bayern

Neu zugewanderte Jugendliche und junge Erwachsene im Alter von 16 bis 21 (in Ausnahmen 25) Jahren werden in Bayern an Berufsschulen in speziellen Klassen unterrichtet. Sie absolvieren auf diese Weise ihre gesetzlich geregelte Schulpflicht (BayEUG). Die zweijährige Beschulung in einem Vorbereitungsjahr sowie einem Berufsvorbereitungs- bzw. Berufsintegrationsjahr[1] findet in der Regel in Zusammenarbeit mit externen Kooperationspartnern, Trägern der Jugend-/Erwachsenenbildung wie der Volkshochschule oder Kolping, statt (vgl. Riedl/Simml 2016).

---

[1]   Inzwischen hat sich alternativ die Begrifflichkeit Berufsintegrations(vor)klasse etabliert. Zudem wurde das zweijährige Modell konzeptionell weiterentwickelt.

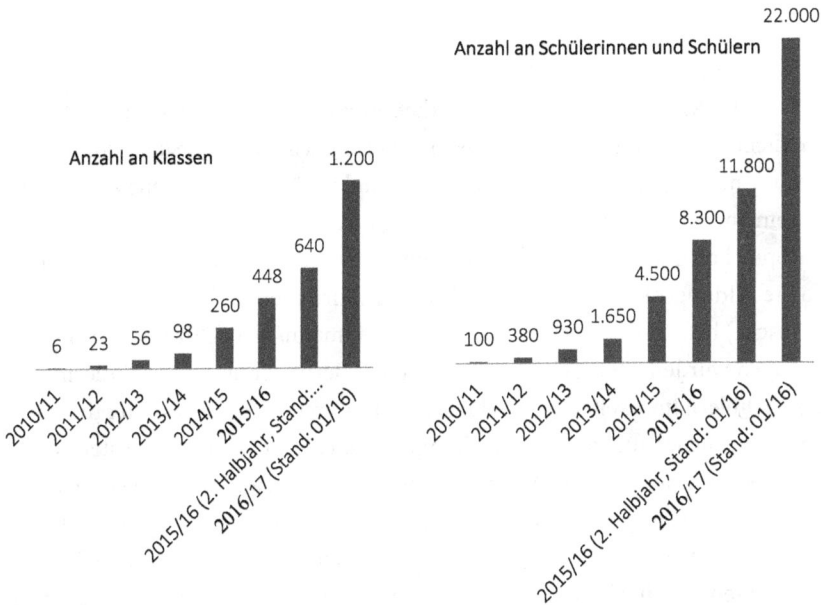

Abbildung 1: Neu zugewanderte Schülerinnen und Schüler an Bayerns Berufsschulen (Angaben des StmBW; Januar 2016)

Im ersten Jahr sollen vor allem sprachliche Grundlagen in Deutsch aufgebaut werden. Im zweiten Jahr steht die Vorbereitung auf eine berufliche Tätigkeit im Fokus.

Praktikumsphasen unterbrechen die Vollzeitbeschulung. Nach erfolgreichem Durchlaufen der beiden Jahre erhalten die Schülerinnen und Schüler in Bayern den Mittelschulabschluss. Abbildung 1 veranschaulicht den nahezu exponentiellen Anstieg der Zahlen seit dem Schuljahr 2010/11 alleine an Bayerns Berufsschulen. Die Schülerschaft besteht sicherlich im Wesentlichen aus Geflüchteten, doch befinden sich beispielsweise auch EU-Bürgerinnen und Bürger in den Klassen. Zum Zeitpunkt der Erhebung von Baumann/Riedl (vgl. Baumann/Riedl 2016, S. 58 ff.) kamen knapp 10 Prozent der Schülerinnen und Schüler aus EU-Staaten. Begriffe wie *Flüchtlingsklassen* greifen daher zu kurz. Die Klassen einen weniger spezifische Migrationsmotive als vielmehr die Tatsache, dass die

„Deutschkenntnisse nicht als ausreichend angesehen werden, um erfolgreich am Unterricht in einer Regelklasse an einer deutschen Schule teilzunehmen" (Massumi/von Dewitz 2015, S. 13).

b. Studiendesign

Was bisher fehlt, sind systematische Erkenntnisse zu den verschiedenen lebensweltlichen Aspekten der Zielgruppe. In einer umfassend angelegten Online-Erhebung hat die TU München Schülerinnen und Schüler im Schuljahr 2014/15 zu allgemeinen personenbezogenen Merkmalen (z. B. Herkunft, Geschlecht), zu ihrer Sprachbiografie (z. B. persönliches Sprachrepertoire, Spracherwerb Deutsch) sowie Bildungsbiografie (z. B. schulische Erfahrungen in der Heimat, Berufswünsche) befragt (zum Studiendesign, vgl. Baumann/Riedl, 2016, S. 37 ff.). Einbezogen wurden alle Klassen an bayerischen Berufsschulen mit Schülerinnen und Schülern im zweiten Beschulungsjahr. Ein Pretest ergab, dass hier die nötigen sprachlichen und technischen Kompetenzen zur Bearbeitung der Items vorausgesetzt werden können. Aus der Erhebung resultieren 538 gültige Datensätze, auf die sich die folgenden Ausführungen stützen (Frauenanteil 20 Prozent). Die Ergebnisse machen deutlich, dass es sich bei den Schülerinnen und Schülern mitnichten um eine homogene Gruppe von Lernenden handelt. Die erhobenen Daten lassen das Aufzeigen von mehreren Diversitätsdimensionen zu. Diversität wird an dieser Stelle als eine – anders als der Begriff *Heterogenität* – „positive Diskriminierung" (Saalfrank, 2008, S. 337) verstanden und beinhaltet:

> [D]ie Vielfalt der Lernenden wird als etwas Natürliches bzw. Normales gesehen, das in einer Lerngruppe ohnehin gegeben ist; etwas, das positive Effekte haben kann und auch bei allen Unterschieden Gemeinsamkeiten mit berücksichtigt (Kimmelmann 2010, S. 51).

Dabei stehen Vielfalt, deren Chancen, Potentiale und positiven Aspekte im Mittelpunkt. Im Folgenden liegt der Fokus auf den Diversitätsaspekten *sprachliche Vielfalt*, *institutionelle Lernerfahrungen* und *persönliche Ausbildungswünsche*. Hierzu werden zentrale Ergebnisse aus der Studie von Baumann/Riedl (2016) zusammengefasst.

c. Sprachliche Vielfalt

Nach Auskunft der Schülerinnen und Schüler liegen in den befragten Klassen 55 verschiedene Muttersprachen vor.

Dari	171
Farsi	93
Englisch	51
Paschto	47
Arabisch	47
Somali	36
Amharisch	26
Kurdisch	25
Urdu	23
Französisch	15
Russisch	13
Igbo	10

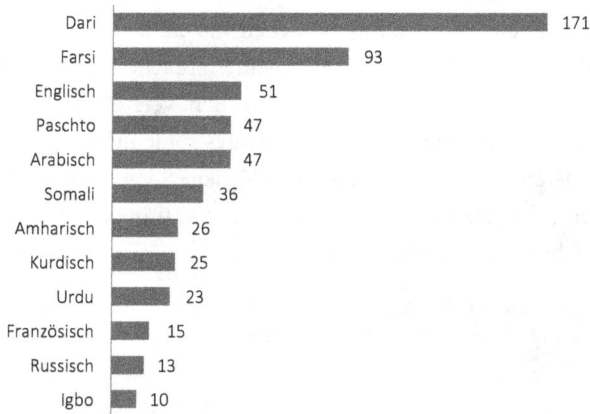

Abbildung 2: Muttersprachen mit mindestens zehn Nennungen (n = 529)

Dari, eine Varietät des Persischen, ist mit Abstand die häufigste Nennung, was wenig verwundert, wenn man zur Kenntnis nimmt, dass Afghanistan das eindeutige Hauptherkunftsland der Befragten ist. Knapp 40 Prozent geben Afghanistan als Heimat an, alle anderen Herkunftsländer verzeichnen hingegen Prozentwerte im lediglich einstelligen Bereich.

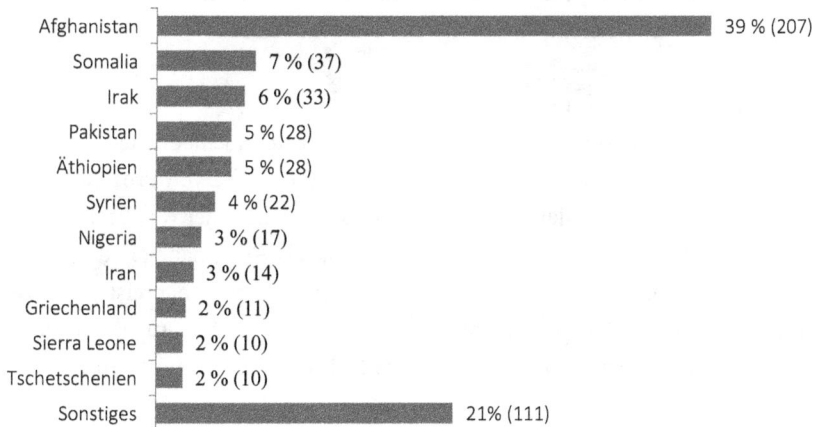

Afghanistan	39 % (207)
Somalia	7 % (37)
Irak	6 % (33)
Pakistan	5 % (28)
Äthiopien	5 % (28)
Syrien	4 % (22)
Nigeria	3 % (17)
Iran	3 % (14)
Griechenland	2 % (11)
Sierra Leone	2 % (10)
Tschetschenien	2 % (10)
Sonstiges	21% (111)

Abbildung 3: Heimatländer (n = 528) (Gerundete Prozentangaben mit Abweichung von 100)

Viele Schülerinnen und Schüler sprechen mehr als eine Muttersprache, im Durchschnitt 1,35. Maximal werden fünf Sprachen von ein und derselben Person genannt. Fragt man unabhängig von den Muttersprachen nach weiteren Sprachen, welche die Studienteilnehmenden sprechen, verstehen, schreiben oder lesen können, so eröffnet sich ein noch größeres sprachliches Spektrum. Insgesamt sind in den Schülerantworten 64 verschiedene Sprachnennungen zu finden. Ein konstruierter „Durchschnittsschüler" würde 3,0 Sprachen sprechen, 3,1 Sprachen schreiben, 3,2 verstehen und 3,5 lesen.

> Für alle vier Fertigkeiten lässt sich sagen, dass 50 Prozent der Schülerinnen und Schüler zwei bis vier Sprachen, 25 weitere Prozent bis zu sieben Sprachen können (Baumann/ Riedl 2016, S. 73).

Herauszustellen ist, dass die sprachliche Diversität in den Klassen für neu zugewanderte Schülerinnen und Schüler an Bayerns Berufsschulen geringer ausgeprägt ist als im deutschen Regelschulsystem. Geflüchtete und andere kürzlich Migrierte machen Schulen nicht automatisch mehrsprachiger als sie bereits sind, die sprachliche Vielfalt wird im Falle von Neuzuwanderung nur offensichtlicher und teilweise zum Kriterium der Klassenzuteilung. 55 identifizierte Muttersprachen in den bayerischen Berufsschulklassen für neu Zugewanderte stehen bis zu 100 Familiensprachen an Grund- und weiterführenden Schulen in Deutschlands Großstädten gegenüber (vgl. z. B. Ahrenholz/Maak 2013, S. 25; Chlosta et al. 2003, S. 46). Mehrsprachigkeit ist in Deutschlands Schulen demnach schon lange vor den aktuellen Fluchtbewegungen angekommen.

d. Schulische Lernerfahrungen

Die Schülerinnen und Schüler berichten von sehr unterschiedlichen institutionellen Lernerfahrungen in den Heimatländern. Knapp zwölf Prozent haben vor ihrer Zeit in Deutschland keine Schule besucht. Von daher verwundert auch nicht, dass etwa sechs Prozent aussagen, dass sie als Analphabeten, d. h. ohne jegliche Lese- und Schreibkompetenz, nach Deutschland eingereist sind. Die restlichen Befragten blicken auf bis zu 17 Jahre Schul- und in Ausnahmefällen auch Universitätsbesuch zurück. Etwa die Hälfte von ihnen gibt neun Schuljahre oder mehr an.

Die Daten zeigen, dass die mittlere Schulbesuchsdauer von neu zugewanderten Schülerinnen und Schülern aus den Ländern Afghanistan, Irak, Pakistan, Äthiopien und Syrien höher liegen als es für das jeweilige Herkunftsland typisch ist (DGVN 2014, Anhang 1). Der Index der menschlichen Entwicklung verweist für Äthiopien beispielsweise auf eine durchschnittliche Schulzeit von 2,4 Jahren. Bei den befragten Äthiopierinnen und Äthiopier an den bayerischen Berufsschulen liegt der Durchschnittswert hingegen bei knapp 9 Jahren schulischer Erfahrung, die sie aus der Heimat mitbringen. Es sei jedoch erwähnt, dass die Fallzahlen für die einzelnen Länder bis auf Afghanistan relativ gering sind, Verallgemeinerungen hier demnach nicht vorgenommen werden können. Interessant ist, dass die befragten weiblichen Schülerinnen eine intensivere Vorbildung aufweisen als ihre männlichen Schulkollegen. Nur neun Prozent der Schülerinnen haben in der Heimat keine Schule besucht, unter den Männern sind es 13 Prozent. Zudem sind die Schülerinnen tendenziell länger zur Schule gegangen als ihre Mitschüler. Diese Ergebnisse decken sich zum Teil mit Erkenntnissen aus der Migrationsforschung (vgl. z. B. Foda/Kadur 2005; im Kontrast dazu aber vgl. z. B. BAMF 2016a). Gleichzeitig ist jedoch auch bekannt, dass Frauen die Integration in den deutschen Arbeitsmarkt seltener gelingt als Männern. Das BAMF (2016a, S. 6) führt als mögliche Gründe u. a. die Kinderbetreuung und kulturspezifische Muster der Arbeitsteilung an. Die erfragte Schulbesuchsdauer in den Heimatländern sagt nichts über curriculare Inhalte, Kompetenzerwerb oder Wissensstände aus. Wie schwierig die Interpretation quantitativer Angaben zur schulischen Bildungsbiografie ist, zeigt folgende Aussage Wößmanns:

> In Deutschland erreichen 16 Prozent der Jugendlichen nicht die absoluten Grundkompetenzen, wie sie die OECD mit der PISA-Kompetenzstufe 1 definiert hat. In Syrien sind das 65 Prozent der Schülerinnen und Schüler [...]. Im Durchschnitt liegt das syrische Leistungsniveau 140 PISA-Punkte hinter dem deutschen [...]. Diese Differenz – wohlgemerkt unter Gleichaltrigen – entspricht in etwa dem, was Schülerinnen und Schüler im Durchschnitt in vier bis fünf Schuljahren lernen. (Wößmann 2016, S. 12).

Es stellt sich die Frage, inwiefern die schulische Vorbildung in der Heimat in einem positiven Zusammenhang zur Aufnahme in den deutschen Arbeitsmarkt steht. Das BAMF (2016a, S. 6) berichtet z. B., dass irakische Untersuchungsteilnehmerinnen und -teilnehmer trotz verhältnismäßig schlechtem Bildungsprofil überdurchschnittlich häufig erwerbstätig sind.

e. Ausbildungswünsche

Mit ein Ziel der zweijährigen Schulzeit an den Berufsschulen ist die so genann-te Ausbildungsreife (vgl. Dobischat/Schurgatz 2015).[2] In diesem Zusammen-hang erfolgt oftmals auch eine erste berufliche Orientierung und die individuelle Herausarbeitung von Ausbildungswünschen. Die BA spricht hier von „Berufs-wahlreife" und der dafür nötigen „Selbsteinschätzungs- und Informationskom-petenz" (2009, S. 21). Die Berufsschulen scheinen an dieser Stelle in Zusammen-arbeit mit den Kooperationspartnern sowie den Ausbildungsbetrieben, welche Praktikumsplätze zur Verfügung stellen, Enormes zu leisten: Die Schülerinnen und Schüler sind nach eineinhalb Jahren Schulzeit in der Lage, ihre Bildungsam-bitionen sehr prägnant zum Ausdruck zu bringen, vermutlich auf der Basis the-oretischer und praktischer Einblicke in die Berufswelt.[3] Die Befragten nennen 78 verschiedene Ausbildungswünsche und in Einzelfällen auch das Ziel, weiterhin zur Schule gehen zu können. Die Ausdifferenziertheit illustrieren Schülerant-worten, die sich nicht nur übergreifende Branchenwünsche wie *Pflege*, sondern eindeutig den Berufen Altenpfleger/-in, Gesundheits- und Krankenpfleger/-in sowie Kinderpfleger/-in zuordnen lassen, was Kenntnisse oder zumindest sub-jektive Annahmen über die einzelnen Berufsbilder voraussetzt.[4]

Betrachtet man die Ausbildungswünsche getrennt nach männlichen Schülern und weiblichen Schülerinnen, so lassen sich hier Unterschiede[5] feststellen: Die Schülerinnen sehen sich in erster Linie in den Branchen Pflege, Sozialpädagogik sowie Gesundheit/Körperpflege. Die Schüler hingegen präferieren Fahrzeug-, Metall- sowie Elektrotechnik. Wirtschaft und Verwaltung sowie Ernährung und Hauswirtschaft sind Branchen, die für beide Geschlechter laut den Selbstaus-künften in Frage kommen. Akademikerberufe werden von den jungen Frauen häufiger angestrebt als von ihren männlichen Mitschülern. Der insgesamt am häufigsten genannte Berufswunsch ist mit Abstand der des Kraftfahrzeugme-chatronikers.

---

[2]   Das Konstrukt der Ausbildungsreife wird in seiner Tragfähigkeit jedoch stark angezweifelt.

[3]   Allerdings können hier beispielsweise auch Einflüsse der Schule bzw. Lehrkräfte bzgl. der Berufswünsche und die (Vor-)Auswahl behandelter Berufe im Unterricht eine Rolle spielen.

[4]   Das Item war als offene Frage konstruiert. Die Schülerantworten wurden anhand der Klassifikation der BA strukturiert. Uneindeutige Antworten wurden zu einer separaten Kategorie zusammengefasst.

[5]   Diese können vielfältige Gründe haben, etwa (unbewusst) vermittelte Haltungen der Lehrkräfte und damit einhergehend ein sozial erwünschtes Antwortverhalten der Schülerinnen und Schüler.

■ Schüler   ■ Schülerin

Wirtschaft und Verwaltung	17 % / 11 % (12)
Fahrzeugtechnik	16 % (56) / 0 % (0)
Metalltechnik	12 % (44) / 0 % (0)
Elektrotechnik	11 % (39) / 0 % (0)
Ernährung und Hauswirtschaft	8 % (27) / 8 % (9)
Bautechnik	6 % (22) / 1 % (1)
Farbtechnik, Raumgestaltung, Oberflächentechnik	6 % (20) / 0 % (0)
Akademikerberufe	5 % (16) / 9 % (10)
Informationstechnik	4 % (14) / 0 % (0)
Holztechnik	3 % (12) / 0 % (0)
Pflege	2 % (8) / 17 % (18)
Gesundheit/Körperpflege	2 % (7) / 25 % (27)
Sozialpädagogik	2 % (6) / 21 % (23)
Kreativberuf	2 % (6) / 3 % (3)
Polizei, Militär	2 % (6) / 0 % (0)
Medientechnik	1 % (5) / 2 % (2)
Textiltechnik und -gestaltung	1 % (4) / 0 % (0)
Schule	1 % (2) / 1 % (1)
Agrarwirtschaft	0 % (1) / 1 % (1)
Labor-/Prozesstechnik	0 % (1) / 0 % (0)

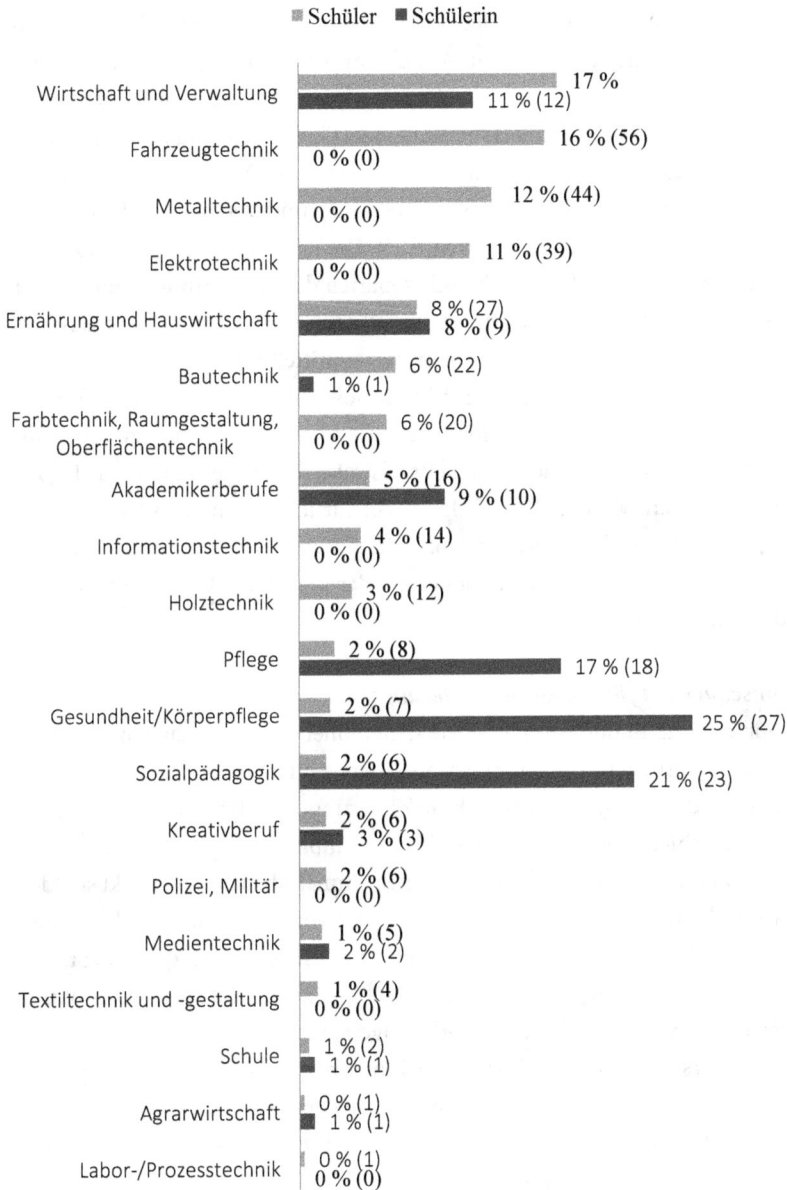

Abbildung 4: Aktuelle Berufsbranchenwünsche, männliche Schüler – weibliche Schülerinnen (n = 429, Mehrfachnennungen möglich, gerundete Prozentangaben mit Abweichung von 100)

Weiter kann festgestellt werden, dass die neu zugewanderten Jugendlichen und jungen Erwachsenen bei ihren Ausbildungswünschen bei weitem nicht nur Berufe fokussieren, in denen Fachkräftemangel herrscht (vgl. Bundesagentur für Arbeit, BA 2015). Gleichzeitig ist bekannt, dass Geflüchtete und Asylanerkannte letztlich insbesondere in den Branchen Gastronomie, Verpackung/Lagerung/ Logistik/Transport, Reinigung sowie Herstellung und Verkauf von Lebensmitteln unterkommen (vgl. BAMF 2016a, S. 7). Die nächsten Jahre werden zeigen, inwiefern sich die beruflichen Wunschszenarien der Schülerinnen und Schüler realisieren lassen oder ob sie letzten Endes doch verstärkt in Tätigkeiten mit geringer Nachfrage von Arbeitnehmerseite vermittelt werden.

In vielen Fällen weichen die Schülerinnen und Schüler vor Berufen, bei denen sprachliche Kommunikation (zumindest theoretisch) stark zum beruflichen Selbstverständnis gehört, wie beispielsweise die pflegerischen Berufe (vgl. Berg/Grünhagen-Monetti 2009, S. 15), nicht zurück. Umso mehr stellt sich die Frage, welche sprachlichen Kompetenzen in den einzelnen Ausbildungsberufen jeweils benötigt werden. Hierzu gibt es aus der Forschung bisher keine umfassenden Antworten.

3. Konsequenzen für die Sprachförderung

Die Sprach- und Bildungsprofile sowie -ambitionen von Geflüchteten – bzw. allgemeiner gesprochen von neu Zugewanderten – sind auf der Basis empirischer Studien als divers anzuerkennen. Eine Zielgruppenanalyse macht somit auch ganz unterschiedliche Sprachförderbedarfe sichtbar.

Nimmt man vom Label des Geflüchteten einmal Abstand und blickt stattdessen vielmehr auf die verschiedenen Lerneingangsvoraussetzungen und Lernziele, so wird sichtbar, dass es Sprachlernangebote für Analphabeten genauso braucht wie Sprachförderkonzepte für Menschen mit institutioneller Sprachlernroutine. Ansätze wie *Deutsch nach Englisch* oder allgemeiner gesprochen die Prinzipien einer Tertiärsprachendidaktik lassen sich hier beispielsweise nutzen (vgl. z. B. Hufeisen 2003). Für manche Personen mag eine gezielte berufssprachliche Vorbereitung dienlich sein (vgl. z. B. Ohm 2016), anderen ist mit hochschulpropädeutischen Angeboten mehr geholfen (vgl. z. B. Vogel 2016). Für manche Frauen können Angebote aus dem Kontext *Mama lernt Deutsch* sinnvoll sein (vgl. z. B. das Kursmaterial des Klett-Verlags). Allen diesen Ansätzen ist gemein, dass sie nicht neu erfunden werden müssen, sondern Konzepte und Materialien aus der langjährigen Arbeit mit Migrantinnen und Migranten in Deutschland vorliegen. Es stellt sich die Frage, inwiefern im Umkehrschluss Sprachförderansätze, die sich speziell an Geflüchtete wenden, dennoch gerechtfertigt sind. Aus Sicht der Autoren wären sie es dann, wenn ihnen Überlegungen bzgl. vergleichbarer Lernbedingungen innerhalb der Zielgruppe zugrunde liegen, ohne voreilige Unterstellungen zu treffen, beispielsweise hinsichtlich angeblich ähnlicher Bildungsbiografien. Ein spracherwerbstheoretischer Ankerpunkt kann hierfür beispielsweise das soziokulturelle Paradigma sein. Im Sinne Vygotskijs geht man bei diesem Ansatz davon aus, dass „das eigentliche Lernen [...] immer erst auf der sozialen Ebene, in der Interaktion mit anderen Menschen" (Pietzuch 2016, S. 273) passiert. Der Lernende wird als soziales Wesen begriffen, Spracherwerb als Sozialisationsprozess verstanden (vgl. für einen Überblick z. B. Mitchell, Myles/Marsden 2013, S. 220 ff.), wozu der Zugang zu verschiedenen *communities of practice* (vgl. Wenger 1998) und damit Gelegenheiten zur Sprachpraxis notwendig ist. Der Lebenskontext „Asyl"[6] hat zentrale Auswirkung auf die soziale Positionierung jedes Lernenden, auf formelle und informelle Lerngelegenheiten, auf den Zugang zu zielsprachlicher Interaktion. Genannt seien die asylspezifischen, gesetzlich definierten Zugangsmöglichkeiten zum Ausbildungs- und Arbeitsmarkt, die Regelungen der Bundesländer zum Schulrecht bzw. zur Schulpflicht von geflüchteten Kindern und Jugendlichen (vgl. Massumi/von Dewitz 2015) sowie die (anfängliche) Unterbringung in Aufnahmeeinrichtungen bzw. Gemeinschaftsunterkünften (vgl. AsylG, Abschnitt 5). Hieraus ergeben sich Zugangsbeschränkungen und -möglichkeiten zu sozialen Räumen, welche für soziale und sprachliche Teilhabe nutzbar gemacht werden können oder eben nicht. Es ist zu fragen, inwiefern Ansätze zur Sprachförderung von Geflüchteten diesen Umständen Rechnung tragen können. So lässt sich gemeinsam mit den Lernenden reflektieren, welche Gelegenheiten zur sozialen und damit sprachlichen Partizipation vor dem Hintergrund der bestehenden rechtlichen und lebensweltlichen Situation gegeben sind.

---

[6]   Hier sei aber einschränkend darauf hingewiesen, dass auch die Betrachtung der Lebensumstände von Geflüchteten kein gänzlich homogenes Bild ergibt. Unbegleitete Minderjährige kommen in der Regel in Jugendhilfeeinrichtungen mit entsprechenden Betreuungsstrukturen unter (vgl. Gesetz zur Verbesserung der Unterbringung; SGB VIII). „Für den Familiennachzug zu einem Ausländer muss [...] ausreichender Wohnraum zur Verfügung stehen" (AufenthG, § 29(1)), d. h. die Unterbringung in einer Gemeinschaftsunterkünfte kommt hier nicht in Frage. Im Sinne des soziokulturellen Paradigmas wäre davon auszugehen, dass diese unterschiedlichen Lebensumstände zu wiederum unterschiedlichen Sprachaneignungssituationen führen.

Es muss Wissen darüber vorhanden sein, wie der Zugang zu Vereinen, Mutter-Kind-Treffen etc. in Deutschland organisiert ist. Paten- und Tutorensysteme sowie allgemein vorhandene Helferstrukturen müssen bekannt sein. Die interkulturelle Öffnung von Freizeiteinrichtungen benötigt breite Unterstützung. Materialien, welche helfen, Brücken in *communities of practice* zu bauen – sei es durch die entsprechende Befähigung zum konkreten sprachlichen Handel oder die Vermittlung relevanter sozialgesellschaftlicher Informationen – sind dienlich. Lernangebote, bei denen sprachliches Handeln in realen Lebenssituationen mit zum Programm gehört und entsprechend vor-, nachbereitet sowie begleitet werden, scheinen hilfreich: Hierzu zählen z. B. die zuvor beschriebenen Berufsintegrationsklassen an Bayerns Berufsschulen oder auch das ESF-BAMF-Programm zur berufsbezogenen Sprachförderung. In beiden Fällen sind Praktikumsphasen und damit berufliche Kommunikation in Echtsituationen Teil der Kurse. Die Teilnehmenden müssen sich im Arbeitskontext positionieren und nutzen dazu auch Sprache. Unter Umständen begegnen ihnen asylbezogene Vorurteile, vielleicht aber auch Betriebe, die sich Menschen in humanitären Notlagen gegenüber besonders offen zeigen. In allen Fällen wird Sprache bei der Aushandlung von individueller Situiertheit eine Rolle spielen. Diese (sprachlichen) Sozialisationsprozesse lassen sich durch institutionelle Lernsettings sinnvoll begleiten.

Lernmaterialien hingegen, die *für Flüchtlinge* im Titel tragen und sich dabei inhaltlich nicht von anderen DaF-/DaZ-Lehrwerken unterscheiden oder wenig Empirie basierte, verallgemeinernde Anpassungen vornehmen, beispielsweise in Form reduzierter Grammatikarbeit, sind dem vielleicht gut gemeinten Ziel, Geflüchtete gesondert zu unterstützen, nicht dienlich.

Im Gegenteil: Aus dem Wunsch zu helfen, wird so eine Diskriminierungsfalle.

Literatur

AHRENHOLZ, Bernd/MAAK, Diana (2013): Zur Situation von SchülerInnen nicht-deutscher Herkunftssprache in Thüringen unter besonderer Berücksichtigung von Seiteneinsteigern: Abschlussbericht zum Projekt „Mehrsprachigkeit an Thüringer Schulen (MaTS)". Abrufbar unter: https://www.deutsche-digitale-bibliothek.de/binary/RELGUJX3HZDGDRZKKFWZI2OULBHMMONH/full/1.pdf [10.01.2017].

BA [Bundesagentur für Arbeit] (2009): Nationaler Pakt für Ausbildung und Fachkräftenachwuchs in Deutschland: Kriterienkatalog zur Ausbildungsreife. Nürnberg. Abrufbar unter: https://www.bibb.de/dokumente/pdf/a21_PaktfAusb-Kriterienkatalog-AusbReife.pdf [10.01.2017].

BA [Bundesagentur für Arbeit] (2015): Der Arbeitsmarkt in Deutschland: Fachkräfteengpassanalyse. Nürnberg. Abrufbar unter: https://statistik.arbeitsagentur.de/Statischer-Content/Arbeitsmarktberichte/Fachkraeftebedarf-Stellen/Fachkraefte/BA-FK-Engpassanalyse-2015-12.pdf [10.01.2017].

BAMF [Bundesamt für Migration und Flüchtlinge] (2016a): Asylberechtigte und anerkannte Flüchtlinge in Deutschland. Qualifikationsstruktur, Arbeitsmarktbeteiligung und Zukunftsorientierung. (BAMF-Kurzanalyse, 01/2016). Abrufbar unter: https://www.bamf.de/SharedDocs/Anlagen/DE/Publikationen/Kurzanalysen/kurzanalyse1_qualifikationsstruktur_asylberechtigte.pdf?__blob=publicationFile [10.01.2017].

BAMF [Bundesamt für Migration und Flüchtlinge] (2016b): Sozialstruktur, Qualifikationsniveau und Berufstätigkeit. Asylerstantragsteller in Deutschland im Jahr 2015. (BAMF-Kurzanalyse, 3/2016). Abrufbar unter: http://www.bamf.de/SharedDocs/Anlagen/DE/Publikationen/Kurzanalysen/kurzanalyse3_sozial-komponenten.pdf?__blob=publicationFile [10.01.2017].

BAUMANN, Barbara/RIEDL, Alfred (2016): Neu zugewanderte Jugendliche und junge Erwachsene an Berufsschulen. Ergebnisse einer Befragung zu Sprach- und Bildungsbiografien. Frankfurt: Peter Lang.

BAUMANN, Barbara/RIEDL, Alfred/SIMML, Maria/GRUBER, Maria (2016): Zur Diversität neu zugewanderter Jugendlicher und junger Erwachsener an Berufsschulen. In: *Berufsbildung* (158), S. 4–7.

BERG, Wilhelmine /GRÜNHAGEN-MONETTI, Matilde (2009): „Zur Integration gehört Spaß, Witz, Ironie, ,ne Sprache, die Firmensprache": Sprachlich kommunikative Anforderungen am Arbeitsplatz. In: *Deutsch als Zweitsprache*. (4), S. 7–20.

CHLOSTA, Christoph /OSTERMANN, Torsten/SCHROEDER, Christoph (2003): Die „Durchschnittsschule" und ihre Sprachen: Ergebnisse des Projekts Sprachenerhebung Essener Grundschulen (SPREEG). In: *Essener Linguistische Skripte*, 3 (1), S. 43–139.

DGVN [Deutsche Gesellschaft für die Vereinten Nationen e.V.]. (2014): Bericht über die menschliche Entwicklung: Den menschlichen Fortschritt dauerhaft sichern: Anfälligkeit verringern, Widerstandskraft stärken. Bonn: UNO-Verlag. Abrufbar unter: http://www.dgvn.de/fileadmin/user_upload/PUBLIKATIONEN/UN_Berichte_HDR/HDR/HDR_2014/HDR-2014-Internet.pdf [10.01.2017].

DOBISCHAT, Rolf/SCHURGATZ, Robert (2015): „Mangelnde Ausbildungsreife": ein Grund für den gescheiterten Übergang in die Ausbildung? In: *ARCHIV für Wissenschaft und Praxis der sozialen Arbeit*. (3), S. 48–58.

EBERHARD, Verena/BEICHT, Ursula/KREWERTH, Andreas/ULRICH, Joachim Gerd (2014): BIBB-Übergangsstudie 2011. Bonn: Bundesinstitut für Berufsbildung.

FODA, Fadia/KADUR, Monika (2005): Flüchtlingsfrauen – Verborgene Ressourcen. Berlin: Deutsches Institut für Menschenrechte.

HUFEISEN, Britta (2003): Kurze Einführung in die linguistische Basis. In: Britta Hufeisen, Gerhard Neuner (Hg.): Mehrsprachigkeitskonzept, Tertiärsprachen, Deutsch nach Englisch. Dt. Ausg. Strasbourg: Council of Europe Publ, S. 7–11.

KIMMELMANN, Nicole (2010): Cultural Diversity als Herausforderung der beruflichen Bildung. Standards für die Aus- und Weiterbildung von pädagogischen Professionals als Bestandteil von Diversity Management. Aachen: Shaker.

KLEIST, J. Olaf (2015): Über Flucht forschen. Herausforderungen der Flüchtlingsforschung. *PERIPHERIE. Zeitschrift für Politik und Ökonomie in der Dritten Welt* 35 (138/139), S. 150–169.

LIEBAU, Elisabeth/SALIKUTLU, Zerrin (2016): Viele Geflüchtete brachten Berufserfahrung mit, aber nur ein Teil einen Berufsabschluss. *DIW Wochenbericht – Integration Geflüchteter* (35), S. 732–739.

LIEBAU, Elisabeth/SCHACHT, Diana (2016): Spracherwerb: Geflüchtete schließen zu anderen MigrantInnen nahezu auf. *DIW Wochenbericht – Integration Geflüchteter* (35), S. 741–748.

MASSUMI, Mona/DEWITZ, Nora von (2015): Neu zugewanderte Kinder und Jugendliche im deutschen Schulsystem. Bestandsaufnahme und Empfehlungen. Köln: Mercator-Institut für Sprachförderung und Deutsch als Zweitsprache; Zentrum für LehrerInnenbildung der Universität zu Köln.

MIRBACH, Thomas/TRIEBL, Katrin/BENNING, Christina (2014): Auswertung Qualifikationserhebung 2. Befragung zur Qualifikation der Teilnehmenden der Projekte des ESF-Bundesprogramms zur arbeitsmarktlichen Unterstützung für Bleibeberechtigte und Flüchtlinge mit Zugang zum Arbeitsmarkt II Zwischenauswertung im Rahmen der Programmevaluation. Abrufbar unter: https://www.esf.de/portal/SharedDocs/PDFs/DE/Programme-2007-2014/Xenos/2014_09_08_qualifikationserhebung.pdf?__blob=publicationFile&v=1 [10.01.2017].

MITCHELL, Rosamond/MYLES, Florence/MARSDEN, Emma (2013): Second language learning theories. London: Routledge.

OHM, Udo (2016): Berufsorientiertes und -begleitendes Sprachlernen und -lehren: Curriculare Dimension. In: E. Burwitz-Melzer et al. (Hrsg.), Handbuch Fremdsprachenunterricht. Tübingen: Francke, S. 205–209.

PIETZUCH, Jan Paul (2016): Soziale Faktoren. In: Karl-Richard Bausch, Hans-Jürgen Krumm, Eva Burwitz-Melzer, Grit Mehlhorn. (Hrsg.), Handbuch Fremdsprachenunterricht. Tübingen: Francke, S. 271–275.

RIEDL, Alfred/SIMML, Maria (2016): Qualitative Evaluation der wissenschaftlichen Begleitung: Zwischenbericht 2016. Modellprojekt „Perspektive Beruf für Asylbewerber und Flüchtlinge" der Stiftung Bildungspakt Bayern.

SAALFRANK, Wolf-Torsten (2008): Die Vielfalt im Blick haben: Lehrerhandeln im Kontext von Diversity Management. In: *Pädagogische Rundschau* (3), S. 335–346.

VOGEL, Thomas (2016): Sprache lernen und lehren an Hochschulen: Curriculare Dimensionen. In: Karl-Richard Bausch, Hans-Jürgen Krumm, Eva Burwitz-Melzer, Grit Mehlhorn (Hrsg.), Handbuch Fremdsprachenunterricht. Tübingen: Francke, S. 195–200.

WENGER, Etienne (1998): Communities of practice. Learning, meaning, and identity (Learning in doing). Cambridge, U.K.: Cambridge University Press.

WÖSSMANN, Ludger (2016): Integration durch Bildung. In: *Forschung und Lehre*. (1).

Zitiertes Lehrwerk

Mama lernt Deutsch (2008). Stuttgart: Klett Sprachen.

Zitierte Gesetze

AsylG [Asylgesetz].

AufenthG [Gesetz über den Aufenthalt, die Erwerbstätigkeit und die Integration von Ausländern im Bundesgebiet].

Gesetz zur Verbesserung der Unterbringung [Gesetz zur Verbesserung der Unterbringung, Versorgung und Betreuung ausländischer Kinder und Jugendlicher].

SGB VIII [Sozialgesetzbuch (SGB) – Achtes Buch (VIII).

Flüchtlinge an den deutschen Hochschulen willkommen heißen – der Beitrag des DAAD

Margret Wintermantel

1. Ausgangslage

Rund 60 Millionen Menschen waren laut aktuellen Zahlen des Flüchtlingshilfswerkes der Vereinten Nationen Ende 2014 weltweit auf der Flucht. Sie flohen vor gewaltsamen Konflikten, Menschenrechtsverletzungen oder politischer, ethnischer und religiöser Verfolgung. Knapp 20 Millionen verließen die Krisen- und Konfliktregionen und suchten Schutz und Zuflucht außerhalb ihrer Heimatländer, darunter viele auch in Deutschland.[1] Unter den Industrienationen gehört die Bundesrepublik mittlerweile zu den wichtigsten Aufnahmeländern für geflüchtete Menschen. Wie aktuelle Zahlen des Bundesamtes für Migration und Flüchtlinge (BAMF) verdeutlichen, sind im Jahr 2015 über 1,1 Million Flüchtlinge nach Deutschland gekommen.

Der hohe Zustrom an geflüchteten Menschen stellt Deutschland vor neue Herausforderungen. Während im vergangenen Jahr vor allem die Erstversorgung der Flüchtlinge mit Nahrung und Unterkunft sowie ihre medizinische Betreuung im Mittelpunkt standen, muss sich der Fokus jetzt stärker auf die Integration der Flüchtlinge in unsere Gesellschaft richten.

Bildung kommt bei der Integration eine Schlüsselrolle zu. Die Flüchtlinge müssen die Möglichkeit haben, schnell unsere Sprache zu lernen und sich mit unserer Lebensweise vertraut zu machen. Gute Bildung ist hier ein Türöffner. Sie erlaubt den Menschen, ihre Potenziale zu entwickeln, ihre Ziele zu verwirklichen und damit bei uns anzukommen. Und gerade vor dem Hintergrund der demographischen Entwicklung und des prognostizierten Fachkräftemangels ist unsere Gesellschaft mehr denn je auf gut ausgebildete und gut integrierte Fachkräfte angewiesen.

Die Hochschulbildung als einem Bildungssegment ist in diesem Kontext von hoher Bedeutung. Bisher liegen zwar keine belastbaren Zahlen dazu vor, wie viele der geflüchteten Menschen über eine Vorqualifikation verfügen, die ihnen die Aufnahme eines Studiums in Deutschland erlaubt. Selbstauskünfte

---

[1]   Umfangreiche Statistiken können auf der Seite des UNHCR unter: http://www.unhcr.de/service/zahlen-und-statistiken.html abgerufen werden.

der Flüchtlinge zu ihrem Bildungshintergrund sowie das wachsende Interesse an Informationsveranstaltungen und Beratungsangeboten der Hochschulen in den vergangenen Wochen und Monaten geben jedoch Anlass, einen starken Zuwachs von Studienbewerberinnen und Studienbewerbern aus dieser Zielgruppe anzunehmen.[2] Unabhängig davon, wie groß die Zahl der studierfähigen Flüchtlinge letztendlich ist – Schätzungen gehen von bis zu 50.000 studierfähigen Flüchtlingen aus – wird ihnen eine besondere Rolle zukommen: Erfolgreiche Bildungsbiographien, besonders in akademischen Berufen, können Modellcharakter für viele andere Menschen haben. Und wie Erfahrungen in Krisenstaaten zeigen, sind gerade bei jungen Menschen berufliche Perspektiven Voraussetzung dafür, sich zu engagieren und Verantwortung zu übernehmen. Es wird also eine zentrale Aufgabe für die Hochschulen sein, diese studierfähigen und -willigen Flüchtlinge erfolgreich in den akademischen Bereich zu integrieren. Der nachfolgende Beitrag möchte die Herausforderungen und Chancen bei der Integration von Flüchtlingen in das deutsche Hochschulwesen erläutern und darlegen, mit welchen Zielen, Maßnahmen und Programmen sich der DAAD in dieser Frage engagiert.

2. Die Flüchtlingskrise und die deutschen Hochschulen: Herausforderungen und Chancen

Die deutschen Hochschulen haben in den vergangenen Monaten ein außerordentliches Engagement bei der Integration von Flüchtlingen bewiesen. Sie gehörten zu den ersten Einrichtungen, die mit vielfältigen Initiativen und Projekten Flüchtlinge bei der sozialen und akademischen Integration unterstützt haben. Insbesondere die zahlreichen ehrenamtlichen Aktivitäten seien an dieser Stelle hervorgehoben.[3] Mit ihrem Einsatz haben sie maßgeblich zu einer positiven Willkommenskultur beigetragen – und gezeigt, dass ihre gesellschaftliche Aufgabe über das traditionelle Forschen und Lehren hinausgehen kann.

Wenn es um die Integration von Flüchtlingen geht, können die deutschen Hochschulen bereits auf umfangreiche Erfahrungen aus ihrem Umgang mit ausländischen Studierenden zurückgreifen.

---

[2]   Zum Qualifikationsprofil der Flüchtlinge, vgl. auch die Analyse des Instituts für Arbeitsmarkt- und Berufsforschung unter: http://doku.iab.de/aktuell/2016/aktueller_bericht_1606.pdf.

[3]   Einen Überblick über die Aktivitäten der deutschen und europäischen Hochschulen bietet die Refugee Welcome Map der European University Association (EUA) unter: http://refugeeswelcomemap.eua.be/Editor/Visualizer/Index/34.

2015 waren fast 320.000 ausländische Studierende an unseren Hochschulen eingeschrieben; hinzu kommt eine wachsende Anzahl von Wissenschaftlern und Wissenschaftlerinnen. Dennoch ist die Integration von Flüchtlingen in ein Fachstudium mit zusätzlichen Anstrengungen und Hürden verbunden. Eine spezielle sprachliche und fachliche Förderung in Form von Brückenkursen ist vielfach nötig, ebenso ergibt sich ein erhöhter Beratungs- und Betreuungsbedarf.

Aus zahlreichen Umfragen wissen wir, dass ausländische Studierende allgemein mehr und andere Betreuung benötigen, als ihre deutschen Kommilitonen. So geben in der aktuellen Evaluation des Stibet-Programms[4] über 70 Prozent der ausländischen Studierenden an, die allgemeine Beratung für internationale Studierende in Anspruch genommen zu haben. Auch der Besuch von Deutschkursen, fachlichen Studienberatungen, Mentoren- und Tutorenprogrammen sowie Beratungsangeboten zu organisatorischen Fragen (z. B. Wohnungssuche) werden von einem Großteil der ausländischen Studierenden genutzt. Ähnliche und sicherlich höhere Beratungsbedarfe sind auch für die Gruppe der Flüchtlinge zu erwarten. Bei ihrer Integration in ein Fachstudium stellen sich zahlreiche neue Fragen im asyl-, aufenthalts- und hochschulrechtlichen Bereich, die einer intensiven Befassung und neuer, professioneller Strukturen an den Hochschulen bedürfen. Ein Beispiel soll dies verdeutlichen: Ein studieninteressierter Flüchtling sucht die Studienberatung einer Hochschule auf. In der Beratung spielen nicht nur Studieninteressen und -wünsche und klassische Themen wie Wohnungssuche und Finanzierung eine Rolle.

Vielmehr müssen die Beraterinnen und Berater auch Auskünfte zu asylrechtlichen Problemen geben, da diese in direktem Zusammenhang zur Studienfinanzierung, zu Versicherungsfragen oder anderen studienrelevanten Themen stehen können. Legt die Person nur unvollständige Zeugnisse vor, kann darüber hinaus ein umfassendes Einzelgespräch sowie das Einleiten eines Prüfungs- bzw. Feststellungsverfahrens nötig sein, um die Bildungsbiographie des Einzelnen plausibilisieren zu können. Hierzu bedarf es eingeübter Verfahren.[5] Möglicher-

---

[4]   Die vollständige Evaluation aus dem Jahr 2014 kann hier eingesehen werden: https://www.daad.de/medien/der-daad/medien-publikationen/publikationen-pdfs/2014-06_stibet_00_dokmat_bd76.pdf.

[5]   Solche Verfahrenshinweise gibt der Beschluss der KMK „Hochschulzugang und Hochschulzulassung für Studienbewerberinnen bzw. Studienbewerber, die fluchtbedingt den Nachweis der im Heimatland erworbenen Hochschulzugangsberechtigung nicht erbringen können" vom 3.12.2016. Er kann unter http://www.kmk.org/fileadmin/Dateien/veroeffentlichungen_beschluesse/2015/2015_12_03-Hochschulzugang-ohne-Nachweis-der-Hochschulzugangsberechtigung.pdf abgerufen werden.

weise leidet die Person zudem an einem Trauma, als Folge seiner Kriegs- und Fluchterfahrungen. Auch hier müssen die Hochschulmitarbeiter kompetent weiterhelfen und z. B. den Kontakt zu geeigneten Therapiemöglichkeiten herstellen können. Dies alles sind Beispiele für Themenbereiche, mit denen die Hochschulen bisher allenfalls am Rande und im Einzelfall konfrontiert waren. Nun treten diese komplexen Fragen plötzlich in deutlich stärkerem Maße auf. Für all diese zusätzlichen Aufgaben, müssen die Hochschulen ausreichend gerüstet sein – sowohl personell als auch fachlich. Nur so kann gewährleistet werden, dass die Integration der Flüchtlinge auch gelingt und sie das Studium auch erfolgreich absolvieren werden. Wie diese Erläuterungen zeigen, ist die Integration von Flüchtlingen zweifellos als Herausforderung für die Hochschulen zu betrachten.

Trotzdem darf man nicht vergessen, dass sie auch Chancen für unsere Hochschulen bietet: Flüchtlinge als zusätzliche ausländische Studierende tragen dazu bei, die heimischen Campi weiter zu internationalisieren und kulturelle, sprachliche und wissenschaftliche Impulse einzubringen. Viele deutsche Hochschulen entwickeln derzeit Konzepte zur so genannten „Internationalisierung zu Hause" mit dem Ziel, allen Hochschulmitgliedern – auch denjenigen, die keine Auslandsmobilität realisieren können oder wollen – die Möglichkeit zu eröffnen, internationale und interkulturelle Erfahrungen an der heimischen Hochschule zu sammeln. In diesem Kontext ist die Internationalisierung der Studierendenschaft ein wichtiger Baustein. Zudem kann die Integration der Flüchtlinge von den Hochschulen dazu genutzt werden, Innovationen an den Hochschulen auf den Weg zu bringen. Der Aufbau und Einsatz digitaler Lehr- und Lernformate im Kontext der Integration von Flüchtlingen kann hier als Beispiel genannt werden. Viele Hochschulen nutzen digitale Angebote in Form von digitalen Deutsch- oder Brückenkursen, um die Flüchtlinge zu erreichen. Die Erfahrungen, die hiermit im Kontext der Integration von Flüchtlingen gemacht werden, können mittel- und langfristig allen Studierenden zu Gute kommen und so dazu beitragen, die Hochschulen weiter zu modernisieren.

Um die Hochschulen in die Lage zu versetzen, die sich aus der Flüchtlingskrise ergebenden Herausforderungen zu meistern und neue Innovationsfelder zu besetzen, sind sie auf Unterstützung angewiesen. Der DAAD stellt den Hochschulen seit vergangenem Jahr ein Maßnahmenpaket zur Verfügung, dessen Hintergründe und Inhalte nun näher vorgestellt werden sollen.

3. Das DAAD-Engagement in der Flüchtlingskrise

Als Mitgliedsorganisation der Hochschulen und Studierendenschaften sieht sich der DAAD in einer besonderen Verantwortung, die deutschen Hochschulen bei der Aufgabe der Integration von Flüchtlingen zu unterstützen. Welche Motivation und welche Ziele verfolgen wir?

Zweifellos ist der DAAD keine humanitäre Organisation im eigentlichen Sinne. Wir verstehen uns aber als wissenschaftsdiplomatischer Akteur, der über den Weg des wissenschaftlichen Austausches Einfluss auf die von Flucht betroffenen Regionen hat. Allein in der Türkei und im Nahen Osten gibt es neben einer Außenstelle in Kairo Informationszentren in Amman, Beirut, Erbil, Ankara und Istanbul. Diese regionale Präsenz macht den DAAD zu einem verlässlichen und anerkannten Gesprächspartner, dem es auch in Krisenzeiten gelingt, Gesprächskanäle offen zu halten und als Brückenbauer zwischen den Kulturen zu fungieren. Das DAAD-Engagement in der Flüchtlingskrise ist somit keineswegs neu. In den betroffenen Ländern im Nahen Osten, aber auch in Afrika leisten wir seit vielen Jahren mit unseren Stipendien und Hochschulprogrammen einen wichtigen Beitrag zur Ausbildung von Führungskräften, die später Verantwortung in der Gesellschaft übernehmen können.

Zur Förderung der Hochschulbildung von Flüchtlingen in Deutschland wurde 2014 aus Mitteln des Auswärtigen Amts das Programm „Leadership for Syria" ausgeschrieben. Insgesamt 221 Stipendiaten konnten in das Programm aufgenommen werden und ein Studium an einer deutschen Hochschule aufnehmen. Sie werden in der Zukunft einen entscheidenden Beitrag zum Wiederaufbau des Landes leisten können.

Vor dem Hintergrund der aktuellen Flüchtlingskrise und der hohen Zahl an Menschen, die in den vergangenen Monaten zu uns gekommen sind, braucht es jedoch eine stärkere strukturelle Unterstützung der Hochschulen. Nicht jeder Flüchtling, der in den vergangenen Monaten zu uns gekommen ist, kann ein Stipendium für ein Studium an einer deutschen Hochschule erhalten. Es bedarf vielmehr geeigneter Strukturen an den Hochschulen, um die Integration professionell zu gestalten. Die Bildung dieser Strukturen zu schaffen, ist der Fokus der neuen DAAD-Flüchtlingsprogramme für die deutschen Hochschulen.

4. Im Fokus: Die neuen DAAD-Programme zur Integration der Flüchtlinge in die deutschen Hochschulen

4.1 Genese und Logik der DAAD-Flüchtlingsprogramme

Seit Sommer 2015 hat sich der DAAD intensiv darum bemüht, die deutschen Hochschulen bei der Aufgabe der Integration von Flüchtlingen zu unterstützen. Es wurde eine DAAD-interne Taskforce gegründet, die – in enger Absprache mit den Hochschulen – erste Programmlinien für dieses Thema entwickelt hat. Ziel hierbei war stets, das gezeigte Engagement der Hochschulen zu verstetigen und studierfähigen Flüchtlingen den Weg ins Fachstudium zu ermöglichen.

In Kapitel 2 wurden bereits wesentliche Herausforderungen der Hochschulen aufgezeigt. Die Anforderungen im Bereich der Integration von Flüchtlingen, die sich daraus für die Hochschulen ergeben, kann man schematisch anhand des unten abgebildeten Vier-Phasen-Modells darstellen. In einem ersten Schritt müssen die Hochschulen in die Lage versetzt werden, zu ermitteln, ob die studieninteressierten Flüchtlinge formal und vom Wissensstand her fähig sind, ein Studium aufzunehmen und zu einem erfolgreichen Abschluss zu führen. Dieser Schritt umfasst eine umfassende und individualisierte Beratung, die Prüfung von Zeugnissen und Dokumenten, die Ermittlung der akademischen Eignung sowie die Erarbeitung von Lösungswegen bei nicht vorliegenden Dokumenten.

Die zweite Phase betrifft eine gezielte sprachliche und fachliche Vorbereitung, um etwaige Wissenslücken zu schließen. In der Regel bringen die geflüchteten Menschen keine oder nur sehr geringe Deutschkenntnisse mit. Sie sind auf Deutschkurse angewiesen, die sie auf ein akademisches Niveau bringen und auf das erfolgreiche Ablegen einer für das Studium anerkannten Deutschprüfung vorbereiten. Hier sind die Hochschulen gefordert, entsprechende Kurse zu entwickeln und anzubieten bzw. bestehende Kapazitäten in Vorbereitungsklassen zu erhöhen.

Bei Studienbeginn und während des Studiums müssen die Studierenden mit Fluchthintergrund intensiv begleitet und durch ein Mentoring unterstützt werden (dritte Phase). Hierzu zählen auch psychologische Angebote bei posttraumatischen Belastungsstörungen.

Perspektivisch wird es in einer letzten Phase darum gehen, die erfolgreichen Absolventen durch geeignete Maßnahmen auf den Übergang in den Arbeitsmarkt vorzubereiten. Der Eintritt in diese Phase, bei der Coachings und Bewerbungstraining im Mittelpunkt stehen werden, wird jedoch noch einige Jahre in Anspruch nehmen. Dennoch müssen auch hierfür Konzepte entwickelt werden.

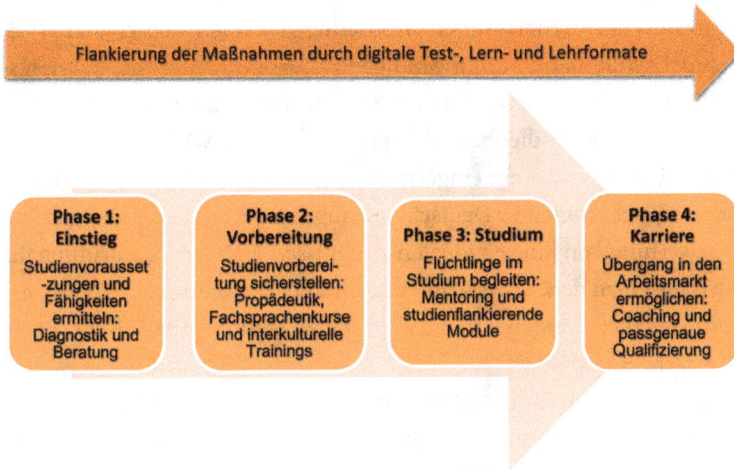

> **Flankierung der Maßnahmen durch digitale Test-, Lern- und Lehrformate**

Phase 1: Einstieg	**Phase 2: Vorbereitung**	**Phase 3: Studium**	**Phase 4: Karriere**
Studienvorausset-zungen und Fähigkeiten ermitteln: Diagnostik und Beratung	Studienvorbereitung sicherstellen: Propädeutik, Fachsprachenkurse und interkulturelle Trainings	Flüchtlinge im Studium begleiten: Mentoring und studienflankierende Module	Übergang in den Arbeitsmarkt ermöglichen: Coaching und passgenaue Qualifizierung

Abbildung 1: Vier-Phasen-Modell zur Integration von Flüchtlingen an Hochschulen, in Forschung und das Innovationssystem in Deutschland6

4.2 Die DAAD-Flüchtlingsprogramme im Detail

Das neue Maßnahmenpaket besteht aus drei Bausteinen, die sich eng an die ersten drei Abschnitte des vorgestellten Phasenmodells anlehnen:

1. Kompetenzen und Potenziale erkennen,
2. Studierfähigkeit sicherstellen: fachliche und sprachliche Vorbereitung auf ein Studium,
3. Integration an den Hochschulen unterstützen.
4. Für alle drei Bausteine stehen verschiedene Fördermaßnahmen zur Verfügung.

---

[6] Im Herbst 2015 hat das Bundesministerium für Bildung und Forschung (BMBF) ein Maßnahmenpaket über 100 Millionen Euro für die Jahre 2016 bis 2019 zur Unterstützung der deutschen Hochschulen bei der Integration von Flüchtlingen bereitgestellt. Der DAAD hat die anspruchsvolle Aufgabe übernommen, diese Fördergelder an die Hochschulen zu vergeben und hat hierzu verschiedene Programme entwickelt. Im Folgenden sollen die Leitlinien dieser Förderprogramme erläutert werden.

Zu Baustein 1): Kompetenzen und Potenziale erkennen
Aufgrund der unterschiedlichen Vorqualifikationen der Flüchtlinge stellen die
Feststellung der grundsätzlichen Eignung für ein Studium und das Verfahren
der Hochschulzulassung wichtige und unerlässliche Schritte dar. Vor der Zulassung zu einem Studium ist eine umfassende Prüfung der Unterlagen (insb.
Hochschulzugangsqualifikation) und ggf. eine Anerkennung bereits erbrachter
Leistungen aus einem Erststudium erforderlich. Um die Hochschulen bei dieser anspruchsvollen und zeitaufwendigen Aufgabe zu entlasten, können seit
März 2016 Bewerbungen von Flüchtlingen bei der Arbeits- und Servicestelle für Internationale Studienbewerbungen (uni-assist e.V.) kostenfrei bearbeitet werden. Uni-assist ist ein eingetragener Verein, dem derzeit 172 staatlich
anerkannte Hochschulen in Deutschland angehören. Seine Kernaufgabe liegt
in der Bewertung von internationalen Zeugnissen und der Überprüfung ihrer
Gleichwertigkeit zu deutschen Schul- oder Studienabschlüssen. Im Rahmen des
Maßnahmenpakets werden nun die Kapazitäten der Organisation schrittweise
weiter ausgebaut.

Ebenfalls kostenlos für Flüchtlinge ist das Ablegen des Tests für ausländische
Studierende (TestAS), mit dem die grundsätzliche Studierfähigkeit von Studieninteressenten aus dem Ausland festgestellt werden kann.

Neben Englisch und Deutsch gibt es den TestAS nun auch in einer arabischen
Sprachversion, damit möglichst frühzeitig das Bildungsniveau der studieninteressierten Flüchtlinge eingeschätzt und mit geeigneten Bildungsmaßnahmen begonnen werden kann. Auch die Einstufung der Sprachkenntnisse der Flüchtlinge
ist für die Hochschulen von Wichtigkeit, um entsprechende Deutsch- und ggf.
auch Englischkurse bereitzustellen. Hierzu fördert der DAAD die online-Einstufungstests onSET-Deutsch und onSET-English zur Feststellung von Fremdsprachenkenntnissen in Deutsch und Englisch.

Zu Baustein b): Studierfähigkeit sicherstellen:
Fachliche und sprachliche Vorbereitung auf ein Studium
Die fachliche und sprachliche Vorbereitung der Flüchtlinge auf ein Fachstudium stehen im Mittelpunkt des Förderprogramms „Integra – Integration von
Flüchtlingen ins Fachstudium". Der Schwerpunkt des Programms liegt auf dem
Angebot an Studienkollegs und vergleichbaren Einrichtungen der Hochschulen. Diese bereiten ausländische Studierende ohne direkte Hochschulzugangs-

berechtigung in einjährigen Vorbereitungskursen auf die so genannte Feststellungsprüfung vor, die dann den Übergang in ein Fachstudium an Universitäten oder Fachhochulen erlaubt. Bis zu 2.400 zusätzliche Plätze können nun über das Programm bereitgestellt werden. Weiterhin haben die Hochschulen selbst die Möglichkeit, eine Förderung für eigene fachliche und sprachliche studienvorbereitende Maßnahmen für studierfähige Flüchtlinge zu erhalten. Der Bedarf der Studienkollegs und Hochschulen an einer solchen Förderung ist groß: Über 150 Anträge lagen dem DAAD zum Antragsschluss Ende Februar 2016 vor.

Zu Baustein c): Integration an den Hochschulen unterstützen
Der dritte Baustein wird durch das DAAD-Programm „Welcome – Studierende engagieren sich für Flüchtlinge" abgedeckt. Es zielt auf die zügige Vorbereitung von studierfähigen Flüchtlingen auf ein Studium in Deutschland und die Integration in den Hochschulalltag. Hierzu soll das vielfältige ehrenamtliche Engagement der Studierenden nachhaltig gestärkt werden. An vielen Hochschulen haben Studierende Initiativen und Vereine gegründet, die Flüchtlinge auf ihrem Weg in und durch ein erfolgreiches Studium begleiten. Das Programm erlaubt es den Hochschulen, Pauschalen für die Beschäftigung studentischer Hilfskräfte zu beantragen, die sich entweder in selbstorganisierten Initiativen von Studierendengruppen oder im Rahmen der von der Hochschule organisierten Betreuung und Integration von studierfähigen Flüchtlingen engagieren. Die Hilfskräfte geben beispielsweise Tutorien, erstellen Informationsmaterialien und Übersetzungen oder wirken bei Beratungsangeboten und Sprachkursen mit. Auch im Programm Welcome war die Resonanz mit über 150 Anträgen von Hochschulen aus allen Bundesländern überaus groß.

Ein großes Desiderat besteht auch im Bereich der Informationspolitik. Mithilfe eines neuen Webauftritts können sich die Flüchtlinge darüber hinaus über das Hochschulstudium in Deutschland informieren.[7] Und auch für Mitarbeiterinnen und Mitarbeiter der Hochschulen gibt es neue Angebote: Auf www.daad.de/fluechtlinge werden die wichtigsten Informationen zu den neuen Flüchtlingsprogrammen bereitgestellt, und die internationale DAAD Akademie bietet ein spezielles Fortbildungsprogramm zum Thema Hochschulstudium und Flüchtlinge an.

---

[7]   https://www.study-in.de/de/refugees

Die vorgestellten Programme und Maßnahmen sind erste, wichtige Schritte, um die Integration der Flüchtlinge an den deutschen Hochschulen voranzutreiben. Perspektivisch werden jedoch weitere Maßnahmen nötig sein, um die Integration der Flüchtlinge in den Arbeitsmarkt zu ermöglichen.

5. Ausblick: Flüchtlingen in der Region eine Perspektive bieten

Dieser Beitrag richtete seinen Fokus auf die Integration von Flüchtlingen an den deutschen Hochschulen. Diese stellt eine neue Aufgabe für die Hochschulen dar, verbunden mit zahlreichen Herausforderungen. Weil viele Flüchtlinge vermutlich erst in den kommenden Jahren an die Hochschulen streben werden, ist es umso wichtiger, bereits heute geeignete Strukturen aufzubauen, die ihre Integration dann erleichtern. Hierbei wird der DAAD die Hochschulen auch weiterhin mit seinen Programmen und seinem Fachwissen unterstützen.

Nicht im Mittelpunkt dieses Beitrages standen die jungen Menschen, die in ihren Heimatländern verblieben sind oder Zuflucht in einem der Nachbarländer der Krisenregionen gefunden haben. Auch ihre Zahl ist stark wachsend. So wichtig es also ist, Flüchtlinge gut in unser Hochschulsystem zu integrieren, so ist es doch mindestens ebenso dringlich, Perspektiven für die jungen Menschen in den Herkunftsregionen zu entwickeln. In Zukunft wird der DAAD sein Engagement in diesem Bereich deutlich erweitern. Ein wichtiger Baustein hierfür wird das neue, von der EU mit 12 Millionen Euro finanzierte HOPES („Higher and Further Education Opportunities and Perspectives for Syrians") -Programm sein, das der DAAD derzeit gemeinsam mit seinen europäischen Partnern British Council, Campus France und EP-Nuffic in der Region aufsetzt.

Mehr als 300 Vollstipendien sowie Plätze für Kurzzeitstudien und Sprachkurse werden bis 2019 an syrische Flüchtlinge in der Türkei, dem Libanon, Jordanien, dem Irak und Ägypten vergeben werden. Hinzu kommen weitere Sur-Place-Stipendienprogramme und Drittlandstipendien aus Mitteln des Bundesministeriums für wirtschaftliche Entwicklung und Zusammenarbeit (BMZ) und des Auswärtigen Amts (AA).

Ob es nun um die Unterstützung der Flüchtlinge bei einem Studium in Deutschland oder in den Heimatregionen geht – beide Ansätze haben eines gemeinsam: Es stehen stets die jungen Menschen und ihre persönlichen und beruflichen Perspektiven im Mittelpunkt.

Neu zugewanderte Kinder und Jugendliche als Chance und Herausforderung für Schule und Unterricht

Michael Becker-Mrotzek, Nora von Dewitz, Mona Massumi und Hans-Joachim Roth

1. Einleitung

Mit der steigenden Zahl von Menschen, die auf Zeit oder dauerhaft nach Deutschland kommen, sind zahlreiche Herausforderungen und Chancen verbunden; das gilt auch und in besonderer Weise für das Schulsystem. Denn die Integration von ca. 200.000 schutz- bzw. asylsuchenden schulpflichtigen Kindern und Jugendlichen im Alter von 6–18 Jahren (vgl. Bildungsbericht, S. 199) im Jahre 2015 in das Bildungssystem stellt aus logistischen, organisatorischen, pädagogischen und sprachdidaktischen Gründen eine erhebliche Herausforderung dar. Hinzu kommen noch einmal ca. 270.00 Jugendliche und junge Erwachsene im Alter zwischen 18 und 25 Jahren (vgl. ebd.) sowie die Zuwanderer aus dem europäischen Ausland, von denen die meisten nicht nur ebenfalls Deutsch lernen müssen, sondern oft auch ihre Schul- oder Berufsausbildung beginnen oder zu Ende bringen wollen. Wie sich die Zuwanderung konkret weiter entwickeln wird, lässt sich angesichts der aktuell unklaren Situation in vielen der Herkunftsländer nicht seriös vorhersagen. Es ist jedoch sicher davon auszugehen, dass auch in Zukunft regelmäßig junge Menschen ohne Deutschkenntnisse nach Deutschland kommen, um hier dauerhaft oder vorübergehend zu leben.

Von diesen ist nur – je nach politischer Situation – ein unterschiedlich großer Teil vor Krieg oder anderen bedrohlichen Situationen geflüchtet; ein großer Teil der neu zugewanderten Menschen kommt aus dem europäischen Ausland und genießt die Freizügigkeit innerhalb der Europäischen Union.

Mit unserem Text wollen wir einen Beitrag zur Versachlichung der Diskussion über den Umgang mit neu zugewanderten Kindern und Jugendlichen leisten – eine Diskussion, die nach unserer Einschätzung stellenweise auch deshalb so hitzig geführt wird, weil Sachverhalte nicht bekannt und Handlungsmöglichkeiten unklar sind. Deshalb werden wir auf der Grundlage einer eigenen Studie aus dem Jahre 2015 (vgl. Massumi/von Dewitz et al. 2015) Daten und Fakten berichten, schulorganisatorische Modelle vorstellen, Chancen und Herausforderungen benennen und daraus Handlungsempfehlungen herleiten. Die aktuelle Situation stellt aus zwei Gründen eine besondere Herausforderung dar:

Zum einen weil in sehr kurzer Zeit sehr viele Kinder und Jugendliche in die bestehenden Schulen und Klassen integriert werden müssen. Hier zeigt sich, dass vor allem in den Ballungsräumen die räumlichen und personellen Kapazitätsgrenzen teilweise überschritten werden mussten. Um es an einer Zahl zu veranschaulichen: Allein im Großraum Köln waren im Frühjahr des Jahres 2016 fast 20.000 neu zugewanderte Schülerinnen und Schüler an den Schulen; das entspricht in etwa zehn großen Gesamtschulen. Der zweite Grund, warum hier eine besondere Herausforderung besteht, liegt in den Versäumnissen der Vergangenheit. Neben der kontinuierlichen Zuwanderung gab es schon in den 1970er und 1980er Jahren sowie in den 1990er Jahren infolge des Nachzugs der Familien der sogenannten Gastarbeiter und im Rahmen der Jugoslawienkrise in historisch betrachtet kurzen Abständen immer wieder Jahre mit großen Zuwanderungszahlen, aber eben auch Jahre mit negativem Wanderungssaldo. Solange es Deutschland ablehnte, sich dezidiert als Einwanderungsland zu definieren, blieben die jeweils ad hoc eingerichteten Strukturen provisorisch. Ähnlich sah es bei den pädagogisch-didaktischen Konzepten und Lehr-Lernmaterialien aus; diese wurden nicht systematisch gesichert und weiterentwickelt, sondern gerieten vielfach in Vergessenheit. Mit der Abwicklung des 1974 eingerichteten Sprachverbands Deutsch für ausländische Arbeitnehmer e.V. und der Übertragung der sprachpädagogischen Aufgaben an die polizeilich verantwortliche Institution (das Bundesamt für Migration und Flüchtlinge) 2003 wurde zum einen das historische Wissen zur didaktischen Entwicklung im Bereich Deutsch als Zweitsprache gekappt sowie das einzige Forum für in diesem Feld aktive Personen aus Praxis und Wissenschaft geschlossen.

2. Neu zugewanderte Kinder und Jugendliche – Definition und Begrifflichkeiten[1] (ND/MM)

Die Bezeichnung *neu zugewanderte Kinder und Jugendliche in der Schule* dient dazu, die Kombination von Migrationserfahrung und dem Lernen der deutschen Sprache bei Kindern und Jugendlichen im schulpflichtigen Alter zu erfassen. Demnach trifft der Begriff *neu zugewanderte Kinder und Jugendliche in der Schule* auf eben jene zu, die im Schulalter nach Deutschland ziehen und zu diesem Zeitpunkt über keine oder nur geringe Deutschkenntnisse verfügen. Der

---

[1] Die Darstellung der Unterpunkte 3. und 4. basiert weitestgehend auf Massumi, von Dewitz et al. 2015.

Sprachstand im Deutschen dient dabei als Kriterium zur Definition der Gruppe von neu zugewanderten Kindern und Jugendlichen in der Schule. Er wird jedoch in den Bundesländern nicht systematisch erhoben.

Die Bildung einer Gruppe ist notwendig, wenn eine Gesamtheit statistisch erfasst werden soll, um Entwicklungen hinsichtlich ihrer Anzahl und Zusammensetzung zu verfolgen und ggf. für schulische Bedarfe zukünftig antizipieren zu können. Sie birgt jedoch die Gefahr einer Homogenisierung, obwohl faktisch keine Homogenität, sondern eine starke Heterogenität gegeben ist. Gemeinsam ist neu zugewanderten Kindern und Jugendlichen lediglich, dass sie nach Deutschland ziehen und noch kein Deutsch sprechen. Erreicht ein neu zugewandertes Kind oder Jugendlicher einen Sprachstand, der eine erfolgreiche Teilnahme am Regelunterricht ermöglicht, wird sie/er nach der vorliegenden Definition aber nicht mehr der gesondert erfassten Gruppe zugerechnet.

Die Bezeichnung ist jedoch unabhängig u. a. vom aufenthaltsrechtlichen Status, der Nationalität, dem Grund der Migration, der (geplanten) Länge des Aufenthalts in Deutschland sowie der bisherigen schulischen oder informellen Vorbildung. Die Kinder und Jugendlichen bringen dementsprechend ganz unterschiedliche Kompetenzen und Kenntnisse mit und sprechen verschiedene Sprachen. Auch ihre Lebensumstände in Deutschland unterscheiden sich. Hinzu kommen all die weiteren Dimensionen, die sich zur Unterscheidung von Kindern und Jugendlichen nutzen lassen, wie z. B. persönliche Talente, Begabungen oder Interessen.

3. Zugang zu Schule und Bildung

Auf der Grundlage verschiedener völker- und europarechtlicher Abkommen (z. B. Allgemeine Erklärung der Menschenrechte Art. 26, UN-Kinderrechtskonventionen Art. 28) sowie dem Gleichheitsgrundsatzes der Verfassung der Bundesrepublik Deutschland (Grundgesetz Art. 3) hat jedes Kind in Deutschland ein Recht auf Schulbildung. Die Wahrung des Rechts obliegt den Bundesländern und wird angesichts der Kulturhoheit der Länder in den jeweiligen Schulgesetzen sowie Landesverfassungen der Länder im Rahmen der Festlegung der Schulpflicht unterschiedlich geregelt. Neu zugewanderte Kinder und Jugendliche unterliegen demnach jeweils dem Gesetz des Bundeslandes, in dem sie wohnen bzw. sich aufhalten. Die Schulpflicht basiert auf dem Kriterium des gewöhnlichen Aufenthaltes, der Wohnung, der Ausbildungsstätte oder des Wohnsitzes im jeweiligen Bundesland und ist daher für Kinder und Jugendliche, die aus EU- oder Drittstaaten nach Deutschland zuziehen, unproblematisch. Um die Schulpflicht für Asylbewerberinnen und -bewerber festzulegen, wird sie in einigen Bundesländern für diese Gruppe explizit in den jeweiligen Schulgesetzen oder Verwaltungsvorschriften geregelt. In einigen Bundesländern gilt die Schulpflicht für Asylbewerberinnen und -bewerber ohne Einschränkungen (z. B. im Saarland). In den meisten anderen Bundesländern unterliegen Kinder und Jugendliche erst der Schulpflicht, sobald sie einer Kommune, Gemeinde oder einem Landkreis zugewiesen sind (z. B. in NRW). In anderen Bundesländern tritt die Schulpflicht erst nach einer vorgegebenen Aufenthaltszeit in dem jeweiligen Bundesland ein (z. B. in Thüringen nach sechs Monaten, in Bayern nach drei Monaten). Andere Bundesländer greifen bei der Regelung der Schulpflicht nicht auf den ausländerrechtlichen Status zurück, sondern auf allgemeine Regelungen in Schul- und Meldegesetzen (z. B. Schleswig-Holstein). Wie aktuelle Medienberichte (vgl. Deutschlandfunk 2016) zeigen, ist die gesetzliche Grundlage zwar Voraussetzung, reicht alleine aber nicht aus: Auch eine ausreichende Zahl an Schulplätzen muss gesichert werden, um die Umsetzung der Schulpflicht zu gewährleisten und allen Kindern und Jugendlichen einen Schulbesuch zu ermöglichen.

Das gilt in besonderem Maße auch für irregulär zugewanderte Kinder und Jugendliche, die ohne Dokumente in Deutschland leben. Um auch diesen nicht-registrierten Kindern und Jugendlichen ihr Recht auf Bildung zu ermöglichen, sind seit 2011 alle Erziehungs- und Bildungseinrichtungen bundesweit ausdrücklich von der Übermittlungspflicht papierloser bzw. irregulär zugewanderter Kinder und Jugendlicher an Ausländerbehörden befreit (§ 87 Abs. 1 und 2 AufenthG). Das bedeutet, dass Schulen keine Daten weitergeben dürfen, die sich auf den Aufenthaltsstatus der anzumeldenden Kinder und Jugendlichen (sowie ihrer Eltern) beziehen. Eine aktuelle Studie (vgl. Funck et al. 2015) zeigt jedoch, dass die Aufnahme an eine Schule ohne Papiere in der Praxis schwierig ist. „Der Bildungsanspruch papierloser Kinder wird zum Teil explizit abgelehnt" (ebd., 5).

4. Anzahl und Zusammensetzung der Gruppe

Welche Aussagen lassen sich über die Anzahl und Zusammensetzung neu zugewanderter Kinder und Jugendlicher machen? Es zeigt sich, dass nicht in allen Bundesländern die oben dargestellten Kriterien zur Bestimmung neu zugewanderter Schülerinnen und Schüler systematisch und einheitlich erhoben werden. Ob und in welchem Umfang Daten erhoben werden, unterscheidet sich zwischen den Bundesländern und lässt sich somit nicht vergleichen. Auch der von der Kultusministerkonferenz empfohlene Kerndatensatz von Merkmalen, die in der Schulstatistik einheitlich erhoben werden sollten, wird nicht in allen Bundesländern umgesetzt.

Eine Annäherung an eine quantitative Bestimmung erfolgt im Folgenden daher über Daten des Statistischen Bundesamtes, die die Kriterien des Alters (sechs bis 18 Jahre), der Staatsangehörigkeit (nicht-deutsch) und der Aufenthaltsdauer in Deutschland (unter einem Jahr) vereinen.

Die in einzelnen Bundesländern unterschiedlichen Regelungen der Schulpflicht werden dabei nicht berücksichtigt und ob die einzelnen Personen tatsächlich einen Schulplatz haben und/oder über hinreichende Deutschkenntnisse zur erfolgreichen Teilnahme im Regelunterricht verfügen, kann über diese Daten nicht ermittelt werden. Auch Kinder und Jugendliche mit deutscher Staatsbürgerschaft werden darin nicht abgebildet.

Betrachtet man die Zuzüge ausländischer Kinder und Jugendlicher zwischen sechs und 18 Jahren mit einer Aufenthaltsdauer von unter einem Jahr jeweils in den Jahren von 1998–2014, so lässt sich nachzeichnen, dass in diesem Zeitraum deutliche Schwankungen zu erkennen sind: Während die Anzahl im Jahr 1998 mit 44.291 bis 2006 kontinuierlich auf 22.207 Personen sinkt, steigt der Wert ab 2007 deutlich an und hat sich bis zum Jahr 2014 mit knapp 100.000 Kindern und Jugendlichen vervierfacht.

Setzt man die hier untersuchte Gruppe ins Verhältnis zur Grundgesamtheit ihrer Gleichaltrigen, zeigt sich, dass der Anteil zugezogener Kinder und Jugendlicher mit 1,02 Prozent im Bundesdurchschnitt relativ gering ist. Dabei ist zwischen den Bundesländern eine Spannbreite von 0,56 in Brandenburg bis hin zu 1,79 in Bremen zu erkennen. Diese bundes- bzw. landesweiten Durchschnittswerte sind im Hinblick auf einzelne Schulen jedoch nur bedingt aussagekräftig, denn innerhalb eines Bundeslandes, aber auch innerhalb einer Stadt kann sich die Verteilung je nach Standort der Schule deutlich unterscheiden.

Während einige Schulen bislang kaum oder keine neu zugewanderten Schülerinnen und Schüler aufgenommen haben, machen sie an anderen Schulen einen erheblichen Teil der Schülerschaft aus.

Nimmt man die Zusammensetzung der Gruppe ausländischer Kinder und Jugendlicher zwischen sechs und 18 Jahren mit einer Aufenthaltsdauer von unter einem Jahr in den Blick, lassen sich hinsichtlich der jeweiligen Altersgruppe sowie der Herkunftsländer Spezifizierungen vornehmen: Während knapp ein Drittel der Kinder und Jugendlichen zwischen sechs und neun Jahre alt sind und somit der Primarstufe zugeordnet werden können, sind mehr als zwei Drittel zwischen zehn und 18 Jahren alt und können somit der Sekundarstufe zugeordnet werden. Die 18-Jährigen machen vergleichsweise die größte Altersgruppe aus. Diese Tatsache macht deutlich, dass in der Sekundarstufe II besonders die berufsbildenden Schulen gefordert sind und verstärkt sich durch den Umstand, dass in vielen Ländern die (Berufs-)Schulpflicht über das 18. Lebensjahr hinausgeht.

Betrachtet man die Herkunftsländer der sechs bis 18-Jährigen, zeigt sich, dass bis zum Jahr 2014 die meisten Kinder und Jugendlichen aus europäischen Staaten nach Deutschland zuziehen (59 Prozent), gefolgt von asiatischen Ländern mit etwa einem Viertel. Einen kleinen Anteil machen die Zuzüge aus amerikanischen sowie afrikanischen Staaten mit unter zehn Prozent aus. Obgleich das Gesamtbild zwischen 2012 und 2014 relativ konstant bleibt, zeigen sich geringfügige Veränderungen: 2014 ist der Anteil zugezogener Kinder und Jugendlicher aus asiatischen und afrikanischen Staaten gegenüber den Vorjahren gestiegen, während die Anzahl der Zuzüge aus europäischen und amerikanischen gesunken ist. Syrien ist 2014 das häufigste Herkunftsland. Außer aus Syrien und Afghanistan wirken sich weitere weltweite Herkunftsstaaten, die am häufigsten von Fluchtbewegungen betroffen sind, auf Zuzüge nach Deutschland nicht aus.

Denn laut UNHCR folgen auf Syrien und Afghanistan, Somalia, der Sudan, die Demokratische Republik Kongo, Myanmar, der Irak, Kolumbien, Vietnam und Eritrea (vgl. UNHCR 2014, S. 2).

5. Geflüchtete Kinder und Jugendliche in Deutschland

Geflüchtete Kinder und Jugendlichen machen – wie sich aus der obigen Darstellung ergibt – nur einen Teil aller ausländischen Kinder und Jugendlichen mit einer Aufenthaltsdauer von unter einem Jahr aus. Mit Blick auf die Anzahl von Asylerstanträgen, die im Jahr 2014 von Kindern und Jugendlichen im Alter von sechs bis 18 Jahren – also grob im schulpflichtigen Alter – gestellt wurden, ergibt sich ein Wert von 35.971. Für das Jahr 2015 hat sich mit 97.391 Asylerstantragstellenden die Anzahl in der Altersgruppe fast verdreifacht. In diesem Zusammenhang kann gerade für die Sekundarstufe II der berufsbildenden Schulen die Altersgruppe der 18- bis 25-Jährigen relevant sein, da zum einen in einigen Ländern die (Berufs-)Schulpflicht über das 18. Lebensjahr hinausgeht und zum anderen im Rahmen einer Berufsausbildung ein weiterer Schulbesuch möglich ist. Laut SVR (vgl. SVR 2015, S. 2) wurden 22,2 Prozent aller Asylanträge (Erst- sowie Folgeanträge) im Jahr 2014 von jungen Erwachsenen im Alter von 18–24 gestellt. Bei den Folgeanträgen ergibt sich aus verschiedenen Gründen, beispielsweise aufgrund der unterschiedlich langen Verweildauer, eine höhere Heterogenität, so dass besonders mit Blick auf die Deutschkenntnisse unterschiedliche Kenntnisstände zu erwarten sind. Sie wurden daher nicht der Gruppe der neu zugewanderten Kinder und Jugendlichen zugerechnet.

6. Schulorganisatorische Modelle

Auf der Grundlage einer Abfrage in den Kultusministerien der Länder von November 2014 bis März 2015 lassen sich fünf schulorganisatorische Modelle zur Einbindung neu zugewanderter Schülerinnen und Schüler in Deutschland systematisieren (vgl. Reich/Roth 2002):[2]

- *Das submersive Modell:* Neu zugewanderte Kinder und Jugendliche gehen ab dem ersten Schultag in Regelklassen und nehmen an den allgemeinen Förderangeboten der Schule teil.
- *Das integrative Modell:* Neu zugewanderte Kinder und Jugendliche besuchen ab dem ersten Schultag eine Regelklasse und erhalten zusätzlich Sprachförderung.

---

[2] Da zwei- oder mehrsprachige Schulmodelle aktuell in Deutschland nur in geringem Umfang umgesetzt werden, sind sie hierbei nicht abgebildet. Dies bedeutet jedoch nicht, dass sie nicht zu empfehlen wären. Die Forschung aus anderen Ländern zeigt vielmehr eine positive Bewertung.

- *Das teilintegrative Modell:* Neu zugewanderte Kinder und Jugendliche werden in einer speziell eingerichteten Klasse unterrichtet, nehmen jedoch in einigen Unterrichtsfächern am Regelunterricht teil.
- *Das parallele Modell:* Neu zugewanderte Kinder und Jugendliche verbringen über einen bestimmten Zeitraum die gesamte Unterrichtszeit in einer speziell eingerichteten Klasse, die parallel zu den regulären Klassen geführt wird.
- *Das parallele Modell „Schulabschluss":* Neu zugewanderte Kinder und Jugendliche gehen in eine parallel geführte Klasse. Sie bleiben bis zum Ende der Schulzeit im Klassenverband und bereiten sich gemeinsam auf den Schulabschluss vor.

Die fünf schulorganisatorischen Modelle lassen sich einerseits hinsichtlich der spezifischen Förderungen im Deutschen und andererseits hinsichtlich des Anteils neu zugewanderter Schülerinnen und Schüler am Unterricht in einer Regel oder parallel geführten Klasse unterscheiden (Abb. 1 Massumi, vgl. Dewitz et al. 2015, S. 44).

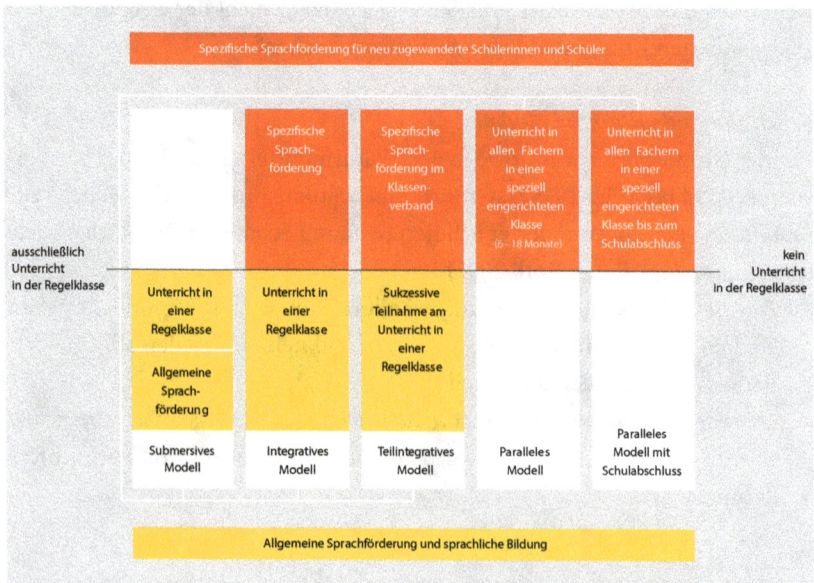

Abbildung 2: Schulorganisatorische Modelle für Neu Zugewanderte Kinder und Jugendliche

Die in der Abstraktion klaren Grenzen zwischen den einzelnen Modellen verschwimmen jedoch in der Praxis. Einen ersten Eindruck der Vielfalt der Modelle und Konzepte vermitteln bereits die Bezeichnungen, die in den Bundesländern für die additive Förderung im Deutschen oder die separat geführten Klassen gewählt wird. Hier reicht die Bandbreite von Stützkurs (SH) über Fördergruppen (SN) bis zu Internationale Vorbereitungsklassen (HH); hinzukommen zahlreiche informelle Ausdrücke.

Unterschiede können sich u. a. im Umfang der Förderung im Deutschen – absolut sowie in Relation zum Unterricht in anderen Fächern – in der Klassen- oder Lerngruppengröße ergeben oder darin, wie die Einbindung in eine Regelklasse gestaltet wird. Hierbei lässt sich nicht nur der schrittweise Übergang, bei dem häufig mit individuellen Stundenplänen gearbeitet wird, von der Variante unterscheiden, die an einen bestimmten Zeitpunkt – i. d. R. den Schuljahresbeginn – gebunden ist. Darüber hinaus ist der Übergang teilweise mit dem Wechsel an eine andere Schule verbunden.

7. Herausforderungen und Chancen

Was folgt aus den bisherigen Ausführungen? Das Schulsystem muss sich darauf einstellen, dass dauerhaft Schülerinnen und Schüler ohne oder mit nur geringeren Deutschkenntnissen zu integrieren sind. Dabei ist diese Schülergruppe ebenso heterogen wie die übrige Schülerschaft auch; ihr gemeinsames Merkmal sind die noch unzureichenden Deutschkenntnisse. Dabei ist zu beachten, dass nur ein (veränderlicher) Teil der neu Zugewanderten geflüchtet ist, auch wenn sich das öffentliche Interesse immer wieder darauf fokussiert. Grundsätzlich haben alle neu zugewanderten Kinder und Jugendlichen im schulpflichtigen Alter unabhängig von ihrem rechtlichen Aufenthaltsstaus einen Rechtsanspruch auf schulische Bildung.

Die Aufnahme neu zugewanderter Kinder und Jugendlicher ist auch im Kontext der Inklusion zu sehen, denn nach Unterzeichnung der UN-Behindertenrechtskonvention haben alle Schülerinnen und Schüler mit Einschränkungen in Bezug auf ihre Sinne, Kognition oder Motorik Anspruch darauf, im allgemeinbildenden Schulsystem unterrichtet zu werden. Aus diesem Grund wird die Heterogenität der Schülerschaft in Bezug auf Sprache, Kultur und weitere individuelle Voraussetzungen zunehmen. Heterogenität wird zum Normalfall, so dass die Lernvoraussetzungen der Lernenden in Bezug auf die unterschiedlichen Fächer und Lernsituationen divers sind. Die Aufnahme von Schülerinnen und Schülern mit anderen Sprachen verbreitet die Mehrsprachigkeit in den Klassen; schon jetzt verfügen die Lernenden über ganz unterschiedliche Familiensprachen, auch wenn diese im Unterrichtsgeschehen nur in Ausnahmefällen genutzt werden. Eine Chance der sprachlichen Heterogenität oder Mehrsprachigkeit liegt darin, dass innerhalb einer Klasse herkunftssprachlich aufgewachsene Sprecher für unterschiedliche Sprachen vorhanden sind, die im Rahmen eines Gesamtsprachencurriculums genutzt werden können. Es gehört zu den pädagogisch-didaktischen Desiderata, die Mehrsprachigkeit der Schülerschaft konzeptuell zu berücksichtigen, das heißt, die Sprachlernprozesse im Deutschunterricht, im Fremdsprachenunterricht und im herkunftssprachlichen Unterricht systematisch aufeinander zu beziehen.

Neben den Chancen stellt der Unterricht für neu zugewanderte Schülerinnen und Schüler ohne oder mit nur sehr geringen Deutschkenntnissen aber auch eine erhebliche Herausforderung dar. Das betrifft sowohl schulorganisatorische als auch didaktische Fragen. Aus diesem Grund ist es sinnvoll und notwendig, die entsprechenden Strukturen und pädagogisch-didaktischen Konzepte dauerhaft als Teil des Bildungssystems vorzuhalten.

Dazu gehören u. a. zentrale Aufnahme- und Verteilungsverfahren, die sicherstellen, dass die Kinder und Jugendlichen in hierfür geeigneten Schulen unterkommen, weiterhin die Etablierung von Sprachbildungskonzepten und Sprachbildungsexperten an jeder Schule, das Vorhalten und die Weiterentwicklung geeigneter Lehr-Lern-Materialien sowie die Entwicklung von Konzepten für den Übergang in den Regelunterricht. Denn für den Erwerb einer neuen Sprache auf bildungssprachlichem Niveau müssen selbst unter optimalen Bedingungen fünf bis sieben Jahre veranschlagt werden (vgl. Reich/Roth 2002). Daraus ergibt sich die Notwendigkeit, künftig verstärkt auch die Zeit nach der Vermittlung der ersten Deutschkenntnisse in den Blick zu nehmen und dabei die Möglichkeiten eines sprachsensiblen Unterrichts in allen Fächern zu nutzen. Konkret kann das beispielsweise bedeuten, bildungssprachliche Fähigkeiten von Beginn an in mehreren Sprachen zu erwerben, z. B. beim Lesen und Schreiben fachlicher Texte.

8. Empfehlungen

Damit die oben skizzierten Herausforderungen bewältigt und die aufgezeigten Chancen genutzt werden können, bedarf es einiger bildungs- und forschungspolitischer Maßnahmen, von denen die zentralen hier skizziert werden sollen:

- Im Rahmen der Lehrerausbildung sind die Themen sprachliche Bildung, sprachliche Förderung und Mehrsprachigkeit systematisch zu verankern. Konkret empfiehlt es sich, dass alle Lehramtsstudierenden im Umfang eines Pflichtmoduls für die Thematik sensibilisiert werden. Darüber hinaus sollten für interessierte Studierende vertiefte Studien ermöglicht werden, um so Sprachbildungsexpertinnen und -experten auszubilden, die später an der Schule Teams von Sprachförderkräften leiten, entsprechende Förderkonzepte für die Schule entwickeln und umsetzen können. Auch in der zweiten Phase der Lehrerausbildung, im Referendariat sind die genannten Inhalte fortzuschreiben und in den Unterrichtsfächern etwa in Bezug auf einen sprachsensiblen Fachunterricht zu konkretisieren.

- Da sich viele Lehrkräfte, die bereits im Schuldienst sind, auf den Unterricht in sprachlich heterogenen Klassen nicht ausreichend vorbereitet fühlen (vgl. Becker-Mrotzek/Hentschel/Hippmann/Linnemann 2012), sind die Fortbildungsanstrengungen zu verstärken. Auch hier können differenzierte Angebote gemacht werden, die zum einen eine Sensibilisierung für die besonderen Bedingungen des Zweitspracherwerbs zum Ziel haben und darüber hinaus konkrete Maßnahmen und Methoden eines sprachsensiblen Unterrichts in den Sachfächern vermitteln. Und zum anderen können umfangreichere Fortbildungen für Sprachlehrkräfte angeboten werden, die etwa den Unterricht in Deutsch als Zweitsprache oder die Alphabetisierung älterer Lernerinnen und Lerner zum Gegenstand haben.

- Und schließlich ist es angezeigt, die aktuelle Situation für empirische Studien zum Lehren und Lernen in mehrsprachigen Klassen zu nutzen, um gemeinsam mit der Praxis Modelle zu entwickeln, erproben und evaluieren, wie neu zugewanderte Kinder und Jugendliche am besten in den Unterricht integriert und später dann weiter gefördert werden können.

Literatur

AUTORENGRUPPE BILDUNGSBERICHTERSTATTUNG (2016): Bildung in Deutschland 2016. Ein Indikatoren gestützter Bericht mit einer Analyse zu Bildung und Migration. Bielefeld: Bertelsmann (Download unter: http://www.bildungsbericht.de/de/nationaler-bildungsbericht, 30.06.2016).

BAMF [Bundesamt für Migration und Flüchtlinge] (2016a): Asylberechtigte und anerkannte Flüchtlinge in Deutschland. Qualifikationsstruktur, Arbeitsmarktbeteiligung und Zukunftsorientierung. (BAMF-Kurzanalyse, 01/2016). Abrufbar unter: https://www.bamf.de/SharedDocs/Anlagen/DE/Publikationen/Kurzanalysen/kurzanalyse1_qualifikationsstruktur_asylberechtigte.pdf?__blob=publicationFile [10.01.2017].

BECKER-MROTZEK, Michael/HENTSCHEL, Britta/HIPPMANN, Kathrin/LINNEMANN, Markus (2012): Sprachförderung in deutschen Schulen – die Sicht der Lehrerinnen und Lehrer. Ergebnisse einer Umfrage unter Lehrerinnen und Lehrern. Köln: Mercator-Institut (http://www.mercator-institut-sprachfoerderung.de/fileadmin/user_upload/Institut_Sprachfoerderung/Lehrerumfrage_Langfassung_final_30_05_03.pdf, 07.01.2015) (Stand 28.06.2016).

FUNCK, Barbara/KARAKAŞOĞLU, Yasemin/VOGEL, Dita (2015): „Es darf nicht an Papieren scheitern". Theorie und Praxis der Einschulung von papierlosen Kindern in Grundschulen. Verfügbar unter: http://www.fb12.uni-bremen.de/fileadmin/Arbeitsgebiete/interkult/Projekte_laufend/Funck_Karakasoglu_Vogel_2015_Nicht_an_Papieren_scheitern_Schule_Aufentalstatus_web.pdf (Stand 28.06.2016).

MASSUMI, Mona/VON DEWITZ, Nora/GRIEßBACH, Johanna/TERHART, Henrike/WAGNER, Katharina/HIPPMANN, Kathrin/ALTINAY, Lale (2015): Neu zugewanderte Kinder und Jugendliche im deutschen Schulsystem. Bestandsaufnahme und Empfehlungen. Köln: Mercator-Institut für Sprachförderung und Deutsch als Zweitsprache, Zentrum für LehrerInnenbildung der Universität zu Köln. Verfügbar unter http://www.mercator-institut-sprachfoerderung.de/fileadmin/Redaktion/PDF/Publikationen/MI_ZfL_Studie_Zugewanderte_im_deutschen_Schulsystem_final_screen.pdf (Stand 28.06.2016).

REICH, Hans/ROTH, Hans-Joachim (2002): Spracherwerb zweisprachig aufwachsender Kinder und Jugendlicher – Ein Überblick über den Stand der nationalen und internationalen Forschung. Hamburg. Verfügbar unter: www.ew.uni-hamburg.de/ueber-die-fakultaet/personen/neumann/files/gutachten.pdf (Stand 28.06.2016).

SACHVERSTÄNDIGENRAT DEUTSCHER STIFTUNGEN (SVR) (2015): Junge Flüchtlinge. Aufgaben und Potenziale für das Aufnahmeland Abrufbar unter: https://www.stiftung-mercator.de/media/downloads/8_Projekte/SVR/SVR_Kurzinformation_Junge_Fluechtlinge_Juli_2015.pdf [18.01.2017].

UNHCR (2014): UNHCR Global Trends. Forced Displacements in 2014. Abrufbar unter: http://www.unhcr.org/statistics/country/556725e69/unhcr-global-trends-2014.html [18.01.2017].

Natürliche Mehrsprachigkeit – Wie das Land NRW die Fremdsprachenpotentiale der Zuwanderer fördern will

Thorsten Klute

„Integration fängt mit der Sprache an!" – Doch was bedeutet Sprache eigentlich? Schlägt man im Duden nach, so findet man verschiedene Bedeutungen: 1. Fähigkeit des Menschen zu sprechen, 2. das Sprechen als Anlage, 3. die Möglichkeit des Menschen sich auszudrücken oder 4. Ein historisch entstandenes und sich entwickelndes System von Zeichen und Regeln, das einer Sprachgemeinschaft als Verständigungsmittel dient.

Mir kommt es vor allen Dingen auf den integrationsrelevanten Aspekt von Sprache an. Die Sprache ist zweifellos der entscheidende Schlüssel zur gesellschaftlichen Teilhabe. Sie ist die grundlegende Basis für neu zuwandernde Menschen, um gleichberechtigte Teilhabe- und Mitbestimmungschancen zu ermöglichen. Nur wer die hiesige Sprache beherrscht, kann kommunizieren, sich engagieren und sich selbst einbringen. Wir müssen und werden daher alles dafür tun, damit die Menschen, die zuwandern, so schnell wie möglich unsere Sprache erlernen.

Wir haben uns dafür eingesetzt, dass der Bund die Integrationskurse für die Flüchtlinge öffnet. In NRW arbeiten die unterschiedlichen Ressorts wie etwa das MSW, MFKJKS, aber auch mein Haus auf Hochtouren, damit in Schule, Kita, Weiterbildung, aber auch ehrenamtlich Sprache vermittelt wird. Als einziges Bundesland machen wir das in NRW auch bezogen auf sprachliche Kompetenz für den Arbeitsmarkt.

In wenigen Wochen, im Dezember, jährt sich das deutsch-italienische Anwerbeabkommen von 1955 zum 60. Mal. Damals haben Staat und Gesellschaft zu spät begriffen, dass sich keine temporäre Arbeitsmigration, sondern Einwanderung vollzieht, und dass wir als Staat und Gesellschaft bei der Integration der Menschen nicht nur einfach zusehen dürfen, sondern diese aktiv unterstützen müssen.

Damals hat man die Kinder in rein italienischen Klassen unterrichtet. Man war der Auffassung, dass dies die beste Methode sei, dass sie ihre Herkunftssprache nicht verlernen und sich nach ihrer Rückkehr schnell wieder in Italien eingliedern können. Auf diese Idee käme heute wohl niemand mehr. Wir alle

wissen, dass gute deutsche Sprachkenntnisse Voraussetzung für gesellschaftlichen und persönlichen Erfolg sind oder wie der Vorsitzende des Elternnetzwer-
kes es letztens ausdrückte: „Die Klausuren schreiben die Kinder auf Deutsch".
Aber: Es ist ein Gewinn, wenn die Menschen mehrere Sprachen sprechen. Wie
schon Voltaire sagte: „Kennst du viele Sprachen – hast du viele Schlüssel für ein
Schloss". Wenn die Fehler der Vergangenheit also nicht wiederholt werden sollen,
stellt sich die Frage, wie ein kompetenter Umgang mit Mehrsprachigkeit und
deutschem Spracherwerb aussieht und was Politik dafür tun kann und muss,
damit dieser umgesetzt wird.

Die Kosten der Integration sind deutlich niedriger, je eher sie beginnt. Das
führt dazu, dass in NRW bereits in der frühen Bildung gute Konzepte des mehrsprachigen Lernens umgesetzt wurden. Es ist uns dabei wichtig, die Eltern frü-
hestmöglich einzubeziehen. Sie sind Partner, wenn es um die Erziehung und
Bildung der Kinder geht. Konzepte wie „Griffbereit", „Opstapje" oder „Ruck-
sack" sind solche niedrigschwelligen Kursbeispiele. Die Programme sind sehr
erfolgreich. Eine wesentliche Gelingensbedingung ist dabei das Vorbild der zwei-
sprachigen Gruppenleitung. Vor nicht allzu langer Zeit gab es auf Schulhöfen –
auch in NRW – ein Verbot, die eigene Herkunftssprache zu sprechen. Selbst den
Lehrkräften, die eine Zuwanderungsgeschichte mitbringen, wurde manchmal
verboten, mit den Kindern oder Eltern in ihrer eigenen Herkunftssprache zu
kommunizieren. Dahinter stand unter anderem die Annahme, dass ein gleich-
zeitiges Erlernen mehrerer Sprachen nicht möglich oder sogar schädlich ist. Da
sind wir inzwischen besser beraten. Mehrere Sprachen können ganz selbstverständlich nebeneinander erlernt werden. Kinder, die dies tun, erlernen sogar
leichter weitere Sprachen. Hinter dem Konzept stand allerdings wohl auch eine
politische Botschaft, die den zugewanderten Menschen vermittelt werden sollte:
„Du Zugewanderter bist jetzt in Deutschland. Hier gelten unsere Sprache und
unsere Werteordnung. Alles, was Du bisher erlernt und gelebt hast, sollst Du an
der Grenze ablegen." In diesem Punkt sind wir inzwischen deutlich weiter. Niemand in NRW verlangt von den zugewanderten Menschen ihre bisherige Identität und Sprache aufzugeben. Ganz im Gegenteil! Wir möchten die Potenziale
der zu uns einwandernden Menschen einbeziehen. Sprache hat im Prozess der
individuellen wie der gesellschaftlichen Integration eine herausgehobene Bedeutung, da sie mehrere Funktionen erfüllt. Sie ist sowohl Medium der alltäglichen
Kommunikation als auch eine Ressource, insbesondere bei der Bildung und auf

dem Arbeitsmarkt. Ganz wichtig ist es aus meiner Sicht aber auch, dass Sprache ein wesentlicher Faktor für die Identitätsbildung des Menschen ist.

Was tut man Kindern und Jugendlichen an, wenn man das verkennt, was sie mitbringen. Ihre Spontanität und Emotionalität ist in der Regel eng mit ihrer Herkunftssprache verbunden. Sie brauchen beide Sprachen.

Damit wir in NRW beim Thema Mehrsprachigkeit noch einen wesentlichen Schritt weiterkommen, habe ich die Initiative *Lebendige Mehrsprachigkeit* im September dieses Jahres ins Leben gerufen. Herr Prof. Heiner Barz gehörte zu den Experten, die der Einladung zur Gründungsveranstaltung gefolgt sind. In Nordrhein-Westfalen gibt es schon eine Reihe gute Ansätze zur mehrsprachigen Erziehung und Bildung.

Mit der Initiative sollen diese Ansätze in eine gemeinsame zukunftsorientierte Konzeption einfließen. Je eher sie den Menschen zur Verfügung steht, die jetzt neu zu uns kommen, desto besser. Eine Universität ist dabei natürlich ein wichtiger Partner. Weitere Partner sind Vereine, Kitas, Schulen, Kommunen und andere. Ich würde mich sehr freuen, wenn Düsseldorf zu den Regionen gehört, die sich der Initiative *Lebendige Mehrsprachigkeit* anschließen. Hier ist man den Umgang mit Vielfalt ja seit langem gewohnt und die Partnerschaft mit der Landeshauptstadt wäre ein gutes Signal. Mit von der Partie sind als Initiatoren der Landesintegrationsrat und die Landesweite Koordinierungsstelle der Kommunalen Integrationszentren. Beteiligen werden sich auch das Schul- und das Kinder- und Jugendministerium.

Gerade in diesen Tagen erleben wir das vielfach: Jemand, der sich in unterschiedlichen Sprachen verständigen kann, hilft Brücken zu bauen und trägt zu einer gelingenden Völkerverständigung bei, die heutzutage in pluralen Gesellschaften wie der unseren von großer Bedeutung ist.

Dank der in den letzten Jahren veröffentlichten Erkenntnisse der Fachwissenschaft wissen wir heute, dass Mehrsprachigkeit sogar einen besonderen Wert für die Entwicklung kognitiver Leistungsfähigkeit hat. Unsere Sichtweise auf Mehrsprachigkeit hat sich inzwischen weiterentwickelt. Wir sehen nicht mehr das Nebeneinander von Sprachen, sondern die Integration des Multilingualen, die wechselseitige Verbundenheit von Teilsprachen als Basis des Translanguagings (ein Begriff der Fachwissenschaft, der sich auf die Fluidität des Gesamtsprachenbesitzes bezieht).

Natürlich braucht ein umfassendes Sprachkonzept qualitative Unterstützung. Das geht nicht von selbst. In Aus- und Fortbildung, Qualifizierung von Ehrenamtlern in Vereinen und von Eltern muss diese neue Sichtweise verankert werden.

In KiTas und Schulen muss eine neue Praxis entwickelt werden. Sehr viel wird dabei auch von Fragen der Haltung abhängen. NRW ist das einzige Bundesland, das im Regelsystem Schule Lehrerstellen für den herkunftssprachlichen Unterricht bereitstellt. Wir verfügen über gute Beispiele und Konzepte.

Mit dem Teilhabe- und Integrationsgesetz wurde die Errichtung von Kommunalen Integrationszentren beschlossen, in denen das Handlungsfeld Integration durch Bildung bearbeitet wird. Heute arbeiten 50 dieser Zentren in NRW. Sie beraten und unterstützen KiTas und Schulen darin, wie sie die lebensweltliche Mehrsprachigkeit ihrer Kinder und Jugendlichen erkennen, wertschätzen, als Ressource nutzen und neue Wege in Unterricht und Schulentwicklung gehen können.

Wir sind auf einem guten Weg, ein umfassendes Mosaik mehrsprachiger Ansätze zu entwickeln und dies bei der neuen Zuwanderung besser zu machen. Mario Wandruszka (österreichischer Romanist und Sprachenwissenschaftler u. a. „Die Mehrsprachigkeit des Menschen") hat den Mehrwert der Mehrsprachigkeit in einem sehr schönen Satz zusammengefasst:

> Mehrsprachigkeit bedeutet, dass unsere Gedanken nicht an einer bestimmten Sprache hängen, nicht an deren Worten kleben. Unsere Mehrsprachigkeit ist der sprachliche Spielraum unserer geistigen Freiheit.

Eine erfolgreiche Integration ist ohne das bürgerschaftliche Engagement von Menschen mit und ohne Zuwanderungsgeschichte nicht vorstellbar. Integration kommt eben nicht von allein und ist unser aller Aufgabe! Immer wenn dies möglich ist, sollten wir dabei Flüchtlinge und andere Neuzuwanderer selbst in gesellschaftliche Gestaltungsprozesse einbeziehen.

Flüchtlinge im Arbeitsmarkt

Tobias Hentze und Wolfgang Schäfer

1. Einleitung

Die Diskussion um Zuwanderung hat in den letzten Jahrzehnten in Deutschland mehrfach eine Wendung vollzogen. Mit der Verhängung des Anwerbestopps im Kontext der Energiekrise 1973 trat das Paradigma der Zuwanderungsbegrenzung in den Vordergrund – auch wenn anschließend weiterhin in erheblichem Umfang Personen einwanderten. Eine wesentliche Motivation der Zuwanderungsbegrenzung war die Sorge, dass der Zuzug weiterer Zuwanderer zu Verwerfungen auf dem Arbeitsmarkt führen würde. Im Mittelpunkt stehen die beiden widersprüchlich erscheinenden Befürchtungen, Zuwanderer könnten einerseits einreisen, um Sozialtransfers in Anspruch zu nehmen, und andererseits Einheimische aus dem Arbeitsmarkt drängen. Die Diskussion erfuhr um das Jahr 2000 eine Neubewertung, als die sogenannte „Süssmuth-Kommission" in ihrem Bericht die Notwendigkeit einer gesteuerten, arbeitsmarktorientierten Zuwanderung betonte (vgl. Unabhängige Kommission „Zuwanderung" 2001, S. 60 ff.). Der Grundgedanke war, dass Zuwanderung eine Akquisition von Humankapital darstellt, das zur Mehrung des Wohlstandes im Aufnahmeland produktiv eingesetzt werden kann (vgl. Schäfer 2008). Es dauerte aber noch Jahre, ehe 2005 einige Elemente dieses Grundgedankens in das neue Aufenthaltsgesetz einflossen. Das Gesetz folgte jedoch im Grundsatz weiterhin dem Leitmotiv einer Begrenzung des Zuzugs (vgl. Sachverständigenrat Zuwanderung und Integration 2001, 162).

Nach wie vor postuliert der §1 des Aufenthaltsgesetzes die „Steuerung und Begrenzung des Zuzugs von Ausländern" als Ziel des Gesetzes. Erst mit der Entspannung der Arbeitsmarktlage ab dem Jahr 2006 wurden sukzessive die Voraussetzungen für die Einwanderung erleichtert. Dies erfolgte mit dem Ziel der Anwerbung hoch qualifizierter Fachkräfte und trug somit dem Gedanken der arbeitsmarktökonomischen Steuerung Rechnung. Die Entscheidung, die volle Arbeitnehmerfreizügigkeit gegenüber den 2004 zur Europäischen Union beigetretenen ost- und mitteleuropäischen Ländern sowie für Rumänien und Bulgarien für die maximal mögliche Dauer von sieben Jahren auszusetzen, illustriert andererseits, dass das defensive Leitmotiv der Zuzugsbegrenzung nach wie vor eine große Rolle spielt. In die gleiche Richtung deutet die erst 2015 nach einer zweijährigen Übergangsphase hergestellte Freizügigkeit für Kroaten. Mittlerweile bestehen für qualifizierte Fachkräfte – insbesondere solche mit Hochschulabschluss – weitreichende Möglichkeiten der ökonomisch motivierten Zuwanderung.

Im Hinblick auf die Zuwanderung aus EU-Mitgliedsländern im Rahmen der Freizügigkeit sowie Einwanderung aus humanitären Gründen muss jedoch festgestellt werden, dass die Zuwanderungssteuerung nach arbeitsmarktökonomischen Gesichtspunkten bis dato nur eine untergeordnete quantitative Rolle spielt. So waren im Jahr 2014 von 1,15 Millionen nicht nur kurzzeitig Zugewanderten gemäß Ausländerzentralregister lediglich 37.000 Drittstaatsangehörige, die zum Zwecke der Erwerbstätigkeit gemäß den §§ 18–21 AufenthG einreisten – das schließt jene ein, die eine „Blaue Karte EU" erhalten haben. Dies ist vor allem vor dem Hintergrund bemerkenswert, dass es in jenem Jahr nur 200.000 Erst- und Folgeanträge auf Asyl gab.

Die Anzahl stieg in 2015 auf 480.000 stark an, wobei noch nicht einmal berücksichtigt ist, dass etliche im Land befindliche, registrierte Flüchtlinge noch keinen Asylantrag stellen konnten und dies im laufenden Jahr nachholen. So wurden in den ersten vier Monaten dieses Jahres bereits 250.000 Asylanträge gestellt (vgl. BAMF 2016a).

Mithin ist zu erwarten, dass die nicht nach Arbeitsmarktkriterien gesteuerte Zuwanderung in diesem und voraussichtlich auch in den kommenden Jahren eine sogar noch größere Rolle spielen wird als bislang. Vor diesem Hintergrund ist von großer Bedeutung, inwieweit die Arbeitsmarktintegration des großen Teils ungesteuerter Zuwanderung gelingt, wobei die Frage insbesondere für die Zuwanderung aus humanitären Gründen von Bedeutung ist, während sich die Integration von Zuwanderern im Rahmen der EU-Freizügigkeit überwiegend weniger problematisch gestaltet (vgl. Bundesagentur für Arbeit 2016). Um eine Vorstellung davon zu gewinnen, welche Arbeitsmarktwirkungen zu erwarten sind, muss zunächst eine Abschätzung des Umfangs der voraussichtlichen Zuwanderung sowie deren Partizipationsraten vorgenommen werden. Die für eine solche Projektion notwendigen Annahmen werden in Abschnitt 2 und die Befunde in Abschnitt 3 diskutiert. In Abschnitt 4 wird der Blick über die unmittelbaren Auswirkungen der Flüchtlingsmigration hinaus auf die mittlere und langfristige Perspektive erweitert. Abschnitt 5 fasst zusammen und leitet politische Schlussfolgerungen ab.

2. Die Integration von Flüchtlingen in den Arbeitsmarkt: Annahmen

Die quantitative Abschätzung der Flüchtlingsmigration erfolgt auf Basis der monatlichen statistischen Angaben zu den Registrierungen im EASY-System. Dabei beschränkt sich die Betrachtung auf die seit Anfang 2015 zugewanderten Flüchtlinge. Zwar hat es in den vorangegangenen Jahren auch schon Zuzug von Flüchtlingen gegeben, doch erreichten diese lediglich eine Anzahl von 10.000 bis 30.000 pro Monat – stellten also bei weitem nicht die Herausforderung dar, die sich durch die späteren Zuwanderungszahlen von bis zu 200.000 in einem Monat ergaben. Die Zahl der Asylanträge ist hingegen kein geeigneter Indikator zur Abschätzung der Migrationsströme, da aufgrund einer Überlastung der Ämter bereits registrierte Flüchtlinge monatelang darauf warten müssen, einen Asylantrag stellen zu können und die Entwicklung der Antragszahlen in größerem Maße den Abbau dieses Rückstandes reflektiert, als das tatsächliche Wanderungsgeschehen.

Im Jahr 2015 wurden insgesamt knapp 1,1 Millionen Flüchtlinge im EASY-System registriert. In den ersten vier Monaten des Jahres 2016 waren es knapp 190.000. Den vorläufigen Höhepunkt erreichte die Migrationswelle im November 2015, als über 200.000 Asylsuchende registriert wurden. Seither ist die Dynamik deutlich zurückgegangen. Im März und April 2016 war die Zahl der monatlichen Registrierungen niedriger als in allen Monaten des vergangenen Jahres, im April kamen nur noch 16.000. Die weitere Entwicklung hängt stark von politischen Rahmenbedingungen ab, die sich einer ökonomischen Prognostizierbarkeit weitgehend entziehen.

Sofern weiterhin kaum Zuwanderung über die Balkanroute erfolgt und das Abkommen mit der Türkei eingehalten wird, wäre kaum noch mit weiterem großen Zustrom zu rechnen. Dieser Fall bildet das Basisszenario, in dem die Flüchtlingszahl 2016 mit 400.000 und 2017 mit 250.000 angenommen wird. In einem alternativen Szenario wird mit einer Annahme von 600.000 bzw. 400.000 gerechnet.

Nicht alle Registrierungen im EASY-System resultieren in einer nicht nur vorübergehenden Zuwanderung. Ein Teil der Registrierten reist weiter in andere

Länder, wieder zurück in das Entsendeland oder verschwindet auf anderen Wegen aus dem Wirkungskreis der Behörden. Für die Arbeitsmarktprojektionen
wird angenommen, dass ein Anteil von 15 Prozent der Registrierten kein Asyl
beantragen wird. Dies entspricht dem Anteil derer, die nach der Registrierung
nicht in der zugewiesenen Aufnahmestelle auftauchen (vgl. Deutscher Bundestag 2016, S. 26).

Weiterhin ist zu berücksichtigen, dass nicht alle registrierten Flüchtlinge
einen Aufenthaltstitel erhalten werden, der Voraussetzung für den uneinge-
schränkten Zugang zum Arbeitsmarkt ist. Unwahrscheinlich ist dies vor allem
für Staatsangehörige der Westbalkanländer, die in der ersten Jahreshälfte 2015
noch einen nennenswerten Teil der Flüchtlingszuwanderung ausgemacht haben.
Von allen Asylentscheidungen für Albaner und Kosovaren aus dem Jahr 2015
wurden über 85 Prozent als unbegründet abgelehnt. Eine gesamte Anerkennungsquote für 2015 eingereiste Asylbewerber muss jedoch abgeschätzt werden,
da ein Teil der Registrierten bislang noch keinen Asylantrag stellen konnte und
bei einem weiteren Teil der Asylantrag noch in Bearbeitung ist.

Werden die nationalitätsspezifischen Anerkennungsquoten auf die Natio-
nalitätenstruktur der Registrierten umgerechnet, ergibt sich für 2015 eine Ge-
samt-Anerkennungsquote von 67 Prozent. Für die Jahre 2016 und 2017 wird
jeweils ein Anteil von 75 Prozent angenommen. Dies reflektiert den Umstand,
dass zuletzt der Anteil der Flüchtlinge zunahm, der aus den Ländern mit hoher
Anerkennungsquote kam. So werden 96 Prozent der Syrer und 86 Prozent der
Iraker als Flüchtlinge anerkannt (vgl. BAMF 2016b).

Auf der Basis der Asylanträge 2015 (vgl. BAMF 2016b) wird angenommen,
dass 73 Prozent der Flüchtlinge im erwerbsfähigen Alter von 15–64 Jahren
sind und somit theoretisch am Arbeitsmarkt teilnehmen könnten. Weitere 26
Prozent sind jünger als 15 Jahre und werden perspektivisch ebenfalls in der
mittleren Frist am Arbeitsmarkt teilnehmen können. Personen über 65 Jahre
fallen mit einem Anteil von nur 0,5 Prozent hingegen kaum ins Gewicht. Für
die Abschätzung der Eintritte in den Arbeitsmarkt wird letztlich angenommen,
dass ein Zeitraum von acht Monaten zwischen Registrierung und Erhalt eines
Aufenthaltstitels und damit dem Eintritt in den Arbeitsmarkt liegen. Dies reflektiert den Umstand, dass einerseits zum Teil mehrmonatige Verzögerungen
von der Registrierung bis zur Stellung eines Asylantrages auftreten (vgl. Deut-

scher Bundestag 2015, S. 2) und andererseits die durchschnittliche Dauer des Asylverfahrens über 5 Monate beträgt (vgl. Deutscher Bundestag 2016, S. 28). Die bis dato eingereisten Flüchtlinge werden mithin zu einem großen Teil erst ab dem zweiten Halbjahr 2016 auf dem Arbeitsmarkt aktiv werden können. Damit wird einerseits von den rechtlichen Möglichkeiten abstrahiert, unter bestimmten Voraussetzungen bereits nach drei Monaten auch ohne Aufenthaltstitel erwerbstätig zu werden, andererseits dürfte allein für die Anerkennung von Ausbildungsabschlüssen und den Spracherwerb weitere Wartezeit einzukalkulieren sein.

Obwohl die meisten Flüchtlinge mit der Absicht einreisen dürften, ihren Lebensunterhalt durch Arbeit zu bestreiten, kann nicht davon ausgegangen werden, dass alle Personen im erwerbsfähigen Alter auf dem Arbeitsmarkt aktiv werden. Insbesondere bei den Jugendlichen muss angenommen werden, dass sie zu einem erheblichen Anteil in schulische Bildungswege eintreten. Auch unter den Frauen ist eine hohe Erwerbsbeteiligung nicht unbedingt zu erwarten. So waren gemäß Befragungsdaten lediglich 30 Prozent der syrischen Frauen vor der Emigration erwerbstätig (vgl. Rich 2016). Nach Angaben der Weltbank liegt die Erwerbsbeteiligung von Frauen in Syrien und Afghanistan sogar unter 20 Prozent (vgl. Weltbank 2016) – wobei dies im Falle Syriens keineswegs allein eine Folge des Krieges ist. Vielmehr bewegte sich die Frauenerwerbsquote auch schon in den 1990er Jahren auf vergleichbar niedrigem Niveau. Aus der BAMF-Flüchtlingsstudie, die 2014 erhoben wurde und in der überwiegend 2007–2012 zugewanderte Flüchtlinge aus sechs wichtigen Herkunftsländern befragt wurden, ergibt sich eine Erwerbsquote[1] von knapp 70 Prozent, unter den Syrern sind es sogar weniger als 60 Prozent (vgl. Worbs/Bund 2016).

Zu berücksichtigen ist, dass seit 2014 nicht nur der Flüchtlingsstrom, sondern auch die gesellschaftliche Bereitschaft gewachsen ist, die Arbeitsmarktintegration der Geflüchteten massiv zu fördern. Dieses Engagement sollte sich ebenso in höheren Erwerbsquoten niederschlagen wie die formellen Anforderungen an den Bezug von Leistungen nach dem SGB II. Es wird daher für die folgende Arbeitsmarktprojektion eine konstante Erwerbsquote von 75 Prozent angenommen.

---

[1] Erwerbstätige, Personen in Ausbildung und Erwerbslose in Relation zur Bevölkerung.

Die Zahl der Personen im erwerbsfähigen Alter, in Verbindung mit der Erwerbsquote, definiert das zusätzliche Arbeitskräfteangebot. Es stellt sich die Frage, wie vielen dieser zusätzlichen Anbieter kurzfristig die Arbeitsintegration gelingt. Dies hängt von einer Reihe von Faktoren ab, vor allem der Qualifikation der Flüchtlinge sowie der Arbeitskräftenachfrage in den entsprechenden Teilarbeitsmärkten. Belastbare Daten zur Qualifikation der Flüchtlinge liegen nur bruchstückhaft vor. In erster Linie sind Informationen zur schulischen Bildung verfügbar. Daten, die aus Befragungen der Asylantragsteller durch das BAMF aus dem Jahr 2015 gewonnen wurden, veranschlagen den Anteil der Personen mit Hochschulausbildung auf 18 Prozent. Weitere 20 Prozent haben ein Gymnasium besucht, 54 Prozent eine einfachere Schule und rund 7 Prozent können gar keine Schulbildung vorweisen. Die Daten stellen indes nur auf den Besuch der jeweiligen Bildungseinrichtung ab, nicht auf den höchsten erreichten Bildungsabschluss – unabhängig von der Frage, inwieweit ein Abschluss mit hiesigen Abschlüssen vergleichbar wäre (vgl. Rich 2016). Auf Basis gleicher Daten und gewichtet mit der Bleibewahrscheinlichkeit veranschlagt Brücker (2016) den Anteil der Personen mit hoher Qualifikation unter den unter 35-Jährigen auf knapp 50 Prozent.

Allerdings genügt zur Zugehörigkeit zu dieser Gruppe bereits der Besuch eines Gymnasiums, ohne einen Abschluss erlangt zu haben. Es ist fraglich, inwieweit dieses „hohe" Qualifikationsniveau in gute Integrationschancen auf dem Arbeitsmarkt zu übersetzen ist. Sauer et al. (2016) verwenden Daten des Mikrozensus, in dem (unter anderem) Personen befragt wurden, die von 2010 bis 2014 aus den Kriegs- und Krisenländern eingewandert sind. Demzufolge verfügen über die Hälfte dieser Personen lediglich über ein geringes Bildungsniveau. Rund 20 Prozent erreichen ein hohes Bildungsniveau, das hier als Hochschul- oder Fachschulabschluss definiert wurde. Die Datenbasis kann sich indes nicht auf Erkenntnisse der aktuellen Flüchtlingszuwanderung stützen, sondern auf Einwanderer im Allgemeinen. Da unter diesen auch solche sind, die aus ökonomischen Gründen zuwandern, muss angenommen werden, dass die gegenwärtige Zuwanderung ganz überwiegend aus humanitären Gründen eine eher ungünstigere Qualifikationsstruktur aufweist. Daten auf Basis von Umfragen in den Flüchtlingslagern in der Türkei sowie auf Basis von Daten zur Bildungsstruktur in den wichtigsten Herkunftsländern deuten darauf hin, dass möglicherweise weniger als ein Zehntel der Flüchtlinge über einen Hochschulabschluss verfügen. Zwischen 11 und 16 Prozent hat Abitur bzw. einen vergleichbaren Abschluss, während der Rest eine eher einfache Schulbildung vorweist. Bei bis zu einem Fünftel sei zu befürchten, dass noch keine Alphabetisierung erfolgt ist (vgl. Battisti/Felbermayr 2015). Dagegen weisen Radetzky/Stoewe (2016) darauf hin, dass die Analphabetenrate in Syrien 2011 bei 15 Prozent lag und unter den Jugendlichen bis 25 Jahre sogar nur bei 3,5 Prozent.

Die uneinheitlichen Befunde zur schulischen Bildung korrespondieren mit wenig schlüssigen Informationen über das Niveau der beruflichen Bildung. Auswertungen von Mikrodaten erlauben Aussagen über die Qualifikationsstruktur von Einwanderern aus früheren Jahren. Demzufolge hat knapp ein Fünftel der nach 1985 zugewanderten Flüchtlinge einen Hochschulabschluss, während über die Hälfte über keinen berufsqualifizierenden Abschluss verfügt (vgl. Geis/Orth 2015, S. 21). Auf Basis des Mikrozensus ermittelt Brücker (2015, 5) sogar einen Akademikeranteil von 39 Prozent unter den Neuzuwanderern – es kann dabei allerdings nicht zwischen Flüchtlingen und sonstigen Zuwanderern differenziert werden. Es ist indes fraglich, inwieweit diese Befunde auf die gegenwärtigen Zuwanderer übertragbar sind. Zwar kann nicht angenommen werden, dass es in allen wichtigen Herkunftsländern keine Systeme der beruflichen Bildung gibt. So zeigen Radetzky/Stoewe (2016), dass rund 22 Prozent der syrischen Sekundarschüler eine technische Sekundarschule besuchen, in der berufliche Fach-Qualifikationen vermittelt werden. Zu hinterfragen ist aber erstens, inwieweit der Bürgerkrieg die Funktionsfähigkeit und die Reichweite dieser berufsbildenden Systeme beeinträchtigt hat und zweitens, inwieweit eine Ausbildung in einem solchen System mit einem beruflichen Ausbildungsabschluss in Deutschland vergleichbar ist. Zu konzedieren ist auf der anderen Seite, dass nicht für jede Tätigkeit ein anerkannter beruflicher Ausbildungsabschluss vorliegen muss, so dass es in vielen Fällen weniger auf formelle Abschlüsse ankommt, als vielmehr auf die Überzeugung der Arbeitgeber, dass sich die vorliegende Berufserfahrung produktiv im eigenen Betrieb einsetzen lässt. Problematisch dürfte in erster Linie sein, dass nur wenige Kenntnisse der deutschen Sprache haben dürften.

In der Konsequenz wird ein Großteil der Flüchtlinge zunächst im Segment der einfachen Tätigkeiten Arbeit anbieten (vgl. Johannson 2016). Langfristig kann sich dies durch Spracherwerb, die Anerkennung vorhandener Ausbildungsabschlüsse und Investitionen in Aus- und Weiterbildung ändern.

Die Nachfrage nach Arbeitskräften im Segment der einfachen Tätigkeiten ist begrenzt. Im September 2015 standen rund 1,2 Millionen Arbeitslose mit einem Zielberuf im Anforderungsniveau „Helfer", das im Wesentlichen Tätigkeiten umfasst, die keine abgeschlossene Berufsausbildung voraussetzen, knapp 110.000 gemeldeten offenen Stellen gegenüber. Selbst wenn berücksichtigt wird, dass zu den gemeldeten Stellen nochmal eine etwa gleich große Anzahl ungemeldeter Stellen hinzukommen (vgl. IAB 2015), ist bereits ohne Flüchtlinge von einem erheblichen Überschussangebot auszugehen. Vor diesem Hintergrund müssen die Integrationschancen der Flüchtlinge vorerst zurückhaltend beurteilt werden. Battisti/Felbermayr (2015) ermitteln auf Basis des Sozio-ökonomischen Panels für 2013 unter den seit 2007 eingewanderten Personen aus nicht-westlichen Ländern einen Anteil von 53 Prozent, der über ein Arbeitseinkommen verfügt. Die Rahmenbedingungen waren in diesem Zeitraum allerdings günstiger als gegenwärtig, da es seinerzeit keinen vergleichbar plötzlich auftretenden Anstieg des Arbeitskräfteangebotes gab. Erfahrungen aus Schweden zeigen, dass die Erwerbstätigenquote im Jahr 2011 unter den in den Jahren 2008 bis 2011 Eingewanderten mit nicht mehr als schulischer Grundbildung nur 20 Prozent betrug. Anhand des Verlaufs bei früheren Zuwandererkohorten ist indes zu erwarten, dass sich die Erwerbstätigenquoten in den nachfolgenden Jahren auf 35–50 Prozent erhöhen können – ohne allerdings das Niveau der Einheimischen zu erreichen (vgl. Bevelander/Irastorza 2014). Vor diesem Hintergrund wird unterstellt, dass unter den 2015 in den Arbeitsmarkt eintretenden Erwerbspersonen unter den Flüchtlingen 20 Prozent, unter den 2016 und später Eintretenden 25 Prozent erwerbstätig werden. Zusätzlich wird unterstellt, dass 12 Monate nach Eintritt in den Arbeitsmarkt 2016 5 Prozent der Erwerbspersonen erwerbstätig werden und 2017 10 Prozent. Im Ergebnis ergibt sich somit eine Quote der Erwerbstätigkeit unter den Erwerbspersonen, die von 20 Prozent Anfang 2016 auf rund 33 Prozent Ende 2017 ansteigt.

3. Die Integration von Flüchtlingen in den Arbeitsmarkt: Projektion bis 2017

Aus den im vorangegangenen Abschnitt skizzierten Annahmen ergibt sich, dass bei moderater Flüchtlingszuwanderung in den Jahren 2016 und 2017 jeweils rund 250.000 Personen zusätzlich auf dem Arbeitsmarkt auftreten könnten (Tabelle 1). Zu berücksichtigen ist, dass die Einwanderung von Flüchtlingen nur einen Teil des gesamten Migrationsgeschehens darstellt. Weitere quantitativ bedeutsame Zuwanderungstatbestände sind die Einwanderung von Personen im Rahmen der EU-Freizügigkeit sowie aus Drittstaaten im Rahmen des Familiennachzugs. Im Szenario mit höheren Flüchtlingszahlen unterscheidet sich lediglich der Wert für 2017. Die Flüchtlingszahlen bis April 2016 sind bereits bekannt. Da diese annahmegemäß erst 8 Monate nach Registrierung in den Arbeitsmarkt eintreten, wirkt sich eine höhere Flüchtlingszahl erst im nächsten Jahr aus. Die Zahl der Erwerbspersonen läge in diesem Fall um rund 50.000 höher als im Szenario mit niedrigeren Flüchtlingszahlen.

Tabelle 1: Projektion der Integration von Flüchtlingen in den Arbeitsmarkt

	2015	2016	2017
Szenario 1: Niedrige Flüchtlingszahlen			
Registrierte Flüchtlinge (Jahressumme)	1.092	400	250
Personen von 15–64 Jahren (Erwerbspersonenpotenzial)	+12	+338	+324
darunter: Erwerbspersonen	+9	+253	+243
Erwerbstätige	+2	+64	+86
Erwerbslose	+7	+189	+157
Szenario 2: Hohe Flüchtlingszahlen			
Registrierte Flüchtlinge (Jahressumme)	1.092	600	400
Personen von 15–64 Jahren (Erwerbspersonenpotenzial)	+12	+338	+395
darunter: Erwerbspersonen	+9	+253	+296
Erwerbstätige	+2	+64	+100
Erwerbslose	+7	+189	+197

Jahresdurchschnitte in 1.000 Personen, Veränderungen gegenüber dem Vorjahr

4. Eigene Berechnungen

Die Zahl der Erwerbstätigen wird, induziert durch die Flüchtlinge, im Jahr 2016 um rund 60.000 höher ausfallen. Im Jahr 2017 werden – je nach Annahme über das Ausmaß der Flüchtlingszuwanderung – weitere 90.000–100.000 Flüchtlinge zusätzlich erwerbstätig werden. Bezogen auf den gesamten Arbeitsmarkt in Deutschland, der ein Aggregat von rund 43 Millionen Erwerbstätigen bildet, ist das ein vergleichsweise geringer Anteil von 0,2 Prozent.

Dies liegt deutlich unter den jährlichen Veränderungsraten der Zahl der Erwerbstätigen in den letzten fünf Jahren. Auf diese kurze Sicht tragen Flüchtlinge kaum spürbar zum Wachstum der Erwerbstätigkeit bei.

Etwas größer ist der Effekt auf die Erwerbslosigkeit. Pro Jahr werden zusätzlich 150.000 bis 200.000 geflüchtete Erwerbspersonen nicht erwerbstätig und damit faktisch erwerbslos. Ob sich dies auch in der Statistik der Erwerbslosigkeit gemäß Labour-Force-Konzept oder in Statistik der Arbeitslosen gemäß Sozialgesetzbuch niederschlagen wird, ist allerdings fraglich. Denn Voraussetzung für Erwerbs- oder Arbeitslosigkeit ist, dass der Betreffende dem Arbeitsmarkt zur Verfügung steht. Das ist bei Personen nicht der Fall, die wegen verschiedener bildungs- oder arbeitsmarktpolitischer Maßnahmen nicht verfügbar sind. Angenommen werden muss, dass solche Maßnahmen in größerem Umfang erforderlich sein werden, um Qualifikations- und Sprachdefizite auszugleichen. Vor diesem Hintergrund erscheint es wahrscheinlich, dass viele eigentlich erwerbslose Flüchtlinge statistisch als Nichterwerbstätige geführt werden. Das ist zwar unerheblich für die Frage der fiskalischen Belastung, hat aber einen Effekt hinsichtlich der öffentlichen Perzeption der Flüchtlingswirkungen auf den Arbeitsmarkt. Die Arbeitslosigkeit und die – weniger im öffentlichen Fokus stehende – Erwerbslosigkeit werden durch die Flüchtlingszuwanderung zumindest bis 2017 nicht nennenswert beeinflusst. Selbst wenn angenommen werden würde, dass alle nicht erwerbstätigen Erwerbspersonen in die Arbeitslosenstatistik eingehen, wäre der Effekt mit maximal knapp 200.000 zusätzlichen Arbeitslosen überschaubar.

Die Flüchtlingsmigration ist mithin auch bei einer ungünstigen Entwicklung nicht geeignet, die Arbeitsmarkterfolge des letzten Jahrzehnts in Frage zu stellen. Das Rechenmodell reagiert nicht mit grundlegend anderen Befunden auf eine Variation der Annahmen. So könnte zum Beispiel unterstellt werden,

dass die Arbeitsmarktintegration weniger erfolgreich verläuft und die Erwerbsquote 65 statt 75 Prozent beträgt, die Erwerbstätigenquote 20 statt 25 Prozent
und die zusätzliche Erwerbstätigenquote nach 12 Monaten 5 statt 10 Prozent
im Jahr 2017. In diesem Fall würde die Zunahme der Zahl der Erwerbstätigen
in 2017 von 86.000 auf rund 46.000 sinken und die Zunahme der Zahl der Er-
werbslosen von 157.000 auf 181.000 steigen. Dies sind keine Veränderungen,
die arbeitsmarktpolitisch stark ins Gewicht fallen würden. Die vergleichsweise
geringe Wirkung liegt unter anderem darin begründet, dass viele Flüchtlinge
im betrachteten Zeitraum gar nicht erst am Arbeitsmarkt ankommen, etwa weil
sie auf den Bescheid ihres Asylantrages warten, keinen Aufenthaltstitel erhalten
oder noch zur Schule gehen. Den gering erscheinenden Veränderungen arbeits-
marktökonomischer Kenngrößen für die nächsten zwei Jahre steht indes eine
beträchtliche Dynamik gegenüber. So ergibt sich für das Jahresende 2017 bereits
eine aus beiden Jahren kumulierte Flüchtlingszahl auf dem Arbeitsmarkt von
550.000 bzw. 640.000 im Modell mit höheren Flüchtlingszahlen. Von diesen
werden 180.000 bzw. 200.000 erwerbstätig.

5. Erwerbsbeteiligung und Lohnentwicklung in der mittleren und langen Frist
Die empirischen Befunde zum Grad der Arbeitsmarktintegration von Zuwanderern in der mittleren und langen Frist sind – wie die Zuwanderung selbst – heterogen. Auf der einen Seite ist unstreitig, dass Ausländer häufiger arbeitslos sind
als Deutsche. Andererseits zeigen sich zwischen den Nationalitäten erhebliche
Unterschiede. So sind die meisten EU-Ausländer – darunter auch Rumänen –
kaum häufiger arbeitslos als Deutsche (vgl. Brücker et al. 2013), während die
Betroffenheit von Staatsangehörigen der Flüchtlingsherkunftsländer des Nahen
und Mittleren Ostens deutlich überdurchschnittlich ist (vgl. IW Köln 2013). Die
Arbeitslosenstatistik unterscheidet allerdings lediglich nach Nationalität. Berücksichtigt werden muss aber, dass Staatsangehörigkeit und Migrationsstatus
nicht zwangsläufig kongruent sind.

   Da die Wanderungsstatistik weder Aufschluss über die Arbeitsmarktintegration noch über die Humankapitalausstattung der Einwanderer zulässt, verbleibt
als Datenquelle nur die Auswertung von Personenbefragungen, die – wie z. B. der
Mikrozensus oder das SOEP – Fragen zur Einwanderungsbiographie stellen. Eine
Auswertung des SOEP (vgl. Wagner et al. 2007) zeigt zweierlei. Erstens liegen

die Anteile der Erwerbstätigen an der Bevölkerung bei Zuwanderern insgesamt kaum unter denen der Einheimischen – unabhängig davon, ob letztere ihrerseits einen Migrationshintergrund aufweisen oder nicht (Tabelle 2). Personen, die in den letzten 15 Jahren als Flüchtlinge eingewandert sind, haben indes größere Schwierigkeiten bei der Integration in den Arbeitsmarkt als andere Migranten oder Einheimische mit und ohne Migrationshintergrund. Vor allem der Anteil der Vollzeitbeschäftigten ist deutlich geringer und auch das Lohnniveau erreicht nur knapp zwei Drittel des Niveaus Einheimischer ohne Migrationshintergrund. Zweitens wird aber die deutlich schlechtere Arbeitsmarktintegration zum Teil durch die günstige Altersstruktur wettgemacht. So ist der Anteil der Inaktiven unter den Einheimischen größtenteils auf den Anteil Rentner zurückzuführen, während die Inaktivität der Geflüchteten auf Arbeitslosigkeit und Nichterwerbstätigkeit basiert. Ökonomisch macht es jedoch keinen Unterschied, aus welchem Grund eine Person nicht erwerbstätig ist. Vergleichbare Befunde ergeben sich aus Auswertungen des Mikrozensus. Demnach ergeben sich vor allem für Zuwanderer aus der EU kaum Unterschiede zu Einheimischen, während Drittstaatler eine deutlich geringere Arbeitsmarktintegration aufweisen (vgl. Seibert/Wapler 2013; Geis 2012). Differenziert man den Befund der Erwerbsbeteiligung nach Dauer des Aufenthalts in Deutschland, zeigt sich Folgendes: Die Erwerbstätigenquote[2] der Migranten ohne Flüchtlinge steigt von 46 Prozent nach einem Jahr Aufenthalt in Deutschland auf rund 70 Prozent nach 20 Jahren Aufenthalt in Deutschland an – was nicht allzu weit von der Erwerbsquoten der Einheimischen ohne Migrationshintergrund von 72 Prozent entfernt ist. Die Erwerbstätigenquote der Flüchtlinge ist zunächst geringer, gleicht sich aber nach etwa elf Jahren Aufenthalt in Deutschland der Erwerbstätigenquote anderer Migranten an. Allerdings verläuft dieser Prozess unter großen Schwankungen, was durch die teils geringen Fallzahlen bedingt ist, die das SOEP als Datenquelle bereitstellt.

---

[2] Hier definiert als Anteil der Erwerbstätigen an der Bevölkerung im Erwerbsalter.

Tabelle 2: Erwerbsstatus der Bevölkerung nach Migrationshintergrund

	In den letzten 15 Jahren als Flüchtling zugewandert	Sonstige Zuwanderer	Personen mit indirektem Migrations-hintergrund	Personen ohne Migrations-hintergrund
Erwerbstätig	52 (54)	59 (72)	58 (70)	57 (78)
darunter Vollzeit	23 (24)	34 (42)	32 (40)	34 (47)
Inaktiv	48 (46)	41 (28)	42 (30)	43 (22)
darunter:				
Rentner	*	21 (4)	22 (5)	30 (5)
arbeitslos/ nichterwerbstätig	42 (41)	18 (22)	13 (16)	9 (12)
Durchschnittslohn abhängig Erwerbstätiger (ohne Auszubil-dende) in Euro/ Stunde	9,31	13,36	15,99	16,17

* geringe Fallzahlen 2013 in Prozent (in Klammern: in Prozent der Bevölkerung von 15–64 Jahren) Quelle: SOEP v30, eig. Berechnungen

Wird die Entwicklung der Stundenlöhne der Erwerbstätigen nach Jahren des Aufenthalts in Deutschland differenziert, zeigt sich ein etwas anderes Bild (Abbildung 1). Demzufolge steigt der Stundenlohn sonstiger Migranten vergleichsweise kontinuierlich von rund 80 Prozent des Vergleichslohns von Einheimischen ohne Migrationshintergrund auf rund 100 Prozent nach ca. 25 Jahren des Aufenthalts in Deutschland an.[3]

Diese – ohnehin schon langsame – Anpassungsphase kann von den Flüchtlingen als Zuwanderungsgruppe nicht nachvollzogen werden, wobei aufgrund unzureichender Fallzahlen nicht alle Jahre des Aufenthalts ausgewertet werden

---

[3] Zu berücksichtigen ist, dass hier auch ein Alterseffekt zum Tragen kommt: Personen mit langer Aufenthalts-dauer in Deutschland sind meist älter als die mit kurzer Aufenthaltsdauer und erreichen somit auch ein höheres Lohnniveau im Vergleich zu den (nicht altersbereinigten) Einheimischen.

können. Besonders auffällig ist indes, dass bei den Flüchtlingen kein Aufhol-
prozess bei den Löhnen erkennbar ist, sondern ihr Niveau dauerhaft unter dem
der Einheimischen und sukzessive auch unter dem Niveau der sonstigen Migranten bleibt.

Zeitraum 1997–2013; Quelle: SOEP v30, eig. Berechnungen

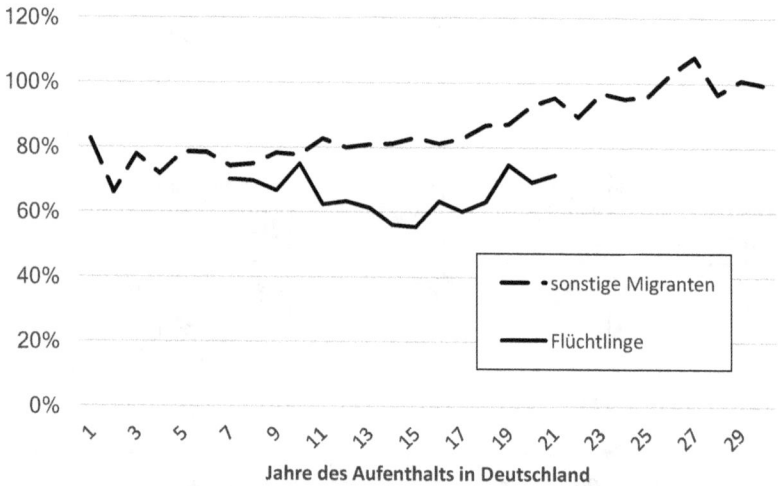

Abbildung 1: Durchschnittlicher Bruttostundenlohn in Prozent des Stundenlohns Einheimischer ohne Migrationshintergrund nach Jahren des Aufenthalts in Deutschland

6. Schlussfolgerungen

Die Abschätzung der künftigen Migrationsströme durch die Zuwanderung von
Flüchtlingen zeigt, dass es zwar einen substanziellen Zustrom in den Arbeitsmarkt geben wird, dieser aber in der kurzen Frist durch verschiedene Faktoren
– zum Beispiel die Teilnahme an arbeitsmarktpolitischen oder Bildungsmaßnahmen – gemindert wird. Mithin bleibt der Effekt auf arbeitsmarktökonomi-
sche Kennzahlen zunächst voraussichtlich gering. Die Erwerbstätigkeit steigt bis
2017 günstigstenfalls ceteris paribus um rund 150.000 und die Arbeitslosigkeit
nimmt im ungünstigsten Fall um rund 350.000 gegenüber dem Stand 2015 zu.
Die nicht nur konjunkturell bedingte Verbesserung der Arbeitsmarktlage in der
letzten Dekade wird durch die Flüchtlingszuwanderung mithin nicht in Frage

gestellt – selbst wenn die Integration in den Arbeitsmarkt nur punktuell gelingt. Das heißt allerdings nicht, dass keine fiskalischen Belastungen resultieren, da es für diese Frage ohne Belang ist, ob jemand aus dem Grund nicht erwerbstätig ist, weil er arbeitslos ist oder weil er an einer Bildungsmaßnahme teilnimmt (vgl. Hentze/Schäfer 2016).

In der kurzen Frist sind die Perspektiven der Arbeitsmarktintegration zunächst überschaubar, da einerseits oft Humankapital- und Sprachdefizite bestehen und andererseits der Arbeitsmarkt im Segment der einfachen Tätigkeiten bereits ohne Flüchtlingszuwanderung durch einen Angebotsüberschuss gekennzeichnet ist. In der mittleren und längeren Frist kann erwartet werden, dass die Arbeitsmarktintegration fortschreitet. Es ist zwar nicht zu erwarten, dass die gleichen Erwerbstätigenquoten wie bei Einheimischen erreicht werden, aber die Anzahl der Flüchtlinge, die erwerbstätig werden, wird zunehmen.

Wenn sich die Erfahrungen aus der Vergangenheit wiederholen, werden die durchschnittlichen Löhne jedoch deutlich hinter denen der Einheimischen zurückbleiben. Für diese Annahme spricht, dass die bestehenden Qualifikationsdefizite bestenfalls in einer sehr langen Perspektive wettgemacht werden können. Dagegen spricht, dass die Anstrengungen zum Beispiel seitens der Arbeitsverwaltung hinsichtlich der Humankapitalakquisition und Arbeitsmarktintegration größer zu sein scheinen als in vorangegangenen Jahren. Auf der anderen Seite ist die Aufgabe auch schon allein in quantitativer Hinsicht größer.

Es kann kaum erwartet werden, dass die Arbeitsmarktintegration der Flüchtlinge in einem exzeptionellem Ausmaß gelingen wird. Es wäre bereits als Erfolg zu werten, wenn sich die Flüchtlinge so integrieren, wie es die sonstigen Zuwanderer in den letzten Jahrzehnten getan haben. Unter dieser Voraussetzung und unter Berücksichtigung der günstigen Altersstruktur der Geflüchteten kann eine insgesamt positive Bilanz für den Arbeitsmarkt resultieren. Erwartungen, dass die Flüchtlinge hiesige Arbeitsmarktprobleme lösen – etwa den demographisch bedingten Fachkräftemangel – erscheinen indes wenig realistisch. Dies kann auch nicht die Aufgabe der Flüchtlinge sein. Vielmehr ist ihre Aufnahme und Integration eine in erster Linie humanitäre Aufgabe aller Beteiligten.

Literatur

BATTISTI, Michele/FELBERMAYR, Gabriel (2015): Migranten im deutschen Arbeitsmarkt: Löhne, Arbeitslosigkeit, Erwerbsquoten, in: ifo-Schnelldienst, 68 Jg., Nr. 20, 39–47.

BEVELANDER, Pieter/IRASTORZA, Nahikari, (2014): Catching up. The Labor Market Integration of new Immigrants in Sweden, Migration Policy Institute and International Labor Organization, Washington D.C./Genf.

BRÜCKER, Herbert/HAUPTMANN, Andreas/VALLIZADEH, Ehsan (2013): Arbeitsmigration oder Armutsmigration?, IAB-Kurzbericht Nr. 16, Nürnberg.

BRÜCKER, Herbert (2015): Mehr Chancen als Risiken durch Zuwanderung, Institut für Arbeitsmarkt- und Berufsforschung, Aktuelle Berichte, 1, Nürnberg.

BRÜCKER, Herbert (2016): Typisierung von Flüchtlingen nach Alter und Bildungsstand, Institut für Arbeitsmarkt- und Berufsforschung, Aktuelle Berichte, 6, Nürnberg.

BUNDESAGENTUR FÜR ARBEIT (2016): Auswirkungen der Migration auf den deutschen Arbeitsmarkt, Nürnberg.

BUNDESAMT FÜR MIGRATION UND FLÜCHTLINGE (BAMF) (2016a): Aktuelle Zahlen zu Asyl, Ausgabe April 2016, Nürnberg.

BUNDESAMT FÜR MIGRATION UND FLÜCHTLINGE (BAMF) (2016b): Das Bundesamt in Zahlen 2015. Asyl, Nürnberg.

DEUTSCHER BUNDESTAG (2015): Stenografischer Bericht, 142. Sitzung, Plenarprotokoll 18/142.

DEUTSCHER BUNDESTAG (2016): Ergänzende Informationen zur Asylstatistik für das Jahr 2015, Antwort der Bundesregierung auf die Kleine Anfrage der Abgeordneten Ulla Jelpke, Frank Tempel, Sevim Dağdelen, weiterer Abgeordneter und der Fraktion DIE LINKE, Drucksache 18/7248.

GEIS, Wido (2012): Der Beitrag der Zuwanderung zur Fachkräftesicherung, in: iwtrends, Nr. 2, 85–98.

GEIS, Wido/ORTH, Anja Katrin (2015): Flüchtlinge. Herausforderung und Chance für Deutschland, IW Policy Paper Nr. 26, Köln.

HENTZE, Tobias/SCHÄFER, Holger (2016): Flüchtlinge: Folgen für Arbeitsmarkt und Staatsfinanzen, IW-Kurzbericht Nr. 3, Köln.

INSTITUT DER DEUTSCHEN WIRTSCHAFT KÖLN (Hrsg.) (2013): Berufsausbildung oft Fehlanzeige, iwd Nr. 37, 2.

INSTITUT FÜR ARBEITSMARKT- UND BERUFSFORSCHUNG (IAB) (2015): IAB-Stellenerhebung. Entwicklung des gesamtwirtschaftlichen Stellenangebots im zweiten Quartal 2015, URL: http://doku.iab.de/arbeitsmarktdaten/2015/os1502.xlsx [abgerufen am 28.10.2015].

JOHANNSON, Susanne (2016): Was wir über Flüchtlinge (nicht) wissen, Expertise im Auftrag der Robert Bosch Stiftung und des Sachverständigenrats deutscher Stiftungen für Integration und Migration, Berlin.

RICH, Anna-Katharina (2016): Asylantragsteller in Deutschland im Jahr 2015. Sozialstruktur, Qualifikationsniveau und Berufstätigkeit, Ausgabe 3|2016 der Kurzanalysen des Forschungszentrums Migration, Integration und Asyl des Bundesamtes für Migration und Flüchtlinge, Nürnberg.

RADETSKY, Marie-Claire von/STOEWE, Kristina (2016): Bildungsstand syrischer Flüchtlinge – 5 Gerüchte auf dem Prüfstand, IW-Kurzbericht Nr. 20, Köln.

SEIBERT, Holger/WAPLER, Rüdiger (2012): Aus dem Ausland kommen immer mehr Akademiker, IAB-Kurzbericht Nr. 21, Nürnberg.

SAUER, Lenore/DORBRITZ, Jürgen/STEDTFELD, Susanne (2016): Neu in Deutschland – Sozio-demografische Merkmale von Zuwanderern aus Kriegs- und Krisenländern, in: Bevölkerungsforschung aktuell, 2, 2–12.

SACHVERSTÄNDIGENRAT ZUWANDERUNG UND INTEGRATION (2004): Migration und Integration – Erfahrungen nutzen, Neues wagen, Jahresgutachten 2004, Berlin.

SCHÄFER, Holger (2008): Zuwanderung und Integration, in: Institut der deutschen Wirtschaft Köln (Hrsg.), Die Zukunft der Arbeit in Deutschland, Köln, 225–248.

UNABHÄNGIGE KOMMISSION „Zuwanderung" (2001): Zuwanderung gestalten – Integration fördern, Berlin.

WAGNER, Gerd G./FRICK, Joachim R./SCHUPP, Jürgen (2007): The Geman Socio-Economic Panel Study (SOEP). Scope, Evolution and Enhancements, in: Schmollers Jahrbuch, Bd. 127, Nr. 1, 139–169.

WELTBANK (2016): World Development Indicators: Labor Force Structure, URL: http://wdi.worldbank.org/table/2.2 [abgerufen am 13.06.16].

WORBS, Susanne/BUND, Eva (2016): Asylberechtigte und anerkannte Flüchtlinge in Deutschland. Qualifikationsstruktur, Arbeitsmarktbeteiligung und Zukunftsorientierungen. Ausgabe 1|2016 der Kurzanalysen des Forschungszentrums Migration, Integration und Asyl des Bundesamtes für Migration und Flüchtlinge, Nürnberg.

Willkommenskultur – zwischen Staat, Verbänden und Zivilgesellschaft
Ulrich Lilie

1. Vorbemerkung: Die Zeit der Katastrophe

Es gibt Bilder, die gehen einem nicht aus dem Kopf. Drastische Bilder. Abgehackte Köpfe – darunter auch der einer amerikanischen Freiwilligen von einer der Partnerorganisationen des Evangelischen Werks für Diakonie und Entwicklung: Ein grauenhaftes Bild für die programmatische Missachtung und symbolische Kampfansage des „Islamischen Staats" gegen das westliche Ideal der Menschlichkeit und die damit verbundenen Werte Menschenwürde und Menschenrechte. Das Kind im Sand: Die Leiche des dreijährigen Aylan im roten T-Shirt, angespült am Strand des türkischen Badeorts Bodrum: ein todtrauriges Bild für die praktische Missachtung der Menschenrechte und des Völkerrechts seitens der Staatengemeinschaft der EU.

Bilder von in Zweierreihen aufgestellten geflüchteten Menschen am Grenzübergang im Idomeni, wo ich vor wenigen Tagen gewesen bin: Sie stehen in Flipflops und Turnschuhen im Matsch, halten Plastiktüten mit ihrer ganzen Habe in der Hand, kleine Kinder, Frauen, junge Männer und Alte im Rollstuhl, Behinderte und Säuglinge. Ich habe ihre leeren und erschöpften Blicke vor Augen und das berührende Ausmaß von Hilflosigkeit und Angewiesenheit, das über diesen gespenstischen Szenen am Grenzübergang nach Mazedonien liegt. Aber auch: Bilder von Menschen, die ihre Fäuste drohend gegen Asylbewohner oder deren (potentielle) Behausungen hochstrecken und Hassparolen gegen Flüchtlinge skandieren. Bilder von ausgebrannten Flüchtlingsheimen.

Ein Galgen für Spitzenpolitiker auf einer Demonstration in Dresden. Unverhohlener Hass. Bilder von Aufklebern, schwarze Schrift auf gelbem Grund, auf denen steht: „Bitte flüchten Sie weiter. Hier gibt es nichts zu wohnen. Refugees not welcome. "Alle diese Bilder haben etwas gemeinsam: Sie sprechen von einer tiefen Missachtung der Menschenwürde, von Verletzung der Menschenrechte und vom Verlust der Menschlichkeit. Und sie sprechen damit auch – so sehe ich das als evangelischer Pfarrer jedenfalls – von einem dramatischen Verlust an Gottesbeziehung in unserer Gesellschaft und der Völkergemeinschaft. Denn jeder Gedemütigte, jede unmenschlich Behandelte und jedes Opfer von Gewalt tragen Gottes Antlitz. Mehr denn je sind Kirche und Diakonie gefordert, sich zu seinem Anwalt und zum Anwalt der Schwächsten zu machen. Sie sind nicht nur zur unmittelbaren Hilfe gefordert, sondern auch dazu, den Platz für die Humanität in der Mitte unserer Gesellschaft und unserer Welt zurück zu erobern.

Willkommenskultur. Das ist ein künstlicher Begriff, ein wenig glückliches Wort einer migrationspolitischen Theoriesprache. Im politischen Sprachgebrauch der Bundesrepublik übrigens relativ jung. Er lässt sich erst seit wenigen Jahren in offiziellen Dokumenten nachweisen. In den Migrationsberichten der Bundesregierung taucht er zum ersten Mal 2011 auf. Damals bezog er sich ausdrücklich auf IT-Fachkräfte und akademische Berufe. Vielleicht liegt es an diesem Sitz im Leben, dass die „Willkommenskultur" oft so unpassend wirkt, wenn man ins Gespräch kommen will über die Situation der Flüchtlinge in Deutschland heute. Er wirkt unangemessen harmlos angesichts der humanitären Katastrophe, die sich seit einigen Monaten nicht mehr nur scheinbar weit weg von uns auf anderen Kontinenten oder am Rande Europas abspielt. Sie lässt sich nicht mehr verdrängen. Die humanitäre Katastrophe, ihre Folgen, sie sind mitten in unseren Städten angekommen. In Passau, in Berlin, in Freital, auch in Düsseldorf.

Wir leben in katastrophalen Zeiten, so empfinden es viele. Katastrophe kommt aus dem Griechischen und bedeutet so viel wie „Umwendung". Und es stimmt, dass wir in Zeiten der Veränderung leben. Wenig hilfreich ist dagegen, diese Veränderungen als „Katastrophe" im umgangssprachlichen Sinne, also als verheerendes Unglück, zu begreifen. Über uns, hier in Deutschland, in Europa, bricht kein Unglück herein. Es kommen lediglich Menschen. Männer, Frauen, Jugendliche und Kinder. Vielleicht 800.000 in diesem Jahr, vielleicht mehr. Es sind Männer, Frauen, Jugendliche und Kinder, die – so hat es die Journalistin Elisabeth Raether jüngst in der Zeit formuliert – „im Panikmodus" sind. Ich zitiere:

Viele lebten jahrelang im Krieg. Sie sind auf einer lebensgefährlichen Reise. Sie haben jede Sicherheit verloren: Wohnung, Beruf, Heimat, Verwandte und Freunde. Sie ließen alles zurück, was eine Identität ausmacht. – Nicht nur Europa hat Angst vor den Flüchtlingen, auch sie haben Angst vor Europa. Nur in der Masse gibt es für die Flüchtlinge so etwas wie Sicherheit, also gehen sie dorthin, wohin die anderen gehen. Nach Deutschland (Raether, 2015).

Es ist mir wichtig, das immer im Hinterkopf zu haben. Flüchtlinge sind Menschen im Panikmodus, die ein Recht auf Schutz haben. Einer Willkommenskultur geht es darum, diesen Menschen ein Ankommen, in unserer Sprache und Kultur, leichter zu machen. Wir können alle gemeinsam dazu beitragen, dass aus der Masse, die vielen bedrohlich erscheint, wieder Individuen werden, die ein neues Zuhause finden.

Also: Wohnung, Beruf, Verwandte, Freunde – Sicherheit. Das ist ein Gesichtspunkt, unter dem zu entfalten sein wird, was Willkommenskultur in Deutschland sein kann.

Ein anderer Aspekt der Willkommenskultur darf ebenfalls nicht unberücksichtigt bleiben. Er wird durch einen Perspektivwechsel sichtbar: Was muss geschehen, damit die Menschen, die in Deutschland bereits Zuhause sind – Männer, Frauen, Jugendliche und Kinder – dazu in der Lage sind, die Menschen im Panikmodus angstfrei willkommen zu heißen. Darauf werde ich im dritten Teil meiner Ausführungen zurückkommen. Aber bevor wir über das Ankommen in Deutschland sprechen, möchte ich den Horizont über unser Land hinaus weiten. Die Bekämpfung der Fluchtursachen muss mit der Etablierung einer Willkommenskultur Hand in Hand gehen. Und das ist eine europäische bzw. internationale Aufgabe.

2. Zum Teil I: „Wandert nicht aus!" –
der Internationale Kontext – Fluchtursachen bekämpfen

Auf syrischen Facebookseiten kursierte vor einigen Wochen ein Graffiti, aufgenommen in Aleppo: „Aleppo ist schöner als Europa", hatte jemand auf Arabisch gesprüht, „wandert nicht aus!" Zu dieser Zeit war Aleppo schon regelmäßig unter russischem Bombardement. Der Krieg in Syrien ist nur ein Beispiel dafür, wie schwierig das ist, was in Politik und Zivilgesellschaft unter der Überschrift „Fluchtursachen bekämpfen" diskutiert wird.

Die Ursachen dafür, dass Menschen ihre Heimat verlassen, auswandern oder fliehen, vorübergehend oder dauerhaft, sind vielfältig und oft miteinander verwoben. In einem Diakonietext von 2007 (das Thema beschäftigt uns schon lange) werden vier Kategorien von Migrationsgründen unterschieden:

1. Persönliche Gründe, wie der Wunsch nach einem besseren Leben, Familienzusammenführung oder -gründung, Studienaufenthalte oder interessante Arbeitsbedingungen.
2. Wirtschaftliche, soziale Lebensbedingungen wie Arbeitslosigkeit, geringes Einkommen, mangelnde Zukunftsperspektiven und Möglichkeiten zur wirtschaftlichen Entfaltung, staatliche Förderung der Auswanderung.
3. Politische Ereignisse wie Kriege und Bürgerkriege, ethnische beziehungsweise Nationalitätenkonflikte, massive Menschenrechtsverletzungen, Folter, Verfolgung und Vertreibung.
4. Veränderungen der natürlichen Lebensbedingungen wie Wassermangel, Versteppung und Versalzung der Böden, die Folgen des Klimawandels.

Auch in der derzeitigen Flüchtlingskrise, die ich als einen Aspekt der weltweiten Migration verstehe, vermischen sich diese Motivlagen. In der deutschen Diskussion um Steuerung des Flüchtlingsstromes wird derzeit grob unterschieden zwischen Kriegs- oder Bürgerkriegsflüchtlingen, die ein Recht auf Asyl hätten und den Anderen, die das nicht hätten. Es ist meines Erachtens eine Frage der Zeit, bis solche Differenzierungen sich überholen. Ein Mensch in Not ist ein Mensch in Not. Jetzt sind es Bürgerkriegsflüchtlinge. Gut möglich, dass sich bald Klima- oder Hungerflüchtlinge auf den Weg machen werden. Männer, Frauen, Jugendliche und Kinder. Und wer wollte sie aufhalten? Wer dürfte es, wenn gelten soll, dass Menschenrechte unteilbar sind? Ich bin sicher, dass uns die Zuwanderung im nächsten Vierteljahrhundert erheblich beschäftigen wird. In Deutschland, in Europa, weltweit.

Wir werden also mit ihnen umzugehen haben, mit diesen Menschen anderer Nationalitäten, Kulturen, Hautfarben, Religionen und Sprachen. In Deutschland und in Europa. Umso mehr gilt: Wer verhindern will, dass Menschen, die wie wir am liebsten sicher in ihrer Heimat leben, zu Flüchtlingen werden, muss mit aller Kraft daran arbeiten, die sogenannten Fluchtursachen zu beheben. Das geht. Denn sie sind nicht einfach gegeben, sondern geworden, politisch, von Menschen gemacht und also gestaltbar: Unfaire globale Handelsbedingungen, die Nichtbeachtung von Menschenrechts- und Umweltstandards bei Lieferketten oder wachsende weltweite soziale Ungleichheit gehören zu diesen Ursachen, wie Waffenlieferungen in Spannungsgebiete und an Länder, die systematisch die Menschenrechte verletzen.

Der unmäßige und rücksichtslose Ressourcen- und Energieverbrauch geht auf Kosten der armen Länder. Und die unbequeme Wahrheit ist, dass auch unsere Gesellschaft und unsere Politik zu diesen Fluchtursachen beigetragen hat – und immer noch beiträgt. Selbstverständlich ist deren Bekämpfung keine nationale Aufgabe, sondern ein internationale Herausforderung von hohen Graden. Und doch kann und muss die Bundesregierung durch eine abgestimmte Politik aller zuständigen Ressorts an der Umsetzung der nachhaltigen Entwicklungsziele sowie an der Bekämpfung der anderen Ursachen von Flucht arbeiten. Dazu gehört, die zivile Krisenprävention und Konfliktbearbeitung aufzuwerten, die Mittel für Entwicklung, für Klimaanpassung und Kompensation von Klimaschäden zu erhöhen sowie eine Handelspolitik, die andere Gesellschaften nicht von vorneherein zu Verlierern macht. Das ist eine gewaltige Agenda. Ihre Themen sind nicht erst seit gestern bekannt.

Dafür brauchen wir auf allen Ebenen unseres gesellschaftlichen Lebens Menschen, die mit Fantasie, Liebe und Können die kleinen und die großen Räder drehen, die ineinander greifen müssen, wenn es um die Erreichung des großen Ziels, eines nachhaltigen und gerechten Friedens auf unserem Planeten geht.

Ich wähle absichtlich das mechanische Bild der ineinandergreifenden Zahnräder aus einer Zeit lange vor der digitalen Revolution. Denn wir müssen uns darüber im Klaren sein, dass die Bearbeitung dieser Probleme, die Erfindung und Einübung eines anderen Miteinanders, eines neuen Zusammenspiels in einer globalisierten Welt einen sehr langen Atem und neue Spielregeln braucht. Sie braucht Zeit, Ausdauer und Geduld. Sie braucht den Mut, Neues zu denken, Veränderungen zuzulassen. Das lässt sich nicht im Tempo eines ungeduldigen Doppelklicks mit der Maus erledigen. Dieses Spiel braucht auch die europäischen Partner.

3. Teil II: Festung oder Freistatt –
die europäische Dimension der Flüchtlingsfrage

Wie Europa in den vergangenen Monaten und Jahren auf die Flüchtlingskrisen reagiert bzw. nicht reagiert ist beschämend. Dublin 2 war eine Schönwetterregelung und ist gescheitert. Wir können die sogenannten sicheren Drittstaaten am Rand unseres Kontinents, die selbst mit dem wirtschaftlichen Überleben kämpfen, mit dieser Menge an Flüchtlingen nicht alleine lassen.

Genauso wenig ist es Deutschland oder Schweden zuzumuten, die alleinige Verantwortung zu tragen. Die nationalstaatliche Beschränktheit, mit der im Wortsinn eine Politik der Abschottung und der Ausgrenzung umgesetzt wird, kann überzeugte Europäer nur bestürzen. Zäune bauen und Grenzen abschließen? – 25 Jahre nach dem Fall der Mauer? 70 Jahre nach dem Ende des 2. Weltkrieges, in und nachdem in Europa rund 60 Millionen Menschen ihre Heimat verloren und es zur größten Völkerwanderung nach der Antike kam? Das ist bestenfalls kleinkariert, es ist ein beschämender Rückschritt. Und diese rückschrittliche, nationalistische Politik hat tödliche Folgen: Europas Grenzschutzpolitik nimmt in Kauf, dass jährlich tausende Menschen an den EU-Außengrenzen sterben. Immer noch. Seit dem Jahr 2000 sind über 25.000 Menschen auf dem Weg über das Mittelmeer nach Europa umgekommen, von Januar bis Oktober 2015 allein über 3.500 Menschen.

Damit ist die europäische Außengrenze die tödlichste Grenze der Welt. Die geringe Aufnahmebereitschaft vieler EU-Mitgliedsstaaten ist angesichts der humanitären Notlage der Flüchtlinge unvereinbar mit den Werten und rechtlichen Verpflichtungen, die zu einer EU-Mitgliedschaft gehören. Ich bin sicher, die Welt wird das Projekt Europa eines Tages daran messen, ob wir gemeinsam eine europäische Antwort auf diese humane Jahrhundertkatastrophe gefunden haben oder nicht. Wir brauchen eine neue europäische Flüchtlingspolitik, die sich am Maßstab des Menschenrechts auf Asyl orientiert. Ich beschränke mich hier auf einige Eckpunkte, die aus Sicht von Diakonie Deutschland, Diakonie Katastrophenhilfe und Brot für die Welt, unverzichtbar sind – und die den Rahmen einer „Willkommenskultur" in Europa umreißen:

1. Wege zur legalen Einreise: Ich war Ende September in Griechenland und Mazedonien und habe verschiedene Stationen der sogenannten West-Balkanroute besucht. Was mich am meisten getroffen hat, ist die Hilflosigkeit, die aus den Gesichtern der Menschen sprach. Da kommt ein Bus nach dem anderen an.
   An der griechisch-mazedonischen Grenze steigen viele Jugendliche aus, die ganz alleine reisen. Junge Eltern mit kleinen Kindern im Arm. Die Leute hatten Plastiktüten an der Hand und standen da in Badelatschen im Matsch – wie muss es inzwischen dort sein. Im Dezember. Es gibt keine vernünftige Versorgung. Auch das sind untragbare Zustände.

2. Europa muss Wege zur legalen Einreise ermöglichen. Die derzeitige Abriegelungspolitik treibt schutzlose Menschen alternativlos in die Hände von überwiegend kriminellen Schleusern. Jeder Zaun in Europa treibt die Preise dieser Fluchthelfer weiter in die Höhe. Solange die Regierungen der EU keine legalen Fluchtmöglichkeiten schaffen, werden die Bilder und Berichte über das Massengrab Mittelmeer nicht enden. Die Zahl der Toten wird weiter steigen. Mindestens für die Fliehenden aus den akuten Krisengebieten wie Syrien und Irak fordern wir die sofortige visumfreie EU-Einreise, verbunden mit der Möglichkeit Asyl zu beantragen.

3. Unverzichtbar scheint uns auch die sofortige europäische Aufnahme von mindestens 750.000 Menschen aus den Transitstaaten wie Libanon, Türkei und den Maghreb-Staaten mit einem vorübergehenden Aufenthaltstitel. Deutschland hat im Alleingang in den vergangenen beiden Jahren im Zuge der Familienzusammenführung 25.000 syrische Verwandte aufgenommen. Hier müssen die Länder mit den größten syrischen Communities in der EU – das sind eben Deutschland und Schweden – mit anderen EU-Staaten dringend Maßnahmen ergreifen.

4. Jeder Schutzsuchende in der EU sollte sein Zufluchtsland einmal selbst wählen dürfen. Dazu bedürfen die flüchtenden Menschen aber realistischer Informationen über die in Frage kommenden Zielländer. Eine befristete Aufenthaltsgenehmigung muss in Registrierungs- und Beratungszentren erteilt werden, die es den Flüchtlingen erlaubt, legal in das europäische Land zu gelangen, in dem sie einen Asylantrag stellen wollen. Solche Zentren sollten statt der geplanten Hotspots möglichst dort eingerichtet werden, wo es bereits Orte der Versorgung gibt, die durch zivilgesellschaftliches Engagement entlang der Flüchtlingsroute entstanden sind. Nur in Verbindung mit Angeboten werden sich Menschen, die auf der Flucht ihr Leben riskieren, zur Registrierung und verbindlicher Verteilung bereit erklären.

5. Flankierend dazu bedarf es unbedingt eines verpflichtenden UNHCR-Resettlements, also eines Neuansiedelungsprogramms mit jährlichen Kontingenten in jedem EU-Staat. Jedes EU-Land muss mittelfristig Flüchtlinge aus Transitstaaten aufnehmen und bis zu einer bestimmten Frist eine festes, aber realistische Kontingent für Aufnahmeplätze mit vergleichbaren Standards benennen, das jährlich in einem geordneten UNHCR-Verfahren europäisch organisiert wird.

Mittel- und langfristig muss die europäische Flüchtlingspolitik so gestaltet werden, dass ein System entsteht, in dem die Mitgliedsstaaten der EU je nach Leistungsfähigkeit gemeinsame Verantwortung übernehmen. Ziel muss sein, dass alle Staaten die Asylrechtsstandards anwenden. Dazu sind schon heute alle EU-Mitgliedsstaaten verpflichtet. Um diese Herausforderung zu bewältigen, müssen die Mitgliedsstaaten in der europäischen Union neue Prioritäten setzen. Staaten, die derzeit noch nicht in der Lage sind, die Asylrechtsstandards umzusetzen, brauchen Unterstützung. In der Konsequenz heißt das: So lange noch nicht alle Länder Flüchtlinge in ausreichendem Maße aufnehmen und integrieren können, müssen die starken Länder in Europa – z. B. Deutschland und Schweden – in Vorleistung gehen.

Wir werden einen langen Atem und ein „offenes Herz" (Rede Bundespräsident Gauck am 03.10.2015 in Frankfurt) brauchen. Es müssen Prozesse auf verschiedenen Ebenen gesellschaftlichen Handelns in Gang gesetzt werden: Nicht nur die Politik, auch die Kirchen, die Verbände und die Zivilgesellschaft sind hier gefragt. Wer über Willkommenskultur in Deutschland redet, muss zugleich über die Bekämpfung der Fluchtursachen reden und über die Verantwortung Europas in der Flüchtlingskrise. Wir werden die Herausforderungen dieser Dimension nicht allein in Deutschland lösen können.

3.1 Und was können wir in Deutschland leisten?

Gemeinsam mit den anderen Wohlfahrtsverbänden steht die Diakonie Deutschland im ständigen Austausch mit dem Bundeskanzleramt, den anderen Verantwortungsträgern in den Ministerien. Gemeinsam mit den Kirchen, dem Ratsvorsitzenden der EKD, nutzen wir mit Nachdruck unsere europäischen Kontakte, um die viel zu zögerlichen Prozesse der Verantwortungsübernahme endlich zu beschleunigen.

III. „Wie schaffen wir das? – Willkommenskultur in Deutschland. "
Ich möchte „Willkommenskultur" zunächst aus der Perspektive der Flüchtlinge, der Menschen, die im Panikmodus zu uns kommen, verstehen: Was brauchen sie, um bei uns ankommen zu können?

Und dann aus der Perspektive der Menschen, die sich vor diesen Menschen im Panikmodus fürchten, die sich Sorgen darum machen, wie sich unser Land verändern könnte durch die Menschen, die kommen. Die schlicht daran zweifeln, dass wir das schaffen können. Was brauchen sie, um mit dieser herausfordernden Situation konstruktiv umgehen zu können.

Ich möchte mit der zweiten Gruppe, den besorgten Bürgerinnen und Bürgern beginnen. Diese Gruppe der Besorgten ist sehr heterogen. Wir wissen nicht, wie viele von denen, die im September die Flüchtlinge in München und anderswo noch so herzlich in Empfang genommen haben, heute bereits Zweifel an ihrer Menschenfreundlichkeit hegen. Zu den Besorgten gehören hasserfüllte gewaltbereite Rassisten genauso wie die allwöchentlichen PEGIDA-Mitläuferinnen und Mitläufer. Zu den Besorgten gehören aber auch manche unter den freiwilligen Helferinnen und Helfern, die an der Erschöpfungsgrenze arbeiten. Zu dem vielstimmigen Chor der Zweifler gehört auch die altersarme Trümmerfrau, die findet, dass um die Flüchtlinge zu viel „Gewese gemacht" wird. „Uns hat auch niemand geholfen!", sagt sie im Interview. Und der gutverdienende Rechtsanwalt, der wegen der Flüchtlingsunterkunft um den Wertverlust seiner Villa fürchtet, macht sich ebenfalls Sorgen. Zu ihnen kommen Menschen, die eine diffuse Angst vor dem Islam haben, und wieder andere, die sehr konkret damit umgehen müssen, dass in ihrem 100-Seelen-Dorf, wie im niedersächsischen Sumte, plötzlich 750 neue Menschen leben. Sie hier in Düsseldorf können sicher eigene Beispiele erzählen.

Man kann die Besorgten also nicht einfach über einen Kamm scheren. Vielleicht ist es möglich, zugegeben etwas grob, drei Gruppen zu unterscheiden:

1. Fremdenfeindliche Rassisten, Ewiggestrige und ihre weit in den bürgerlichen Mittelstand hineinreichenden Mitläufer.
2. Sozial Schwache, die sich über die Konkurrenz von Hilfsbedürftigen ärgern. Die der Eindruck prägt, dass für die „Flüchtlinge" einfach ermöglicht wird, worum sie sich tagtäglich im Kampf mit den Ämtern streiten müssen.
3. Menschen, die etwas Richtiges spüren, dass sich unsere Gesellschaft tatsächlich verändern wird; die darum um den gesellschaftlichen Frieden bangen.
4. Und selbstverständlich gibt es zwischen diesen Gruppierungen Unschärfen und Überschneidungen.

In der Diakonie haben wir in unseren Arbeitsfeldern mit all diesen Menschen zu tun. Und eine Willkommenskultur lässt sich nur im Dialog und in der Auseinandersetzung mit Ihnen realisieren.

Mitte Oktober hat die Diakonie Deutschland gemeinsam mit vier anderen großen Verbänden der Freien Wohlfahrtspflege – dem Deutschen Roten Kreuz, der Zentralwohlfahrtstelle der Juden in Deutschland, der Arbeiterwohlfahrt und dem Deutschen Paritätischen Wohlfahrtsverband sowie dem Deutschen Kulturrat die Idee eines „Breites Band des Willkommens" umgesetzt. Stoffarmbänder mit der Aufschrift „Willkommen" bzw. „Refugees Welcome" sollen bei der Fahrt in der S-Bahn genauso wie an der Wursttheke sichtbar machen: Ich arbeite an dieser und ich unterstütze diese Kultur des Willkommens. Es kostet 5 Euro, der Erlös aus dem Verkauf geht an Initiativen und Einrichtungen der Flüchtlingshilfe. Diese Aktion haben wir auf unserer Homepage und bei Facebook beworben.

Die Reaktionen waren – überwältigend. Auch erschreckend. Erschreckend hasserfüllt. Und zum großen Teil erschreckend schlecht informiert.

Wir haben auf dreifache Weise reagiert: Wir sind ins Gespräch, in den Chat und in den Streit gegangen – und zwar gemeinsam mit Menschen aus unseren Landesverbänden und dem Umfeld der Kirche. Wir haben extreme Aufrufe zur und Darstellungen von Gewalt – schriftliche und visuelle – von unserer Facebookseite gelöscht. Und wir haben dreimal Strafanzeige gestellt.

Kann man diese Erfahrung aus dem Bereich der Öffentlichkeitsarbeit der Diakonie auf den Umgang mit Kritikern der Willkommenskultur in andere Lebensbereiche übertragen? Ich denke schon.

1. Wo Kritik und Abwehr in Gewalt, in Volksverhetzung, in Rassismus und Fremdenfeindlichkeit umschlagen, müssen alle, denen das Grundgesetz und seine Werte wichtig sind, Position beziehen, übrigens auch im eigenen Freundeskreis. Wo Hass geschürt wird, muss man dem entgegentreten – mit den Mitteln, die der Rechtsstaat uns an die Hand gibt. Wo zur Gewalt aufgerufen wird, ist dem Einhalt zu gebieten. Fremdenfeindlichkeit, Hass und Rassismus haben im demokratischen Gemeinwesen Deutschland keinen Platz. Es ist gut, dagegen Allianzen zu schmieden, das hilft auch gegen die eigene Angst.

2. Das Gespräch: Der EKD Ratsvorsitzende Heinrich Bedford-Strohm hat kürzlich vor dem höchsten evangelischen Kirchenparlament, der EKD-Synode,

von einer notwendigen „Ethik der Einfühlung" gesprochen, mit der sowohl den Flüchtlingen als auch den Menschen mit Überforderungsängsten, begegnen werden sollte.

Unsere Empathie brauchen auch die, die sich als Verlierer gesellschaftlicher Verteilungsprozesse fühlen oder Angst haben, zu Verlierern zu werden. Die Angst vor dem Unbekannten und davor, dass sich etwas in unserem Leben verändert. Die Angst, dass die Integration der vielen Menschen nicht gut gelingt. Oder die Angst vor sozialer Ungerechtigkeit, dass nun die Schwachen gegen die Schwachen ausgespielt werden. Solche Ängste müssen offen ausgesprochen werden dürfen.

Und er setzte fort: „Aber es kommt entscheidend darauf an, wie wir über solche Ängste reden. Auch unser Reden über diese Ängste muss von Empathie geprägt sein."

3. Es geht auch um Taten. Viele der Kommentatoren auf unserer Facebookseite warfen uns Einseitigkeit vor. Nur den Flüchtlingen, nicht den Armen im eigenen Land gelte unser Engagement. Das ist – was die Diakonie betrifft – natürlich schlicht und einfach nicht wahr. Aber es wäre schlimm, wenn der Eindruck, die Ankunft der Flüchtlinge erschwere denen das Leben, die es schon schwer genug haben, von Erfahrungen gedeckt würde. Diese Sorgen müssen ernst genommen, und ihnen muss man mit Worten und Taten begegnen.

Das tun die Wohlfahrtsverbände, das tun die Einrichtungen der Diakonie. Es gehört zu ihrem Selbstverständnis, in unserer Gesellschaft für die schwächste Partei zu ergreifen. Unser Weltbild in der Diakonie ist geradezu getragen von der Überzeugung, dass sich Gott gerade im Antlitz der Schwächsten zeigt. Und jeder von uns wird in seinem Leben irgendwann einmal zu diesen Schwächsten gehören – ohne Arbeit, krank, alt, allein, hungrig, vielleicht auch heimatlos.

Zur Diakonie gehören 28.100 stationäre und ambulante Dienste: Pflegeheime, Krankenhäuser, auch Beratungsstellen und Sozialstationen, 153.000 Plätze in der Behinderten- und 171.000 Plätze in der Altenhilfe. Außerdem bietet die Diakonie den organisatorischen Rahmen für etwa 3.300 Selbsthilfegruppen und die Arbeit von weit über 750.000 freiwillig Engagierten. Die Diakonie handelt dabei stets unabhängig und überparteilich. Sie achtet jeden Menschen in seiner Würde und Einzigartigkeit und fördert sein eigenverantwortliches und selbstbestimmtes Leben.

Denn: Ein Mensch in Not ist ein Mensch in Not, und wenn er Hilfe annehmen möchte – soll er sie bei der Diakonie finden. Es gibt Unbelehrbare. Aber die meisten derer, die sich Sorgen machen, sind Menschen guten Willens. Deutschland ist schon heute ein vielfältiges Land, in dem Menschen unterschiedlicher Kulturen und Religionen mit Gewinn zusammenleben. Wir haben bereits gelernt, einander anzuerkennen, gemeinsam zu leben und voneinander zu lernen. Wir haben noch einiges vor uns. Aber darauf können wir aufbauen. Darauf können wir auch stolz sein, und das sollten wir uns von niemandem nehmen lassen.

3.2 Perspektivwechsel: „Was brauchen die Flüchtlinge, um in Deutschland ankommen zu können?"

Es werden wohl mehr als 800.000 Männer, Frauen, Jugendliche und Kinder sein, die im Jahr 2015 in Deutschland Schutz gesucht haben. Menschen aus Kriegs- und Krisengebieten, Menschen „im Panikmodus". Und die Gruppe der Flüchtlinge ist mindestens ebenso heterogen wie die Gruppe der Besorgten. Nein, es kommen keine Engel, es kommen Menschen: Fleißige und Faule, Kluge und Nicht-so-Kluge, Hübsche und Hässliche, Schüchterne und Aufbrausende, Träumer und Realistinnen.

Es kommen Lustige und Launische, Sportliche und Unsportliche, Religiöse und Nichtreligiöse; Künstler, Ingenieure und Ärzte, IT-Techniker und Hebammen, Studierende und Arbeiter. Es kommen sicher auch Kriminelle. Nur ist deren Anzahl unter den Flüchtlingen eben nicht höher als unter der einheimischen Bevölkerung, wie eine aktuelle Untersuchung des Innenministers in diesen Tagen belegt hat. Was den Ausbildungsstand angeht, wissen wir von der Bundesagentur, dass etwa ein Drittel von ihnen eine vergleichsweise hohe Qualifikation mitbringt, ein Drittel hat eine Basisqualifikation und etwa ein Drittel sind Analphabeten oder besonders förderungsbedürftig. Die Drittelregelung gilt übrigens nach der Meinung von Fachleuten auch für die psychische Gesundheit der ankommenden Flüchtlinge: Etwa ein Drittel von ihnen ist schwer traumatisiert und benötigt dringend eine Traumatherapie, ein Drittel könnte mit einer unterstützenden Basisversorgung gut leben. Und ein Drittel verfügt über eine hohe Resilienz, das heißt, diese Menschen sind in der Lage ihre Erfahrungen alleine zu verarbeiten und können nach vorne denken.

Die Aufnahme von Flüchtlingen ist eine Investition in die Zukunft unserer Gesellschaft. Die Integration dieser Menschen beginnt mit dem ersten Tag. Ob und wie aus dem Willkommen ein Ankommen wird, entscheidet sich nicht erst in ferner Zukunft, diese Weichen werden heute gestellt. Bereits die Umstände der Ankunft sind entscheidend. Was in dieser Hinsicht in den vergangenen Monaten in Deutschland von vielen Hauptamtlichen auch in den Ämtern, aber erst recht von zigtausenden Freiwilligen geleistet wurde, ist nicht hoch genug zu schätzen. Übrigens auch unter dem Aspekt eines freundlichen und humanen Deutschlandbildes, das weltweit Anerkennung und Achtung findet.

Während die Debatten über Grenzschließungen, den Zuzug von Familienangehörigen, das Einrichten von Transitzonen oder Willkommenszentren tobten, während PEGIDA Hetze und der Ton zwischen den politischen Parteien immer gereizter wurde, kamen Tag für Tag Tausende erschöpfte Menschen an und wurden freundlich in Empfang genommen.

Was brauchen sie?

Sofort:

- Unterkunft, Essen, Winterkleidung, medizinische Grundversorgung,
- Angebote zur Traumabewältigung, psychologische Unterstützung – nicht alle.

Kurzfristig:

- Raschen Zugang zu Kindertagesstätten, Schulen oder Ausbildungen,
- Sprach- und Integrationskurse – das wissen Sie hier am IIK am besten – müssen Priorität haben. Ich finde es großartig, dass Sie seit gut zwei Wochen einen kostenlosen Intensivsprachkurs für akademische Flüchtlinge anbieten. Ein Baustein in dem Gemeinschaftsunternehmen Integration. Ein sehr wichtiges Stück Willkommenskultur.

Mittelfristig:

- Arbeitsplatzsuche wird ein Thema,
- Suche nach ordentlichem Wohnraum.
- Und ganz dringend brauchen die Flüchtlinge, die bei uns Schutz suchen, Menschen: Freundinnen und Freunde, Bekannte, Kolleginnen und Kollegen, Nachbarn. Vielleicht auch einmal: Familie.

Auch deswegen ist es so bedeutend, dass die Arbeit auf den Schultern Vieler liegt. Der Ruf nach Professionalisierung ist verständlich. Doch das unglaubliche Engagement der Ehrenamtlichen ist unbezahlbar: Es legt den Grund für ein wechselseitiges Kennenlernen – denn hier wachsen Beziehungen, nicht nur Beziehungen zwischen Alt-Einwohnern und Neu-Einwohnern. Sondern auch Beziehungen zwischen alteingesessenen Menschen, die sich ohne die Ankunft der Flüchtlinge nie kennengelernt hätten. Oder zwischen Institutionen, Parteien, Kirchengemeinden, Sport-Vereinen, Theater-Organisationen, die lernen, ihre Bemühungen zu koordinieren. All diese Beziehungen bilden die Basis für ein neues gesellschaftliches Wir, um das wir ringen und sicher auch streiten sollten. Und ich bin sicher, dass sich auch in Zukunft Menschen begeistern lassen für diese Aufgabe. Wenn sich jetzt manche der Helferinnen und Helfer der ersten Stunde in die zweite oder dritte Reihe zurückziehen möchten oder müssen, ist das möglich: Es gibt in unserem Land noch so viel mehr hilfsbereite Menschen, die sich engagieren können und engagieren werden.

Die Integrationsfelder Wohnung, Sprache, Schule, Arbeit müssen mehr oder weniger gleichzeitig bearbeitet werden. Dazu sind Investitionen nötig: im Sozialen Wohnungsbau wie beim Ausbau von Schulen und Kindertagesstätten. Das wird nur gelingen, wenn Staat, Land und Kommunen, aber auch Verbände und Zivilgesellschaft zusammenarbeiten. Dass das bereits gelingt, lässt sich an vielen Stellen zeigen: Beispiel Wohnraum: Die Städte und Gemeinden werden bis Ende des Jahres rund 880.000 Menschen untergebracht haben, etwa 8.000 werden wohl noch in Zelten wohnen müssen.

Nach einer Umfrage im Auftrag der Unternehmensberatung Ernst & Young, die im November veröffentlicht wurde, kommen die Kommunen mit dem Flüchtlingszustrom erstaunlich gut zurecht.

Drei von fünf Kommunen rechnen damit, auch im kommenden Jahr keine neuen Schulden machen zu müssen. Dazu kommt, dass die Kommunen ihre Bürgerinnen und Bürger dabei als Unterstützung erleben, nicht nur durch das ehrenamtliche Engagement. Einwände von Anwohnern gegen die Unterbringung von Flüchtlingen nannten nur 13 Prozent der Kommunen als Problem.

Willkommenskultur, Integrationsengagement für Flüchtlinge hat viele konkrete Gesichter. Nur ein paar wenige Beispiele aus dem Arbeitsfeld der Diakonie, die schon auf einige Erfahrung zurückblicken können, seien noch genannt:

- In Berlin-Moabit hilft das Evangelische Jugend- und Fürsorgewerk Flüchtlingen im Asylverfahren eine eigene Wohnung zu finden.
- In Hamburg unterstützt die „Zentrale Anlaufstelle Anerkennung" Migranten und Flüchtlingen dabei, ihre Berufsabschlüsse anerkennen zu lassen.
- In Ostwestfalen bietet das Projekt „Soziale Jungs Bielefeld" – kurz SoJuBi – Praktika für junge Flüchtlinge, die sich in einem sozialen Beruf ausprobieren wollen.
- Das Paul-Gerhardt-Stift in Berlin-Wedding hat ein Refugium für schwer traumatisierte Menschen geschaffen – rund 80 Personen, die besonders schwere Formen der Gewalt erlitten haben, finden hier einen Schutzraum.
- Im brandenburgischen Fürstenwalde unterstützt ALREJU unbegleitete minderjährige Flüchtlinge.
- Beim Projekt Do-it in Wuppertal übernehmen Ehrenamtliche die Vormundschaft für minderjährige Flüchtlinge, die ohne Eltern in Deutschland leben. Das Projekt hat inzwischen Ableger in Aachen, Dortmund, Bochum, Köln, Bonn, Bremen, Berlin und Frankfurt am Main.
- Im Psychsozialen Zentrum in Düsseldorf begleiten Haupt- und Ehrenamtliche.

Ich könnte noch lange weitererzählen. Es gehört zu den schönen Seiten meines Berufs, dass ich regelmäßig solche Projekte, Initiativen und Einrichtungen besuchen darf. Die Menschen, denen ich dort begegne, sind echte Hoffnungsträger.

Gibt es ein Fazit? Wenn Willkommenskultur gelingt, verwandelt sie sich in einen Integrationsprozess, in dem sich alle Beteiligten zu ihrem Vorteil verändern können. Bestimmt haben wir in einigen Jahren mehr deutsche Nachrichtensprecher mit arabischem Vornamen, Altenpflegekräfte mit syrischen Wurzeln und tief verwurzeltem Respekt vor den Alten, Busfahrerinnen mit somalischen Großeltern. Vielleicht gibt es neben den christlichen und jüdischen Wohlfahrtsverbänden einen muslimischen Wohlfahrtsverband. Möglicherweise wird in den Nachrichten nicht mehr nur „Frohe Weihnachten" gewünscht, sondern auch ein „schönes Zuckerfest" oder ein „Gutes Neues Jahr für unsere jüdischen Mitbürgerinnen und Mitbürger". Bedroht das unser christliches Abendland? Natürlich: Wir werden auch irakische Strafgefangene und libanesische Rassisten in unseren

Reihen haben. Neben christlichen Fundamentalisten aus Schwaben, die ihre Kinder nicht in staatliche Schulen schicken mögen, finden sich muslimische Eltern, die mit den Lehrern ihrer Tochter um den Schwimmunterricht ringen... – Ja, Deutschland wird sich mit den Zugewanderten verändern.

Aber wir haben alle viele Möglichkeiten, diese Veränderungen aktiv mitzugestalten. Wir können viel tun – nur eines sollten wir unbedingt sein lassen: nichts zu tun und stattdessen Kassandrarufe abzusetzen.

4. Fazit: Wir sind Nachbarn. Alle.

Der Ort der Willkommenskultur liegt im Dazwischen. Und im „Zwischen" verbergen sich so viel Möglichkeiten: Wer dazwischen ist, ist mitten drin, überbrückt, ist im Prozess, ist unterwegs, ist auch Zerreißproben unterworfen, muss mit Ungewissheit leben. Manchmal mit Fremdem, Unangenehmen, aber er bleibt lebendig. Die Diakonie hat ihren natürlichen Ort im Dazwischen. Und ich glaube, dass es sehr wichtig ist, diese Position des Dazwischen zu besetzen. Es ist ein Standpunkt, von dem aus sich wegweisende, menschengerechte Blickwinkel öffnen können. Diakonie ist ein altes Wort. Es stammt aus dem Griechischen und ist jahrhundertelang vor allem mit „Dienst" übersetzt worden: Dienst am Menschen auf der Basis der christlichen Nächstenliebe. Und zwar geht es immer um den Dienst an den Schwächsten einer Gesellschaft: an den Armen, den Alten, den Kranken, an den Menschen mit Handicaps, Menschen in Krisen, Obdachlosen oder eben auch an Flüchtlingen. Inmitten dieser Menschen befinden sich die Arbeitsfelder der Diakonie.

Doch Diakonie ist eben nicht nur Dienst an den Schwachen. Im alten Wort Diakonie steckt mehr als nur die Bedeutung „Dienst": der australische Theologe John Collins hat darauf aufmerksam gemacht hat. Collins macht überzeugend stark, dass es zutreffender sei, Diakonie mit „Verbindung" oder „Vermittlung" zu übersetzen. Die altgriechisch. Wortwurzel „Diak" habe mit „drauf losgehen zu tun".

Menschen, die sich der Diakonie verpflichten, sind nicht einfach Diener. Sie sind Kuriere, Verbinder, Abgeordnete, Begegnungen-möglich-Macher, Brückenbauer. Ihre Verortung liegt im Dazwischen. Und dort, im Dazwischen, ist das Milieu, in dem eine Willkommenskultur gedeihen kann. Sie arbeiten alle daran, dieses Milieu gut zu pflegen.

Als Diakonie Deutschland stellen wir uns alle zwei Jahre ein sogenanntes Jahresthema. In diesem und kommenden Jahr heißt es: „Wir sind Nachbarn. Alle". Es geht uns in der Kernidee darum, zu mehr nachbarschaftlichem Engagement aufzurufen. Zu ermutigen, gemeinsam Verantwortung für die Gestaltung des nahen Lebensraumes zu übernehmen und darüber neue Allianzen zwischen Menschen und Institutionen zu schmieden. In den vergangenen Monaten, im Licht der Flüchtlingskrise geht es mir so, dass ich anfange, dieses Jahresthema größer zu denken: wir sind Nachbarn. Alle. Ich entdecke die Nachbarin, den Nachbarn im globalen Dorf. Wir sind Nachbarn geworden, weltweit. Was in Syrien geschieht, macht sich unmittelbar in Solingen bemerkbar. Und: aus Flüchtlingen können tolle Nachbarn werden. Und wo das gelingt, hat Willkommenskultur funktioniert.

Flüchtlingshilfe braucht Hauptamt und Ehrenamt –
Beobachtungen aus der Praxis
Oliver Targas im Gespräch mit Heiner Barz[1]

Barz: Wir wollen über Ihre Sicht auf das ehrenamtliche Engagement in der Flüchtlingshilfe sprechen. Wie erleben Sie generell die aktuelle Situation?

Targas: Also ich sehe nach wie vor eher die Chancen im Vordergrund, gerade bei dem, was sich jetzt doch auch überraschend getan hat, dass so viele Menschen bereit sind, ehrenamtlich tätig zu werden. Wo sich gesellschaftlich einfach etwas im Umbruch befindet. Es gab ja immer schon eine große Bereitschaft von Menschen, ehrenamtlich tätig zu werden, aber gerade jetzt merken wir immer wieder, dass sich auch tatsächlich neue Gruppen von Menschen entscheiden, ehrenamtlich tätig zu werden. Während das früher doch eher so im dritten Lebensalter war, sind es jetzt doch sehr viele Menschen, die noch berufstätig sind, Menschen die selbst noch in der Ausbildung sind, Studenten, Schüler. Also ganz breit gemischt, was natürlich auch die Art der Zusammenarbeit und die Umgangsformen verändert. So gesehen stehen da die Chancen für die Gesamtgesellschaft für mich im Vordergrund. Auf der anderen Seite bieten sich Anknüpfungspunkte, die Neu-Bürger oder die neuen Bewohner der Stadt auch zusammenzubringen mit der einheimischen Bevölkerung.

Ein kritischer Punkt ist natürlich auf der einen Seite immer: Was sind die Gründe, jemandem zu helfen? Es ist ja immer so, dass man helfen möchte, und dass die, denen man die Hilfe angedeihen lassen möchte, dass die eben nicht nur Objekte der Hilfe sind, sondern eigentlich Subjekte ihres eigenen Lebens. Das ist ja generell so für die Sozialarbeit. Und man muss das natürlich bei Menschen, die jetzt keine professionellen Berater sind, in der Zusammenarbeit mit diesen Menschen vermitteln, ohne sie vor den Kopf zu stoßen. Wir versuchen das von Seiten der Diakonie auch zu managen. Es gibt ja den Erwartungsdruck der Menschen, die ehrenamtlich tätig werden wollen: „Ich habe mich gestern gemeldet, sie haben noch nicht zurückgerufen." – Das ist tatsächlich so. Es gibt so ein Verfahren bei der Diakonie, dass man eben drei Schulungen macht, also eine Einführung, dann eine Grundlagenschulung und dann nochmal interkul-

---

[1]   Das Gespräch wurde am 14. Januar 2016 geführt. Der Gesprächsmitschnitt wurde transkribiert und redaktionell überarbeitet.

turelle Kompetenz. Damit man weiß, wie geht man vielleicht auch mit anderen Menschen um; und zwar auf der Grundlage der eigenen Reflexion. Und auf der anderen Seite wollen wir erläutern: Was ist unser Ansatz, wie machen wir und wie verstehen wir unsere Arbeit? Dass wir grundsätzlich bei der Beratung eben auch klassische sozialarbeiterische Hilfe zur Selbsthilfe anbieten und dass uns genau das auch wichtig ist. Immer abzuschätzen, wie viel können die Menschen noch selbst – und das kann natürlich im Ehrenamt manchmal auch eine Überforderung sein. Sowohl was Menschen sich zumuten, wenn sie helfen. Als auch, nur so viel Hilfe anzubieten, dass es nicht in Unmündigkeit statt Unterstützung mündet – denn das ist auch nicht gewollt.

Letztendlich ist ja unser Ziel, von Seiten der Beratung, das wir eigentlich Unterstützung leisten möchten bei den aktuell anstehenden Fragen, letztendlich eigenständig den Weg hier in der Gesellschaft auch gehen zu können. Und dafür ist es natürlich wichtig, sich der eigenen Ressourcen bewusst zu sein. Und das ist so gesehen für die Sozialarbeit ja ein neues Feld, dass eben Laien … und manchmal sind es sogar auch Profis und Pädagogen, die aber Lehrer waren, aber in einem ganz anderen Bereich. Das ist mitunter eine andere Herausforderung, also wirklich zu sagen: das ist unser Verständnis und unsere Arbeit. Sie müssen nicht unsere Arbeit machen, das ist die Arbeit, die wir tun, und wir würden uns aber wünschen, wenn Sie mit Menschen arbeiten, dass sie zumindest das Gegenüber respektieren. Und das ist eigentlich das Herausfordernde.

Barz: Sie haben eingangs gesagt, dass es auch neue gesellschaftliche Gruppen sind, die jetzt aktiv werden. Früher waren es mehr die Senioren; heute sind es auch Berufstätige oder sogar Schüler und Studenten. Was ist es genau, was dann aus Ihrer Sicht anders gemacht werden muss? Oder wie muss man die anders ansprechen?

Targas: Also wichtig ist generell immer – das ist auch die Erfahrung aus der jahrzehntelangen Arbeit mit Ehrenamtlichen generell –, dass man auch Ehrenamtliche – auch da hat ja schon in den letzten Jahren eine Professionalisierung der Arbeit mit Ehrenamtlichen stattgefunden –, dass man nicht nur sagt, da kommen Ehrenamtliche, die machen einem dann die Arbeit und gut ist. Das war ja auch ein breit diskutiertes Feld in der fachlichen Arbeit: Wird da jetzt billig die Arbeit ersetzt? Das ist zum einen nicht so, sondern es gibt ganz klare Dinge, die fachlich erforderlich sind.

Aber dann ist es natürlich so – auch da hat sich schon etwas verändert –, dass man sagt, auch das mit dem Ehrenamt, das kann man nicht mehr so aus dem Ärmel schütteln. Und sagen, die kommen dann und dann machen die einfach. Da hält man keinen einzigen Menschen mit. Also das war selbst bei den klassischen Ehrenamtlichen auch so, dass man da im vergangenen Jahr gemerkt hat, man muss es einfach professioneller angehen. Also da auch daran zu arbeiten, wie kann man erreichen, dass die Menschen, die sich ehrenamtlich engagieren wollen, auch ankommen? Wie finden die ihren Platz auch tatsächlich, was sind die Grundlagen, die richtige Haltung auch derer, die ihre Arbeit anbieten? Und was muss man als Träger den Menschen auch anbieten und auch geben, dafür, dass sie das tun?

Barz: Also auch im Sinne von Fortbildung oder Selbstreflexion?

Targas: Fortbildung, Selbstreflexion, Möglichkeit der Mitgestaltung. Und auf der anderen Seite ist natürlich in dem gleichen Kontext das Thema „Wie ist auch eine Abgrenzung möglich?" und auch eine Ablehnung und Verabschiedung. Manchmal ist es auch notwendig zu sagen, in der und der Form können wir das tun. Und wenn das nicht zu Ihrem Verständnis passt, dann sind wir da nicht die Richtigen für. Wenn sie quasi sagen, ich möchte immer eine Patenschaft und wenn ich merke, das ist jetzt sehr vereinnahmend und dann ist das so. Wenn die Familie sie weiter will, dann ist das okay, aber dann läuft das nicht mehr über uns, weil wir möchten das eigentlich nicht mittragen. Letztendlich ist es immer wichtig, das, was man den Ehrenamtlichen mitgibt. Und vor allem wichtig ist auch die Motivation der Ehrenamtlichen: Warum sind sie hier? Und das Ehrenamt ist erst mal für sie.

Das ist, denke ich, nochmal ganz wichtig bei den Menschen, die auch noch berufstätig sind und auch andere Bereiche im Leben haben. Letztendlich bedeutet ja das Ehrenamt immer eine Form von Sinnstiftung und deshalb ist die Reflexion darüber, warum tue ich das, ganz wichtig. Warum tue ich das und warum entscheide ich mich dann vielleicht auch selbst als Ehrenamtlicher, das möchte ich so gar nicht. Es entwickelt sich in eine Richtung und dann bin ich weg. Das geht ja nur gut, wenn ich im Prinzip als Gegenüber das vorher auch einräume, diese Möglichkeit zu sagen, bitte, ich kann das auch jederzeit verändern, aber sprechen Sie mit uns. Es ist keinem geholfen, wenn man jetzt einfach weg ist, wenn man sagt, ich will jetzt gar nicht mehr. Und das ist so mein Eindruck, ist natürlich so, ist natürlich nochmal verstärkt bei den Menschen, die jetzt aus einer Motivation kommen, die eben ihre Freizeit auch quasi einbringen und das ist auch ganz wichtig, das auch zu vermitteln: ich weiß das zu schätzen. Sie bringen ihre Freizeit ein und das ist so ein bisschen der veraltete Begriff Ehrenamt. Vor allem ist es ja auch eine Investition, um es mal zu wirtschaftlich auszudrücken, der Freizeit oder der Lebenszeit. Und auf der anderen Seite gibt es ja unterschiedliche Motivationen, warum ich ehrenamtlich tätig sein möchte. Die einen sagen, ich suche eine Beschäftigung und ich möchte jemand um mich haben. Der andere Mensch sagt dann, ich möchte eigentlich gar nicht mit jemandem zusammen sein, aber ich möchte vielleicht gerne jemanden kennenlernen, der hier nur quasi neu ist. Das sind ja immer unterschiedliche Motivationslagen. Wichtig ist uns, das im Prinzip jeweils mit den einzelnen herauszuarbeiten oder klarzumachen, dass jemand von selbst merkt: Wo bin ich eigentlich gerade? An welchem Punkt bin ich jetzt gerade aufgestellt, was erwarte ich? Und das ist, glaube ich, so ein bisschen, was sich verändert hat. Oder wo es gut ist, dass man da gut aufgestellt ist.

Die großen Träger haben ja alle die sogenannten Freiwilligen-Agenturen schon länger, die da angesetzt haben. Nur, dass das jetzt so eine hohe Zahl von Menschen ist, das ist nochmal eine neue Qualität. Das merken wir jetzt, dass das für uns von der Sozialarbeit ein Teil unserer Arbeit ist. Dass wir natürlich grundsätzlich in der Beratung für die Menschen da sind – aber auch genauso als anwaltschaftliche Funktion die Interessen der Menschen gegenüber den Ehrenamtlichen vertreten. Und da kann es auch schon mal sein – das hat gerade noch eine Kollegin gestern in der Fortbildung gesagt – ich glaube, die Menschen möchten gar nicht immer als die Flüchtlinge wahrgenommen werden. Und das hat natürlich eine andere Qualität, ob jemand sagt, das ist so. Oder jemand sagt, ich rede mit den Menschen, ich berate und die haben schon mal gesagt, „mmh wir freuen uns sehr, wenn die Leute uns unterstützen, aber immer dieses Label aufgedrückt zu bekommen, gefällt mir eigentlich nicht. Ich bin Syrer, ich bin Afghane, ich bin ein Mensch der Großstadt, ich bin ein Handwerker vielleicht oder bin ein Student, aber ich werde immer nur auf Flüchtling reduziert." Halt in dem Zustand des Dazwischens. Das ist dann wieder diese Objektivierung. Und das ist manchmal schon auch schwierig zu sagen, lassen sie die Menschen durchaus auch die Entscheidungen, die sie für falsch halten, treffen. Das ist ja auch was Grundsätzliches. Bei uns, bei der Arbeit machen wir das so: Ich entscheide nicht für jemanden und das ist natürlich die Herausforderung für uns als Fachkräfte, ja, dass man an der Schnittstelle direkt mit Ehrenamtlichen zu tun hat, denen das gar nicht so vertraut ist. Die eben nicht diese fachliche Ausbildung haben. Und da hat man jetzt im Prinzip um sich im Feld der sozialen Arbeit, der Sozialpädagogik ganz viele engagierte Laien. Das ist, glaube ich, das Neue.

Laien, die auch manchmal mit durchaus passenden beruflichen Hintergründen kommen oder es kommt auch vor, dass Leute mal sagen, ich bin Unternehmer, ich weiß, wie das geht. Ich organisiere sofort einen Kurs und dann hat der einen Kurs organisiert und dann: jetzt müssen Sie nur noch die Flüchtlinge bringen. Ja, das ist aber genau das Schwierige.

Da setzt dann genau die Frustration an, da muss man sagen, das ist toll, dass Sie das machen, aber die Leute müssen auch freiwillig entscheiden, das zu machen. So ist das, wenn Sie ein freiwilliges Angebot machen in Ihrem Quartier, dann müssen Sie auch dafür Werbung machen, Sie müssen die Leute dafür gewinnen. Auch, wenn es in der Darstellung richtig ist, es ist schade, dass die Leute nicht zum Integrationskurs kommen können und dass die Leute sagen, ich hätte gerne was zu tun, aber trotzdem muss man für den Kurs dann irgendwie Werbung machen und sagen, ja, ich komme da gerne hin, ich überzeuge die Leute. Deswegen versuchen wir auch dann, wenn sie Ideen haben, was sie machen wollen, für Menschen, die jetzt hier auf der Flucht hergekommen sind: Überlegen Sie erst mal, was Sie selber gerne machen, dann machen Sie es mit anderen zusammen und dann können Sie das öffnen und jemand einladen. Es ist schwierig, wenn Sie das nur zu dem Zweck machen: „wir machen jetzt was für Flüchtlinge.“

Also ganz deutlich ist das ja immer, wenn es so auf Weihnachten zugeht. Das war ja jetzt gerade wieder. Dann gibt es Päckchen, wir machen eine Päckchenaktion … wumms Päckchen … Also letztes Jahr ging es. Aber das war auch schon mal so, „sagen Sie doch mal, welche Unterkunft“, wir gehen dann rein und schenken denen ein Päckchen. Natürlich freut man sich über Päckchen, aber es ist manchmal langwieriger aber, ich glaube, nachhaltig wirksamer, wenn es wirklich möglich ist, dass die Menschen sich beteiligen können und es mitgestalten können, also die Zielgruppe. Und die ja zum Teil auch froh sind, wenn sie mal selber den Wunsch haben: ich möchte auch mal was zurückgeben. Oder auch einzelne, die dann gesagt haben: „ja, ich möchte eigentlich gerne mal, wir würden gerne mal deutsch sprechen. Ich bin im Deutschkurs, da sind auch andere, die auch Deutsch lernen. Aber wo kann ich dann mal deutsch sprechen mit Deutschen?" Solche einfache, aber geniale Ideen entstehen manchmal. Es wurde z. B. auch mal angefragt, ich glaube von einem SPD-Ortsverein, „wir möchten irgendwie was machen". Ja, was machen Sie denn gerne? Dann haben sie ein Backgammon-Turnier gemacht. Und dann haben wir im Prinzip gesagt: ja, wenn Sie das gerne selber machen, dann machen Sie das doch und machen einfach nur einen Flyer, dass Sie sich auch freuen würden, Leute einzuladen. Das kann klappen, in dem Fall hat es geklappt, kann aber auch nicht klappen, dass jemand nicht kommt. Machen Sie es erst mal für sich selbst. Wenn der Sinn und Zweck in erster Linie ist, den Menschen, denen Sie helfen wollen oder denen Sie was Gutes tun wollen, etwas zu bieten, dann ist da Frust vorprogrammiert. Was machen Sie, wenn die Leute das nicht wollen, wenn die sagen: „nee, ich habe keinen Bock, interessiert mich nicht."

Barz: Das heißt, im Hinblick auf die Motivation, dass die vielleicht auch manchmal ein bisschen überschüssig ist?

Targas: Aber dann nochmal zum Anfang: das ist gute, das ist spürbare Energie. Wichtig ist, wie gelingt es uns in der Anleitung? Wir haben auch im Referat Ehrenamt extra eine Koordinatorin, oder jetzt sogar 1,5 Stellen nur für die Arbeit in der Flüchtlingsberatung. Weil viele sagen, na ja, ich will aber unbedingt mit Flüchtlingen.

Wenn man dann darauf hinweist, dass es ja auch andere Ansatzpunkte für ehrenamtliches Engagement gibt, dann heißt es: „ja, ich möchte aber mit Flüchtlingen". Das ist dann toll, das ist dann diese Energie; aber man muss da immer auch bei sich selbst nachgucken. Es hilft keinem, wenn man sagt, ich habe aber gesagt, ich mache jetzt jede Woche zwei Kurse. Eigentlich merke ich aber, ich habe keine Lust mehr, aber jetzt habe ich zugesagt. Wer würde so einen Kurs besuchen wollen? Oder: es ist auch nicht jeder Lehrer gleich gut. Wenn das ein freiwilliger Kurs ist und dann die Menschen in den Unterkünften gleich sagen, na ja, also sich da von einer alten Lehrerin anpfeifen zu lassen, sie müssen hier jetzt aber mal deutsch sprechen ... Also wir hatten mal eine Lehrerin, die sagte, ja die wissen das nicht, wenn man sich hier anmeldet, dann macht man das doch bis zum Ende.

Barz: Dass man dann auch regelmäßig kommt und bis zum Ende dableibt?

Targas: Da habe ich irgendwie etwas netter formuliert gesagt, es wäre mir neu, dass das hier so wäre. Also bleiben Sie mal bei dem Kurs, bei den Menschen. Ja, da ist so einer, der ist so ein bisschen das Alphatier in der Gruppe. Und wenn der dann kommt, dann kommen die anderen auch und wenn der nicht kommt, dann nicht. Dann müssen Sie vielleicht mit dem mal sprechen: „Hör mal, für mich ist das eine Respektlosigkeit, wenn du nicht kommst". Wenn Sie aber so allgemein wieder sagen, die wissen das alle nicht. Das wissen Sie gar nicht, die kommen ja auch aus unterschiedlichen Ländern, auch da gibt es schon Verbindlichkeiten, es gibt manchmal vielleicht auch gute Gründe, warum man … Aber wenn man da wieder hört, die müssen ja wissen, wie das in Deutschland läuft.

Also mir ist das neu, das können sie wahrscheinlich als Professor eh auch genauso sagen, es kommen nicht alle Studenten, die am Anfang des Semesters kommen, es ist ein rapider Schwund und ich glaube auch bei Volkshochschulen und so ist es ähnlich. Auch bei Kursen, wo die Leute für bezahlen. Und wenn an der Stelle, die Frau pauschal sagt: die sind so. Ich glaube nicht, dass die deutsche Mentalität grundsätzlich anders ist, nicht jeder besucht einen Kurs bis zum Ende. Und ich glaube, es kam auch ganz gut an, also zumindest hat sie mal darüber nachgedacht: dass man zu spät kommen oder gar nicht kommen als persönliche Respektlosigkeit erlebt und es auch so ausdrückt: „Es gefällt mir persönlich nicht, wenn du später kommst". Nicht der Araber an sich oder der Afrikaner – sondern ich, für mich ist das ein Problem und hier: Das sind meine Bedingungen für den Kurs. So kann man das im Prinzip dann auch erklären.

Ich habe das auch in einem anderen Arbeitsfeld mal mitbekommen, da war z. B. eine große Gruppe von Frauen aus dem arabischen Kulturkreis und das sollte eine Art Mutter-Kind-Gruppe sein und da stand dann immer was zu essen und zu trinken und die haben nie irgendwas genommen. Und dann: Was ist denn das, warum nimmt sich denn nie einer was, und dann, ja dann haben sie nachher mit den Erzieherinnen gesprochen. Das war in der Kita oder im Familienzentrum. Da haben sie nachher erfahren, ja, die Frauen haben nachher gesagt, „ja, da gab es was zu trinken, aber während der Veranstaltung, dann kann ich doch nicht aufstehen und mir was zu trinken nehmen und eine Kleinigkeit zu essen." Aber letztendlich genau so, ach so ist das. Genau, anstatt vorher zu sagen, jetzt nehmen wir uns alle was, und dann fangen wir an. Während man jetzt vielleicht als Deutscher sagt, kein Problem, wenn ich mal Durst habe, stehe ich auf und hole mir was.

Das kann man vorher sagen, aber es kommt dann natürlich gar nicht so an, weil das gehört sich nicht. Und ich glaube an der Stelle muss man bei ganz praktischen Beispielen ansetzen. Wobei die Ehrenamtlichen dann auch fragen, wie ist denn das, also was ist denn in dem konkreten Fall? Also nicht in Stereotype verfallen, wir haben ja alle Vorurteile und Stereotypen brauchen wir ja auch. Und vielleicht gibt es ja darum auch mal schmerzhafte Erfahrungen: Der Kurs gefällt mir eigentlich nicht oder die Lehrerin gefällt mir nicht. Zu mir hat auch mal einer gesagt, ah … „ich war bei so einem Kurs, das war ganz furchtbar." Und jetzt? Oder auch: „Die Lehrerin ist toll, da freuen wir uns, da machen wir mit, da machen wir Rollenspiele. Aber die ist toll, für die machen wir das."

Barz: Ja es muss auch passen, die Ehrenamtlichen müssen sich in ihren Kompetenzen auch flexibel an das, was so an Erwartungen oder an Möglichkeiten von Seiten der Teilnehmer da ist, sich auch ein wenig anpassen und das ist vielleicht nicht immer gegeben. Ich kann mir das schon vorstellen … aber ich würde annehmen, was sie beschreiben: so der Unternehmer, der die Ärmel hochkrempelt und jetzt machen wir mal und was dann nicht funktioniert. Oder die Lehrerin, die so ein bisschen altbackene Methoden hat – dass das eher Einzelfälle sind. Oder gibt es das eher öfter mal, dass das wirklich nicht so passt? Was ist das so ihr Eindruck?

Targas: Von der Motivationslage her gibt es das schon mal häufiger. Wir haben auch gemerkt, wenn wir diese Eröffnungsveranstaltungen machen, also erst mal eine Einführung … dass es da schon mal heißt … dass mir schon mal jemand gesagt hat: „Ich bin froh, dass ich jetzt hier bin, ich habe erst gedacht, ich habe mich vor ein paar Wochen gemeldet, das dauert so lange. Jetzt habe ich das mal verstanden oder jetzt bin ich eigentlich froh, dass ich nochmal Zeit habe." Weil die gemerkt haben, also das ist aus dem Impuls raus, ich möchte jetzt helfen. Und das dann nicht persönlich zu nehmen, wo werde ich jetzt persönlich ausgebremst, sondern sagen, das ist vielleicht die Gegebenheit. Dass das manchmal schon häufiger vorkommt und dass ist deswegen auch ganz gut, um demjenigen dann auch den Raum zu geben. Letztendlich geht es uns ja auch darum, sowohl für die Ratsuchenden, als auch für die Menschen, die ehrenamtlich tätig werden wollen, dass das eine befriedigende Sache ist, für alle, dass das auch zufriedenstellend ist. Und deswegen ist es auch ganz wichtig, da auch immer klar zu machen: Für die Ehrenamtlichen muss es auch passen. Letztendlich sind wir sehr froh darüber, dass es sehr viele Leute gibt, weil wir natürlich ... wir haben so eine Zahl von 1:200, von einer vollen Stelle auf 200 Personen Zuständigkeit.

Barz: Moment, eine Hauptamtliche zu 200 Ehrenamtlichen oder eine Person zu 200 Flüchtlingen?

Targas: Nee, nee 200 Flüchtlinge. Eine Person zu 200 Flüchtlingen, was die soziale Beratung betrifft, das ist ja schon relativ viel. Das ist wahrscheinlich der Unterschied ... dass die Qualität auch manchmal ... wobei man da gerade sagen muss: für die, die mehr Zeit erfordern, ist es umso wichtiger, natürlich das Ehrenamt mit einzubinden. Wo es dann überwiegend auch Patenschaften sind. – Aber umso mehr muss man eben klären: Was sind die Bedingungen daran? Und dass man letztendlich über das „meine Flüchtlinge" wegkommt. Die wollen ja diesen Status überwinden, um das dann vielleicht auch mal zum Ende zu bringen. Wir brauchen Ehrenamtliche, die dann sagen, ja ich habe jetzt lange mich mit der Familie beschäftigt.

Ich merke, die kommen alleine klar. Und okay, wir bleiben in Kontakt, aber es sind Bekannte, aber richtig Freunde sind sie auch nicht geworden. Deswegen würde ich jetzt gerne jemand anders unterstützen, der die Hilfe braucht.

Barz: Jetzt haben wir über diese Motivations- und diese Selbstreflexionsdimensionen gesprochen. Wie muss ich mir das eigentlich vom Arbeitsgebiet oder auch vom Einsatzbereich her vorstellen? Also da kommen ja Leute, die sagen, ich will jetzt in der Kleiderkammer arbeiten oder ich will eine Patenschaft übernehmen oder ich biete einen Kurs an oder ich würde gerne in der Familienunterstützung oder Kinderbetreuung helfen. Da kommen ja unterschiedliche Interessen und es gibt unterschiedliche Bedarfslagen. Wie funktioniert das, dass man das da irgendwie so zusammenbringt?

Targas: Aber das ist genau die Herausforderung. Also manchmal kommen die mit einer sehr klaren Vorstellung, z. B.: „ Ich möchte gern einen Kurs geben." Dann sagen wir eben, ja es gibt Kurse, aber es gibt nicht überall Räumlichkeiten. Also wir betreuen ja die Leute, die Selbstversorger sind, d. h. die sind auch zum Teil in einer Unterkunft oder eben in Räumlichkeiten mit einer Gemein-schaftsküche. Aber die haben eigentlich eine Privatsphäre auch dabei. Und nicht überall sind Räumlichkeiten vorhanden. Und dann okay, das kann man machen, aber vielleicht ist ja auch was anderes für Sie attraktiv? Also nach Möglichkeit da nicht die Energie rauszunehmen, aber zu sagen, „überlegen Sie nochmal, man kann auch durchaus andere Dinge machen." Wir haben dann auch häufig ge-sagt, „Sie müssen gar nicht immer von so einem Statusunterschied ausgehen." Also hier sind Leute, die ganz viel Hilfe brauchen, es kann aber durchaus sein, dass die sagen, ich möchte eigentlich keinen Deutschunterricht. Aber vielleicht machen Sie dann Stadtspaziergänge. Vielleicht findet da jemand Interesse daran, mit anderen gemeinsam einen Spaziergang zu machen und dann auf Deutsch quasi die Schilder zu lesen. Wenn das dann nicht im Kurs sein soll. Oder viel-leicht finden Sie andere, die an einem ähnlichen Angebot Interesse haben. Zum Teil gibt es dann auch den Wunsch: Kann man das an eine bestimmte Unter-kunft örtlich andocken, weil ich wohn' da um die Ecke? Auch das sind Unter-schiede, der eine sagt, ich wohn' da um die Ecke. Der andere sagt, ich wohn' zwar um die Ecke, ich möchte aber lieber ein bisschen weiter weg. Ich möchte beim Einkaufen eigentlich nicht ... das ist mir zu nah dran. Und das ist dann auch so ein bisschen der Versuch über die Ehrenamtskoordination. Die machen dann im Prinzip so einen Erhebungsbogen, wo die Leute drauf schreiben, was sie eigentlich für ein Ehrenamt ausüben möchten. Und wir von der Beratung schreiben eine Anfrage. Es gibt so ein Formular, wo wir sagen, ich benötige für die Unterstützung einer Familie mit fünf Personen jemanden, der englisch kann und die Familie bei Ämtergängen unterstützen würde, oder zum Teil sich mal um die Kinder kümmern würde. Das wäre so eine Möglichkeit. Und dann prüfen die im Prinzip mehrere Daten, da gibt es jemand, der passt. Und so ver-suchen wir das zusammenzubringen.

Barz: Wie ist da die Situation momentan? Passt das so einigermaßen zusammen hinsichtlich Angebot und Nachfrage? Oder gibt es da große Defizite?

Targas: Wir haben schon noch sehr viele Menschen, die ehrenamtlich tätig wer-den wollen ...

Barz: Die z. Zt. in der Liste stehen, aber noch nicht aktiv sind, weil sie aktuell noch nicht eingesetzt werden können?

Targas: Schwierig ist es natürlich, diese Verbindung herzustellen. Deswegen wird es jetzt auch in Düsseldorf von anderen Trägern aber auch von der Diakonie sogenannte Welcome-Points geben. Es wird jetzt auch einen in Bilk geben.

Barz: Ich habe, glaube ich, hier unten einen gesehen ...

Targas: ... ja genau.

Barz: Da saß auch einer, den ich gefragt habe, wo ich Sie finde. Der sagte mir dann, er weiß es nicht, er ist heute den ersten Tag da, ehrenamtlich.

Targas: Ja okay, das kann sein. Das ist jetzt neu, also hier passiert ja vieles über den Stadtteilladen. Da ist so ein Quartier angedockt, wo sich eben auch Ehrenamtliche melden können. Und da gibt es jetzt unten beispielsweise eine Ausfüllhilfe. Das heißt, da sitzt ein Ehrenamtlicher: da kommt jemand mit dem Schriftstück oder Formular und der hilft dann beim Ausfüllen. Und das ist dann natürlich etwas, was bei uns in der Beratung auch viel Zeit kostet. Wenn ein fachlich qualifizierter Sozialarbeiter einen Antrag ausfüllt, ist das natürlich verschenkte Fachzeit. Und so ist das auch in Bilk, das ist auch in einem Ladenlokal und da gibt es auch diese Möglichkeit. Es gibt ja auch Gruppen von Ehrenamtlichen, die sagen, „ach, ich will zwar was tun, aber können wir uns nicht als Gruppe organisieren?" Wo vielleicht auch gerade so ein bisschen eine Art Wildwuchs ist, der aber auch durchaus gewünscht ist.

Da gab es doch gerade gestern oder vorgestern eine Meldung von Medizinstudenten. Die in der Turnhalle an der Uni, die ja nicht mehr genutzt wird jetzt ... und jetzt haben die aber gesagt, wir haben das doch gut gemacht, wir haben die Leute begleitet zum Arzt, wir haben Übersetzer besorgt und so weiter. Können wir das jetzt auch für die Diakonie machen? Und das wäre ja eine Idee, vielleicht können die ja den Welcome-Point nutzen und sagen, hier sind wir quasi ein bisschen stationiert und ich kann aus der Beratung als Sozialarbeiter anrufen: Ich habe jemanden, der bräuchte das und das. Vielleicht könnt ihr das machen? Das wäre dann genau an den Stellen. Deshalb finde ich das schon ganz reizvoll, da in diesen Welcome-Points, genau sowas aufzugreifen. Es muss gar nicht, es ist auch gar nicht möglich und auch nicht notwendig, dass jetzt die großen Träger wie die Diakonie alles vereinnahmen: „wir machen das jetzt alles; es muss über unsere Strukturen laufen." Weil das nimmt dann auch die Energie, die eigentlich vorhanden ist, wieder weg.

Barz: Aber den Welcome-Point hat die Diakonie eingerichtet?

Targas: Hier jetzt und der in Bilk wird nächste Woche eröffnet.

Barz: Von der Diakonie? Aber das ist dann denkbar, dass eben da angedockt, ehrenamtliche Initiativen …

Targas: Die können kommen, und sagen, wir sind eine Initiative. Die bekommen dann einen Schlüssel und können das dann nutzen.

Barz: Also ein Welcome-Point, der quasi nicht nur für die Flüchtlinge, sondern auch für die Ehrenamtlichen da ist …

Targas: Nein, nein, vor allem auch für die Ehrenamtlichen, die dort Angebote machen können, die die Flüchtlinge wahrnehmen können, so ist es gedacht.

Barz: Das könnte ja funktionieren …

Targas: Könnte funktionieren, ist gerade auch spannend, es kann auch schiefgehen. Aber erst mal so von der Idee her, finde ich das gut. Es ist ja auch so, dass in Düsseldorf neben den Erstaufnahmen zunächst in größeren Einheiten, die kommunale Unterbringung ja dezentral erfolgt. Und dann zum Teil gerade in der Innenstadt und auch in Bilk sind viele Menschen in Hotels und dann gibt es so Räumlichkeiten auch nicht. Wenn man da jetzt sagt, ja wir möchten gerne was in so einer Unterkunft machen. Ja, verstehe ich, aber denken Sie daran, die Leute möchten da gar nicht so gerne sein, weil man teilt sich schon ein Hotelzimmer mit jemand, den man gar nicht mag oder nicht kannte. Und da könnte man dann jetzt vielleicht sagen, die Möglichkeit besteht, in dem Welcome-Point so was zu machen. Ehrenamtliche finden und treffen sich. Man macht mal einen Nachmittag, um allgemein über Düsseldorf zu informieren. Oder über alle kostenfreien Angebote der Stadt oder was weiß ich. Wir treffen uns, ihr könnt vorbeikommen, wir laden Leute ein und das finde ich eigentlich interessant und spannend.

Barz: Ich würde gerne mal den Punkt Motivation der Ehrenamtlichen ansprechen: Sie haben gesagt, das ist eine unglaubliche Zunahme und es sind auch andere Gruppen aktuell. Wie kommt das eigentlich, wie erklärt man sich das, dass das auf einmal so neue Bevölkerungsgruppen, die früher allem Anschein nach anderes zu tun hatten … dass die sich jetzt auf einmal dafür interessieren?

Targas: Also mein persönlicher Eindruck ist: Ich glaube, dass das mit der gesellschaftlichen medialen Zuspitzung, mit dem Thema zu tun hat. Also zum einen ist tatsächlich das Leid greifbarer und sichtbarer geworden und auf der anderen Seite die Ablehnung von rechts beispielsweise. Das sind schon viele Menschen, die auch sagen: „Ich merke jetzt, ich muss dagegen was tun". Wenn ich so Leute im Fernsehen sehe, da kann es sein, dass jemand irgendwie sagt: „ jetzt reicht es mir". Ich habe mich schon immer mit dem Gedanken getragen und das ist dann so eine Initialzündung zu sagen, da ist jetzt wirklich jemand, der braucht meine Hilfe. Ich finde es so gesehen eine spannende Entwicklung, weil nachdem wir ja jahrzehntelang immer nur dachten, jeder für sich … Es scheint gesellschaftlich oder bei Gruppen von Menschen das Bedürfnis zu geben, gemeinsam mit anderen was für andere zu tun. Das widerspricht zwar so ein bisschen dem Stand der Forschung, weil zwischendurch jemand gesagt, der Mensch ist eigentlich nur für sich selber. Offensichtlich scheint es ja doch zumindest einen anderen Impuls zu geben und das ist ja auch jetzt im letzten Jahr zu sehen, fand ich. Dass das medial immer wieder beschrieben wurde, ja irgendwann kippt die Stimmung. Aber sie kippte irgendwann dann doch nicht.

Barz: Aber seit Silvester, dann kippt sie doch, das sagt der Spiegel …

Targas: Das setzt sich ja fort, also der Spiegel schrieb ja auch immer schon, das kippt jetzt irgendwann. Die nehmen das natürlich dankbar auf. Das ist ja auch keine Frage, das waren kriminelle Handlungen, interessanterweise ist es ja so, klar da waren Flüchtlinge darunter, das muss man nicht verschweigen.

Aber ich glaube, dass es eher problematische Gruppe waren, wo schon vorher die Integration gescheitert ist, die einfach keine Chance oder keine Möglichkeit oder zu wenig Möglichkeiten hatten, wirklich ihren Raum in der Gesellschaft zu finden. Und das generell die deutsche Gesellschaft auch noch ein Problem mit Männlichkeitsvorstellungen hat, fällt dabei auch immer so ein bisschen unter den Tisch. Man hat ja manchmal bei den Kommentaren den Eindruck, als wäre hier das Wunderland der Gleichberechtigung. Ich möchte das nicht klein reden, aber es kommt ja keiner in dem Bezug mal auf die Idee, man könnte ja auch mal etwas flexibler denken. Man könnte ja sagen, da sieht man ja wie in den Vorständen, wo noch immer keine Frauen sind … So werden eben auch die Frauen am Bahnhofsvorplatz von Leuten behandelt. Man kann ja mal darüber nachdenken, also wie ist es dann eigentlich mit der Gleichberechtigung?

Ihr redet hier von Gleichberechtigung und so benimmt man sich Frauen nicht gegenüber, aber letztendlich so ganz bis zum Ende gleichberechtigt ist hier auch keiner, es wird hier im Prinzip auch nicht umgesetzt. Es wird aber so getan.

Man hat es ja im letzten Jahr immer wieder versucht, immer davon zu reden, dass die Stimmung kippt. Aber trotzdem: Die Leute engagieren sich trotzdem weiter, die hören da einfach nicht drauf. Ich habe mal in einem Kommentar gelesen von der Krise der Medien, die ja auch zum Teil, wenn nicht das eintrifft, was die irgendwie sich wünschen würden, sowas herbeischreiben. Dass gerade so die Mittelschicht-Printmedien einfach sagen, dass passt jetzt einfach gar nicht mehr, es muss jetzt aber langsam mal kippen. Es kippt dann aber irgendwie doch nicht, es gibt immer noch so viele Leute, die doch noch am Bahnhof sich engagieren oder doch noch Menschen persönlich unterstützen wollen.

Also die verlorengegangene Sicherheit, so ist das und so ist das nicht. Und das hängt damit zusammen, glaube ich wirklich, dass auf der anderen Seite, was nicht zu unterschätzen ist, die Menschen, die ehrenamtlich tätig sind in diesem Bereich, eine eigene Selbstwirksamkeit erleben. Wenn man das jetzt mal so gesellschaftlich betrachtet, glaube ich, ohne da jetzt Experte zu sein, dass früher so was eher in Vereinen oder in Gemeinden quasi ...

Barz: Das wäre mein Eindruck genau ...

Targas: Das war früher so. Ich kann mich auch selber noch erinnern. Da, wo ich aufgewachsen bin, da war klar, man geht – da war ich noch katholisch – da geht man zur Kirchengemeinde, man geht zu den Messdienern. Heute geht man ja nicht mehr zu Sportvereinen, man geht ja nur zu Fitness-Studios. Man hat überall Verträge ... diese Individualisierung. Aber irgendwie hat man doch das Bedürfnis, man möchte sich einbringen. Das ist schon ganz wichtig, deshalb werden Leute ehrenamtlich aktiv, organisieren Notunterkünfte. Früher ist das ein bisschen anders kanalisiert worden durch Vereine.

Barz: Die alle unter Mitgliederschwund leiden.

Targas: Ja, die unter Mitgliederschwund leiden, weil sie dann auch teilweise das nicht auffangen konnten, zu wenig flexibel waren, glaube ich zum Teil. Und immer gesagt haben, hier haben wir das schon immer so gemacht. Damit jagt man die Leute eher weg. Also selbst klassische Sportvereine haben ja so einen

Schwund, dass es eben nicht weitergeht. Und ich glaube, dass das eben auch grundsätzlich was ist, dieser Impuls, der ganz stark wieder aufkommt.

Grundsätzlich glaube ich auch beim Thema Flüchtlinge, dass viele Themen zum Tragen kommen, die latent vorhanden sind aber eigentlich nicht wahrgenommen werden. Also es ist ja nicht so, dass bezahlbarer Wohnraum nicht nur in Düsseldorf generell ein Thema war, ist man nie mit durchgekommen, weil es ja heißt, regelt der Markt. Jetzt auf einmal hat man tausende oder hunderte Menschen auf einmal, da ist es wichtig darüber den Blick zu halten, dass man jetzt nicht nur sagt, für die Flüchtlinge, die im Prinzip alle in prekären Lebenssituationen sind. Aber das ist auch so ein Thema, das war vorher kein Thema. Auf einmal merkt man, oh wir haben ein Problem damit, dass wir eigentlich keinen bezahlbaren Wohnraum haben und so ist es glaube ich auch da, beim Thema Ehrenamtlichkeit. Das ist wie ein Katalysator offensichtlich. Und sei es sogar im Negativen mit diesen kriminellen Handlungen und diesen furchtbaren Geschehnissen Silvester. Da muss man einfach auch sagen: Wie ist es denn eigentlich mit Karneval, wie ist das in der Düsseldorfer Altstadt Samstagsabends? Geht man da auch als Frau normal hin, kommt man gut über den Bolker Stern, oder wenn man aus dem Sichtfeld der Kameras ist, kommt man da unangetastet durch? Wie reagiert die Altstadtwache, wenn eine Frau kommt und sagt, ich bin hier angetatscht worden?

Barz: Das könnte schon sein, dass da sich mehr dran zeigt sozusagen, als Silvester.

Targas: Über die Thematik Flüchtlinge werden an einigen Stellen gesellschaftliche Themen dann doch wieder präsent. Oder genauso ist ja eigentlich, ist ja auch so ein Vorschlag, mit der Residenzpflicht, damit die Leute nicht in die Großstadt gehen. Man könnte ja auch sagen:

Offensichtlich scheint das auch ein deutsches Problem zu sein, dass die Menschen nicht mehr auf dem Land leben wollen. Aber ist man da irgendwie damit umgegangen? Oder hat man da eine Idee dazu? Aber dafür müssen jetzt die Flüchtlinge bitte auf dem Land bleiben oder im Osten sogar. Grundsätzlich ist es offensichtlich so, dass Menschen eine Tendenz haben, in Städte zu ziehen, das ist ja auch weltweit so. Aber bisher hat das die Politik offensichtlich nicht wahrgenommen oder auch keine Idee dazu. Jetzt wird es über die Flüchtlinge zum Thema: Ihr müsst aber bitte dableiben. Ihr kommt zwar vielleicht aus einer Großstadt, ihr habt in Aleppo oder Damaskus gelebt, aber ihr sollt jetzt bitte im Schwarzwald bleiben. Das wird ja auch komplett anders gewertet. Dabei ist es doch normal, dass Menschen in Großstädten leben wollen, finde ich jetzt, oder die Tendenz ist zumindest nachvollziehbar. Ich gehe dahin, wo ich für mich selber, Möglichkeiten sehe, ein eigenes Leben aufzubauen und mein Leben zu gestalten. Das ist ja auch das, warum auch Deutsche in Großstädte ziehen.

Barz: Was mich auch noch interessieren würde, ist die Zusammenarbeit Hauptamtliche Ehrenamtliche. Was Sie beschrieben haben, ist ja mehr so eine eine Mentalitätssache. Wo man also durch Einführungs-Workshops oder durch Selbstreflexion versucht, die Leute ein bisschen, ich sage jetzt mal hart, einzunorden oder ein bisschen die Erwartungshaltung zu relativieren. Gibt es aber auch sowas wie Konflikte zwischen Ehrenamt und Hauptamt oder kann man das gar nicht sagen?

Targas: Doch natürlich, also meines Erachtens gibt es überall Konflikte.

Barz: Um was könnte es da z. B. gehen?

Targas: Es geht manchmal schon mit der Unterstellung los, man meldet sich nicht oder man will bewusst Dinge unterlassen.

Barz: Also die Hauptamtlichen melden sich nicht?

Targas: Ja, der Vorwurf lautet: Die melden sich nicht. Und dann ist das manchmal ein bisschen ärgerlich, wenn das dann nicht direkt kommuniziert wird. Sondern wenn das dann … man hat dann vielleicht andere Kanäle und macht das über Bande. – Das kann jetzt gerade bei Diakonie und Gemeinden schon mal passieren. Ich bin in der Gemeinde aktiv und über meinen Pfarrer, sage ich dann, kann der nicht mal den Pfarrer Nolting anfragen, weil Diakonie ist ja der Gemeindeverband der evangelischen Gemeinden. Es gab auch mal die Geschichte, wo eine Frau sich was von der Familie hat unterschreiben lassen, dass sie im Prinzip in deren Namen alles entscheiden darf. Und dann wurde von den Hauptamtlichen nachgefragt: Wollt ihr das wirklich? Nee, das wollten sie dann doch nicht. Und dann haben sie das widerrufen, aber letztendlich war das dann doch zunächst so: Die Familie hat es unterschrieben. Das sind freie Menschen, die dürfen ja auch so was dann einfach entscheiden – aber dann müssen sie auch die Konsequenzen tragen. Das war dann in dem Fall soweit, dass die Frau auch dafür gesorgt hat, dass ein Kind quasi auf die Förderschule gekommen ist. Und das finde ich schon sehr weitreichend.

Barz: Also die wurde ein bisschen übergriffig?

Targas: Sehr übergriffig. Also das Beispiel ist jetzt nicht so repräsentativ. Aber da ist für uns schon mal das Problem, wo es halt übergriffig wird. Und das passiert aber in der Regel eher mit Leuten, die auch nicht über die Diakonie gekommen sind, sondern die schon tätig sind. Also das kann schon mal harte Konflikte geben. Oder, wenn sie sagen „unsere Flüchtlinge". Oder es war so, es gab jetzt neue Unterkunft, die Zeltstädte in Eller. Die sind ja ein bisschen anders aufgebaut. Da gab es ja diese Zeltstädte, da war ein großes Zentrum in der Mitte gewesen und am Eingang. Und da gab es viele Leute, die sich in dem einen Stadtteil engagiert haben und da musste man einen Zaun haben, damit die Leute nicht ständig ungefragt reingehen und die sind dann verlegt worden in Unterkünfte, die wir betreuen. Da ist mehr Privatsphäre, und dann kommen die Leute rein: Wo sind denn unsere Flüchtlinge? Wenn die die Leute besuchen wollen, können wir gerne die Leute einladen, kein Problem, aber wir müssen schon beim Pförtner Bescheid sagen und sagen, sie sind hier Besucher. Wir können jetzt nicht einfach mal sagen, ich bringe dir mal einen Karton Kleider mit. Die will hier keiner. Da müssen sie sich schon dran halten, sie sind hier Besucher in der Privatsphäre.

Barz: Das ist auch ein gutes Bild für dieses gegenseitige Brauchen … Teilweise haben die Ehrenamtlichen vielleicht auch das Gefühl, dass sie einen Kompetenz- oder Erfahrungsvorsprung haben.

Targas: Wenn sie so fordernd sind, wenn die sagen: „Du bist Sozialarbeiter. Du musst das und das …" Das ist ja so klassisch, was die Klienten auch manchmal so sagen: Du bist Sozialarbeiter, du musst. Nee, ich muss gar nicht, letztendlich gebe ich Anleitung und unterstütze. Natürlich ist das manchmal, wenn so die Ehrenamtlichen das für sich in Anspruch nehmen und sagen, ich vertrete das jetzt genauso, du musst das jetzt machen. Sie müssen jetzt hier sein. Das sind auch schon mal so Konflikte, wir haben ja bei der Zuständigkeit 1:200. Jetzt sind die in die Unterkünfte verteilt. Wir haben auch Unterkünfte, da sind so

20–30 Personen. Da ist man nicht täglich. Jetzt haben die Ehrenamtlichen eine enge Bindung und dann sagen die, da kommt nie einer von der Diakonie. Die kommen einmal in der Woche und wenn die Leute nicht in die Beratung kommen … wir haben eine Komm-Struktur und keine aufsuchende Hilfe. Ja, aber die können das doch gar nicht. Die sitzen hier und wissen gar nicht, was sie tun sollen. Also das sind schon mal so Konflikte. Da muss man dann halt sagen, wir wissen, was wir tun und wir haben auch eine Idee, wie wir das tun wollen, aber wir können jetzt nicht, wir können doch trotzdem nicht 24 Stunden und rund um die Uhr da sein. Das ist dann wirklich auch manchmal ein Verständnisproblem zu sagen, so ist soziale Arbeit auch mit diesen Betreuungsschlüsseln. Mehr ist dann auch nicht möglich. Und weil es eben auch eine Hilfe zur Selbsthilfe ist. Manchmal gibt es Familien, die brauchen mehr Unterstützung, dann versuchen wir das auch. Aber das werden dann auch mal so Konfliktfälle mit dem Ehrenamt, weil die dann natürlich sagen: „Ja, ich kenne die doch."

Barz: Vielleicht doch noch dieser eine Punkt. Diese Umstrukturierung bei Ihnen im Haus selber, dass jetzt die Ehrenamts-Koordination irgendwie zentralisiert wurde. Wie bewerten Sie das?

Targas: Gut, sehr wichtig. Auf jeden Fall. Und vor allem auch wirklich ein Schritt dahin zu sagen, die Ehrenamtlichen sind nicht nur Lückenbüßer, sondern dass sie auch professionelle Ansprechpersonen und Gestaltungsmöglichkeiten haben.

Barz: Super, wir machen Schluss, ich danke Ihnen sehr.

Psychische Gesundheit bei Flüchtlingen: Trauma, Angst, Depression und Integration

Volker Reissner

1. Migration nach Deutschland

Ende des Jahres 2015 zählte der United Nations High Commissioner for Refugees ca. 65,3 Millionen durch Gewalt vertriebene Menschen; 21,3 Millionen dieser Menschen flüchteten aus ihrem Herkunftsland (vgl. UNHCR 2017). Die Hälfte dieser Flüchtlinge ist unter 18 Jahren. Die Umstände im Heimatland, die Flucht und die Integration in dem Aufnahmeland verursachen bei den Betroffenen ausgeprägten psychischen Stress. Hierdurch erhöht sich das Risiko für psychische Erkrankungen.

Neben einer erhöhten allgemeinen seelischen Belastung leiden Flüchtlinge unter psychischen Störungen, z. B. unter Posttraumatischen Belastungsstörungen (PTBS). Außerdem werden depressive Störungen und Angststörungen als weitere stressbedingte, psychische Erkrankungen bei Flüchtlingen benannt. Diese häufigsten Krankheitsentitäten und mögliche Ursachen und Risikofaktoren sollen im Folgenden skizziert und ihre Prävalenz bei Flüchtlingen vorgestellt werden. Abschließend erfolgt ein Ausblick auf die allgemeinen Grundsätze und Herausforderungen bei der Behandlung.

Wissenschaftliche Publikationen aus den Bereichen öffentliche oder psychische Gesundheit untersuchen häufig nicht nur die Gruppe der Flüchtlinge, sondern auch die der Migranten oder der Asylsuchenden.

Als *Migranten* werden in der Regel diejenigen Personen bezeichnet, die sich entschlossen haben, ihre Heimat zu verlassen. Diese Definition ist unabhängig vom Rechtsstatus des Migranten im Aufnahmeland, den Migrationsgründen (ökonomisch, politisch, religiös etc.), der Frage der Freiwilligkeit der Migration oder der Aufenthaltsdauer im aufnehmenden Land (vgl. International Organization for Migration (IOM) 2017). Umgangssprachlich wird der Terminus „Migrant" oft für diejenigen gebraucht, die ihr Heimatland aus ökonomischen Gründen verlassen, z. B. als „Arbeitsmigranten" oder „Wanderarbeitnehmer", die freiwillig, zum persönlichen Nutzen und ohne äußeren Zwang migrieren (vgl. Bundesamt für Migration und Flüchtlinge (BAMF) 2013; UNHC 1990). Zu der Gruppe der Migranten zählen aber auch diejenigen, die unfreiwillig ihre Heimat verlassen.

Als *Asylsuchende* beabsichtigen sie ...

als politisch Verfolgter	gemäß Artikel 16a des Grundgesetzes (GG),
als Flüchtling	gemäß Genfer Flüchtlingskonvention (UNHCR, 1951) bzw. § 3 Absatz 1 des deutschen Asylgesetzes (AsylG),
als subsidiär Schutzberechtigter	gemäß § 4 Absatz 1 AsylG einen Asylantrag zu stellen bzw.
Abschiebungsschutz	gemäß § 60 Abs. 5 oder 7 des Aufenthaltsgesetzes (AufenthG) zu erhalten.

Bei den *Asylantragstellern* wird geprüft, ob sie tatsächlich dem angegebenen Status entsprechen (BAMF 2017). Laut Bundesministerium des Inneren (BMI 2017) reisten im Jahr 2015 890.000 Asylsuchende in die BRD ein. Im Jahr 2016 ging diese Zahl auf 280.000 Personen zurück.

2016 wurden insgesamt 745.545 Asylanträge gestellt. Die Anzahl der entschiedenen Asylanträge belief sich auf 695.733. Davon erhielten 36,8 Prozent (n = 256.136) den Rechtsstatus eines Flüchtlings, 22,1 Prozent (n = 153.700) subsidiären Schutz und 3,5 Prozent (n = 24.085) Abschiebungsschutz. Der Hauptteil der Asylbewerber kam im Jahr 2016 – ähnlich wie im Vorjahr – aus den Bürgerkriegsländern Syrien und Irak (36 Prozent und 13 Prozent) sowie aus Afghanistan (17 Prozent); (vgl. BAMF 2016a). Von diesen drei häufigsten Herkunftsländern wiesen Syrer und Iraker die höchsten *Gesamtschutzquoten* auf: Der Anteil an positiv entschiedenen Asylanträgen betrug im Jahr 2016 bei syrischen Asylbewerbern 98 Prozent und bei irakischen Asylbewerbern 70 Prozent (vgl. BAMF 2016b).

2. Stress durch Alltagsbelastungen und Traumata

Flüchtlinge erleben vor, während und nach der Flucht ausgeprägten Stress durch chronische Alltagsbelastungen, kritische Lebensereignisse oder Traumata. Unter *Alltagsbelastungen*, oder auch „Daily hassels", versteht man psychosoziale Mikrostressoren, die tagtäglich oder phasenweise als irritierend, frustrierend oder belastend wahrgenommen werden (vgl. Keles et al., im Druck). Sie können im Verlauf des gesamten Fluchtprozesses auftreten und durch die Ursachen der Flucht, z. B. Bürgerkrieg bedingt sein oder unabhängig davon auftreten. Hierzu zählen z. B. finanzielle Probleme, das Fehlen einer adäquaten Unterkunft, die Dauer des Asylverfahrens, soziale Exklusion, Arbeitslosigkeit, der Verlust sozialer Unterstützung (Social Support), eine kulturelle Entwurzelung und weitere psychosoziale Stressoren (vgl. Bogic et al. 2012).

Der Begriff *Trauma* (griechisch: Wunde) hat im allgemeinen Sprachgebrauch eine vergleichsweise breite Definition. Im Rahmen der psychiatrisch-psychologischen Terminologie wird er gemäß der beiden großen Klassifikationssysteme für Erkrankungen leicht unterschiedlich definiert. Entsprechend des *Diagnostic and Statistical Manual for Mental Disorders-5 (DSM-5)* zeichnen sich Traumata dadurch aus, dass eine Person z. B. vom Tod oder einer schweren Verletzung oder sexueller Gewalt bedroht war. Die Person kann die Situation am eigenen Leib miterlebt haben, Zeuge eines solchen Ereignisses geworden sein, davon in Kenntnis gesetzt worden sein, dass ein Verwandter oder guter Freund ein solches Ereignis erfuhr oder wiederholt mit aversiven Details eines solchen Ereignisses konfrontiert worden sein (z. B. Helfer, die menschliche Überreste aufsammelten; vgl. American Psychiatric Association (APA) 2013). Für die Autoren der Vorgängerausgabe, dem DSM-IV, erschien es zusätzlich von Bedeutung, dass der Betroffene dabei eine intensive Angst, Hilflosigkeit oder Horror erlebte (vgl. APA 2000). Die *International Classification of Diseases-10* definiert das Traumakriterium als ein

> belastendes Ereignis oder eine Situation außergewöhnlicher Bedrohung oder katastrophenartigem Ausmaßes (kurz oder langanhaltend), die bei fast jedem eine tiefe Verstörung hervorrufen würde (ICD-10, Dilling/Mombour/Schmidt, 1991, S. 157).

Zu potentiell traumatischen Ereignissen vor und/oder während der Flucht zählen z. B. Aufenthalt in einem Kriegsgebiet, Verfolgung, gewalttätige Angriffe, Gefangenschaft, Tod eines oder Trennung von einem nahen Angehörigen, sexueller Missbrauch, Folter, Wegfall einer sicheren Unterkunft etc. (vgl. Bogic et al. 2012). Auch nach der Flucht kann eine Vielzahl der genannten Ereignisse auftreten, die die körperliche und/oder seelische Integrität der Flüchtlinge potentiell gefährden.

3. Bewältigung von Stress und psychische Störungen

Miller und Rasmussen (2010) diskutieren den Einfluss von kritischen Lebens-
ereignissen und Alltagsbelastungen auf die psychische Gesundheit anhand der
Daten von Kriegsflüchtlingen. Sie argumentieren, dass Alltagsbelastungen einen
mindestens ebenso großen Einfluss auf die psychische Gesundheit ausüben, wie
kritische Lebensereignisse oder Traumata. Die Autoren begründen dies damit,
dass die Exposition mit einem stressreichen Ereignis wie Krieg nur für einen
Teil der Varianz des Auftretens von psychischen Störungen, wie einer PTBS oder
Depression, verantwortlich ist. Untersuchungen an Flüchtlingen, die in entwi-
ckelten Ländern Schutz fanden, zeigten, dass Alltagsbelastungen in der Post-Mi-
grations-Phase, etwa durch soziale Isolation, Arbeitslosigkeit, Diskriminierung,
einen hohen Anteil der Varianz für das Auftreten von psychischen Symptomen
erklären. Des weiteren zeigen Studien mit nicht durch Krieg belasteten Proban-
den zum Teil eine ausgeprägtere Assoziation zwischen Alltagsstressoren und der
psychischen Gesundheit als kritische Lebensereignisse. Hieraus leiten Miller und
Rasmussen (2010) ein Mediator-Modell ab (Siehe Abbildung 1).

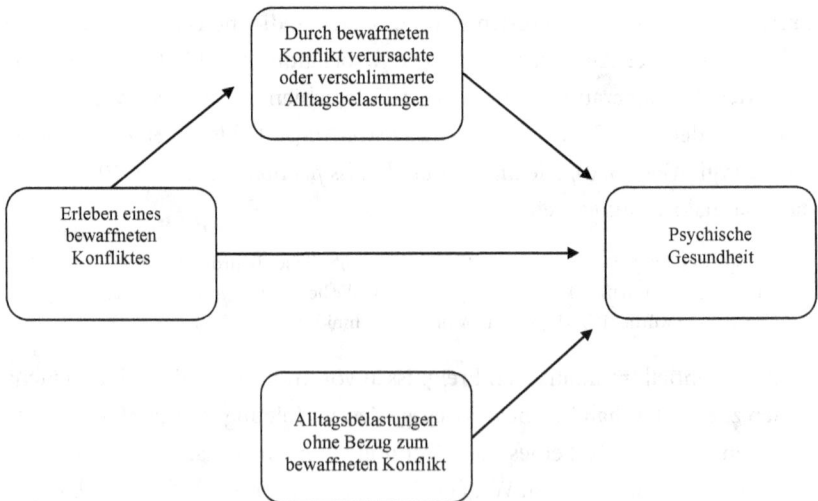

Abbildung 1: Mediatormodell der psychischen Gesundheit bei Kriegsflüchtlingen nach Miller und Rasmussen
(2010, S. 9; Adaptiert nach Fernando, Miller und Berger, 2010)

In diesem Model konstatieren die Autoren, dass die psychische Gesundheit zum einen durch eine direkte Belastung durch kritische oder traumatische Kriegsereignisse negativ beeinflusst wird. Dieser negative Einfluss kann zusätzlich durch das Auftreten von kriegsbedingten Alltagsbelastungen moderiert bzw. verstärkt werden. Der direkte Effekt nicht-kriegsbedingter Daily hassels wirkt sich zusätzlich negativ auf die psychische Gesundheit aus.

Die Arbeitsgruppe um Keles konnte im Rahmen einer longitudinalen Studie an n = 918 unbegleiteten minderjährigen Flüchtlingen zeigen, dass unterschiedliche Alltagsbelastungen in der Postmigrationsphase mit einer depressiven Symptomatik zusammenhängen (vgl. Keles et al., im Druck). Mikrostressoren, die durch das Einleben in einer neuen Kultur entstehen, können im Verlauf zu depressiven Beschwerden führen. Allgemeine Alltagsbelastungen und eine depressive Symptomatik bedingen sich dagegen wechselseitig.

Psychischer Stress, im Sinne von Alltagsbelastungen oder Traumata kann das Wohlbefindenden einer Person insbesondere dann deutlich beeinflussen, wenn keine adäquate Stressbewältigung bzw. *Coping* erfolgt (vgl. Jerusalem 1990). Das von Lazarus und Folkman (1984) entworfene *transaktionale Copingmodell* betont die gegenseitige Beeinflussung zwischen Individuum und seiner Situation und die daraus entstehenden Konsequenzen für die Bewältigung. Im Angesicht des Stressors erfolgt zunächst eine kognitive Bewertung und Einschätzung der eigenen Situation und der zur Verfügung stehenden Ressourcen und Bewältigungsstrategien. Auf der Basis dieses *Cognitive appraisal* unternimmt das Individuum dann kognitive Anstrengungen und/oder Verhaltensmaßnahmen, um das Person-Umwelt-Gleichgewicht wieder herzustellen. Als Problem-orientierte *Coping-Strategien* werden aktive Handlungen verstanden, die die Situation verändern, z. B. das Aufsuchen von emotionaler oder instrumenteller Hilfe, das positive Überdenken der Situation, Cognitive reappraisal oder das Akzeptieren der Situation. Zu den Emotions-orientierten oder passiven Coping-Mechanismen zählen die Verleugnung der Problematik, Selbst-Ablenkung, Substanzgebrauch oder ein verhaltensmäßiges „sich aufgeben". In der Regel kommen in den meisten Stresssituationen Problem- und Emotions-orientiertes Coping zur Anwendung (vgl. Folkman/Lazarus 1980). Unkontrollierbare Situationen werden eher Emotions-orientiert, kontrollierbare Situationen eher Problem-orientiert angegangen (vgl. Catanzaro/Greenwood 1994).

Die Fähigkeit einer positiveren Neubewertung eines stressreichen Ereignisses und des damit verbundenen Stresses (Kognitives Reappraisal) führt allgemein zu einer besseren Bewältigung (vgl. McRae et al. 2012). Aktive Coping-Strategien, z. B. Handeln mit dem Ziel der Verbesserung der Situation, reduzieren Stress (vgl. Silver et al. 2002). Umgekehrt sind der Situation nicht angemessene, maladaptive Copingstrategien mit einem erhöhten Risiko für psychische Erkrankungen, wie PTBS oder Depression verbunden (vgl. Ozer et al. 2003). Es besteht eine Assoziation zwischen Religiosität bzw. der Fähigkeit, im Leben auch nach einem Trauma einen Sinn zu sehen, mit einem geringerem Schweregrad der PTBS-Symptomatik. Eine bessere wahrgenommene soziale Unterstützung für PTBS-Betroffene geht mit einer positiveren Stimmungslage und psychischen Entlastung im Verlauf einher (vgl. Feder et al. 2013).

4. Posttraumatische Belastungsstörung
Symptomatik der PTBS

Ein geringer Teil derjenigen, die ein Trauma erfuhren, leiden unter einer *Posttraumatischen Belastungsstörung* (PTBS) als Folgereaktion. Intrusionen, Vermeidung, negative Veränderungen von Trauma-bezogenen Kognitionen und Affekten und Übererregbarkeit repräsentieren die Kernsymptomatik dieser schweren psychischen Störung (vgl. DSM-5/APA 2013). Zu den Intrusionen gehören unwillkürlich sich aufdrängende Erinnerungen an das Trauma, Albträume, Flash-backs, bei denen sich die Person in die traumatische Situation zurückversetzt erlebt, seelisches Leiden oder ausgeprägte körperliche Reaktionen bei Konfrontation mit Reizen, die mit dem Trauma assoziiert sind (z. B. Schwitzen, Herzrasen, Schwindel etc.).

Um solche Erinnerungen und diese Reaktionen zu verhindern, werden entsprechende Hinweisreize in Form von Gedanken, Gefühlen, Personen oder Orten vermieden. Als Beispiel kann ein Passant dienen, der auf einer bestimmten Straße sich in der Nähe einer Bombenexplosion aufhielt mit für ihn lebensbedrohlichem Ausgang. Körperlich wieder genesen, nimmt er nun regelmäßig einen deutlichen Umweg in Kauf, um diese Straße zu umgehen. Angst, Schuld, Scham oder Hilflosigkeit sind typische Gefühle, die im Verlauf einer PTBS an Schwere zunehmen können. Oft gehen sie einher mit zunehmend negativen Kognitionen, wie Selbstabwertung. Verstärkte Schreckhaftigkeit, Reizbarkeit,

Wutausbrüche, Konzentrations- und Schlafstörungen subsumieren sich unter dem Symptom der Übererregbarkeit.

Als Voraussetzung für die Diagnose einer PTBS gilt das Erleben eines Traumas. Liegen die oben genannten Kernsymptome für einen Zeitraum von mindestens einem Monat sowie ein bedeutsames Leiden oder eine Beeinträchtigung des sozialen oder beruflichen Lebens vor und sind diese nicht durch eine andere Erkrankung erklärbar, wird die Diagnose einer PTBS vergeben. Kinder, die an einer PTBS leiden, zeigen zusätzliche oder andere Beschwerden, was unter Umständen die Diagnosestellung erschwert. Sie können durch aggressive Verhaltensweisen oder durch sozialen Rückzug und depressive Beschwerden auffallen. Im Spiel inszenieren sie das traumatische Ereignis erneut.

Daten zu aggressiven Verhaltensweisen bei erwachsenen Zivilpersonen mit PTBS finden sich relativ selten und können im Rahmen dieses Beitrags nur angerissen werden. Die vorhandenen Studien zeigen, dass die Diagnose einer PTBS mit einem geringen Ausmaß an sogenannter appetetiver Aggression einhergeht (vgl. Hecker et al. 2015).

Bei dieser Art der Aggression verspürt der Täter bei der Ausübung von Gewalt oder beim Zufügen von Leid Vergnügen. Hingegen scheinen aggressive Reaktionen auf eine wahrgenommene Bedrohung (reaktive Aggression) relativ häufiger bei den PTBS-Betroffenen mit einer defizienten Emotionsregulation vorzukommen. Dies wird als erlernte Reaktion auf eine konstant lebensbedrohliche Situation verstanden, die beim Überleben hilft (vgl. Marsee 2008).

Prävalenz der PTBS

Nicht alle Menschen, die ein Trauma erleben, entwickeln eine PTBS. In einer der ersten großen repräsentativen US-amerikanischen Studie mit n = 5.877 Teilnehmern berichteten 60,7 Prozent der Männer und 51.2 Prozent der Frauen in ihrem bisherigen Leben ein Trauma erlebt zu haben. Unter einer PTBS gemäß der Definition nach DSM-IV litten allerdings nur 8,1 Prozent bzw. 20,4 Prozent der männlichen respektive weiblichen Befragten (Lebenszeitprävalenz; Gesamt: 7,8 Prozent) (vgl. Kessler et al. 1995). In der BRD liegt die Lebenszeitprävalenz für traumatische Ereignisse bei 24 Prozent und für die PTBS bei 2,9 Prozent (vgl. Hauffa et al. 2011). Die Autoren fanden in ihrer repräsentativen Stichprobe für ältere Studienteilnehmer höhere Raten an traumatischen Ereignissen und

PTBS. Die Arbeitsgruppe um Glaesmer reproduzierte vier Jahre später diese Lebenszeitprävalenzzahlen für eine PTBS und für traumatische Ereignisse in einer repräsentativen Studie (vgl. Glaesmer et al. 2015). Im Vergleich zu den PTBS-Prävalenzdaten einiger ausgesuchter europäischer Länder scheint die deutsche Population wohl eher gering belastet. In einer europaweiten Studie zur 12-Monatsprävalenz der PTBS berichteten Darves-Bornoz und Kollegen (2008) über Raten zwischen 0,6 Prozent (Spanien) und 2,6 Prozent (Niederlande).

Vor dem Hintergrund dieser Zahlen erscheint es wahrscheinlich, dass die Belastung von Flüchtlingen und/oder Migranten durch eine PTBS deutlich höher ausfällt. Aufschluss hierüber gibt eine Meta-Analyse von 20 Studien zu insgesamt 7.000 Flüchtlingen, die in westliche Länder migrierten (vgl. Fazel et al. 2005). Die Flüchtlinge entstammten repräsentativen wie nicht-repräsentativen Stichproben, die mit unterschiedlichen Erhebungsinstrumenten und -methoden untersucht wurden. Die Autoren fanden PTBS-Prävalenzraten zwischen 3 Prozent und 44 Prozent zum Zeitpunkt der Befragung. Nach Reduktion der Datenbasis auf die fünf größten Studien mit insgesamt n = 4.567 Flüchtlingen, die vornehmlich aus Süd-Ost-Asien stammten, zeigte sich eine geschätzte Punktprävalenz[1] von 9 Prozent (99 Prozent Konfidenzintervall (KI): 8–10 Prozent). Studien mit einer Stichprobengröße mit n ≤ 200 Flüchtlingen wiesen im Vergleich signifikant höhere PTBS-Raten aus.

Aktuelle, populationsbasierte, repräsentative Studien zur Prävalenz der PTBS bei in die BRD immigrierten Flüchtlingen mit großen Stichprobenzahlen lassen sich kaum finden. Kleinere Studien liegen vor und geben einen ersten Eindruck: Die Arbeitsgruppe um Gäbel untersuchte im Jahr 2006 n = 76 Asylbewerber auf das Vorliegen von PTBS-Symptomen (vgl. Gäbel et al. 2006). Die Auswahl der Teilnehmer erfolgte per Zufallsprinzip durch 16 Einzelentscheider des damaligen Bundesamtes für die Anerkennung ausländischer Flüchtlinge. Das Vorliegen einer möglichen PTBS-Diagnose wurde mittels eines Screeningfragebogens festgestellt.

Etwas mehr als die Hälfte der Studienteilnehmer erhielten eine Nachuntersuchung in Form eines standardisierten klinischen Interviews durch Psychologen (n = 40). Während die Untersuchung durch den Screening-Fragebogen allein

---

[1] Als Punktprävalenz wird die Anzahl der zum Untersuchungszeitpunkt Erkrankten im Verhältnis zu der Gesamtzahl aller Untersuchten bezeichnet.

eine Punktprävalenz einer PTBS von 60 Prozent ergab, lag dieser Wert bei 40 Prozent in der Gruppe der standardisiert Nachuntersuchten. Die Zusammensetzung der Stichprobe in Hinblick auf ihre Herkunftsländer unterschied sich deutlich im Vergleich zu der Population von Asylbewerbern, die im Jahr 2016 ihre Anträge an das BAMF richteten. Die Tatsache, dass die Anzahl und Art der erlebten Traumata die Vulnerabilität für eine PTBS steigert, stellt einen Grund dafür dar, dass eine Übertragung der Studienergebnisse auf die 2017 in der BRD lebenden Asylbewerber, die größtenteils syrischer, irakischer und afghanischer Herkunft sind, zu Verzerrungen führt (vgl. Böttche et al. 2016a).

Aktuellere Daten zu n = 280 Flüchtlingen aus einer Landesaufnahmestelle in Niedersachsen legen Kröger et al. (2016) vor. Das Screening auf PTBS- bzw. Depressive Symptome erfolgte mittels Kurzfragebögen. Die von den Teilnehmern am häufigsten genannten Traumata bezogen sich auf Kriegserlebnisse (72,5 Prozent), gewalttätige Angriffe (67,9 Prozent), andere stark belastende Ereignisse (51,4 Prozent), Folter (50,0 Prozent), Gefangenschaft (47,9 Prozent) und sexueller Gewalt (11,1 Prozent; Mehrfachangaben möglich). Je nach Herkunftsland unterschied sich die Punktprävalenz für eine potentielle PTBS. Während die Quote bei Flüchtlingen aus Nordafrika bei 28,1 Prozent und bei Flüchtlingen aus dem Nahen Osten bei 20,5 Prozent lag, waren 16,1 Prozent der Studienteilnehmer aus den Balkanländern betroffen. Die Punktprävalenzen für eine mögliche depressive Störung lag bei 17,9 Prozent (Balkan), 35,9 Prozent (Naher Osten) und 24 Prozent (Nordafrika).

Ruf und Kollegen befragten n = 104 Kinder von Asylbewerbern aus 13 deutschen Gemeinschaftsunterkünften bezüglich traumatischer Ereignisse und das Vorliegen einer PTBS (Ruf et al. 2010). Die Kinder, die zum Zeitpunkt der Befragung (2003/2004) im Mittel ca. zehn Jahre alt waren, berichteten über die Beobachtung von gewalttätigen Angriffen (41 Prozent), Unfällen (39 Prozent), Kriegserlebnissen (38 Prozent), den Anblick von Leichen (25 Prozent) und ferner darüber, dass sie von dem gewaltsamen Tod oder einer schweren Verletzung einer nahestehenden Person erfuhren. Die Erfassung von PTBS-Symptomen erfolgte mittels Fragebogen auf der Basis der damals gültigen DSM-IV-Kriterien. Die Diagnose einer PTBS erhielten 19,2 Prozent der Kinder. Auch hier zeigte sich, dass die Summe der traumatischen Ereignisse positiv mit der Schwere der PTBS-Beschwerden korrelierte.

Die zum Teil deutlichen Unterschiede in den PTBS-Prävalenzzahlen erklären sich nicht nur aus der Heterogenität der Stichproben selber (z. B. durch das Herkunftsland, Art der Traumata etc.) und die Situation im Aufnahmeland (vgl. Lindert 2009), sondern auch durch in der Studienmethode begründete Faktoren. Hierzu zählen z. B. die Stichprobengenerierung (Auswahl und Definition der Grundgesamtheit, das Ziehungsdesign zur Erhebung einer repräsentativen oder einer Inanspruchnahme-Stichprobe, die Erhebungsmethoden (Face-to-face- oder Telefoninterview, Online-Befragung) aber auch die theoretische Basis und Definition der PTBS nach DSM-IV, DSM-5 oder ICD-10 sowie kulturelle Äquivalenz bzw. Passung der eingesetzten Messinstrumente etc. (vgl. Fazel 2005; Rasmussen et al. 2015).

Risiko- und Resilienzfaktoren
Variablen, die nach einem traumatischen Erlebnis die Entwicklung einer PTBS bzw. psychopathologische Symptome befördern, können anhand des zeitlichen Verlaufs in prä-, peri-[2] und posttraumatische Risikofaktoren eingeteilt werden. Die wichtigsten Merkmale sind in der Tabelle 2 aufgeführt, ohne dass hier der Anspruch auf Vollständigkeit besteht.

Tabelle 2: Prä-, peri- und posttraumatische Risikofaktoren der PTBS

Prätraumatische Risikofaktoren	
Soziodemo-graphische Faktoren	Höheres Alter und weibliches Geschlecht Ethnische Zugehörigkeit Niedriges Bildungsniveau
Genetik	Die Vererbbarkeit der PTBS wird auf 30 bis 40 Prozent geschätzt
Umwelt und Genetik	Umwelteinflüsse, wie z. B. traumatische Ereignisse in der Kindheit können zur verstärkten Expression des Gens FKBP5 beitragen, was sich negativ auf das biologische Stress-Hormonsystem auswirkt. Dieser epigenetische Effekt erhöht die Wahrscheinlichkeit für das Auftreten einer psychischen Störung, wie der PTBS im Erwachsenenalter.

---

[2] Als „peritraumatische Risikofaktoren" werden die Bedingungen bezeichnet, die während des Traumaereignisses akut auftreten. Beispiel: Beabsichtigtes (z. B. Folter) vs. unbeabsichtigtes Trauma (z. B. Verkehrsunfall).

Psyche	Vorbestehende psychische Störungen
	Vorbestehende Einschränkung der exekutiven Funktionen, z. B. nachhaltige Aufmerksamkeit oder Handlungsplanung Persönlichkeitsfaktoren, wie hohe Risikovermeidung (im Sinne von ausgeprägter Ängstlichkeit), geringe Selbstlenkungsfähigkeit und geringe Kooperativität (vermittelt über geringe soziale Unterstützungs- und maladaptive Copingprozesse).
	Peritraumatische Risikofaktoren
Trauma-kennzeichen	Längere Dauer, ausgeprägter Schweregrad und intentional herbeigeführte Traumata
Symptome	Dissoziation im Rahmen des Traumas
Hormone	In Abhängigkeit vom Alter des Betroffenen kann der Spiegel des Stresshormons Kortisol mit der Entwicklung einer PTBS assoziiert sein
	Posttraumatische Risikofaktoren
Ressourcen-zugang	Niedriges Bildungsniveau und Einkommen sind häufig mit einem schlechteren Zugang zu Ressourcen, z. B. Behandlung assoziiert.
Coping und soziale Unterstützung	Maladaptive Coping-Strategien Fehlen von sozialer Unterstützung
Weitere Risikofaktoren	Eine bessere körperliche Fitness geht mit weniger Vermeidungsverhalten und geringerer Übererregbarkeit einher (Vancampfort et al., im Druck). Die wiederholte Ablehnung des Asylantrags und Arbeitslosigkeit gehen bei Patienten mit PTBS mit einem höheren Schweregrad der Psychopathologie einher (Hocking et al. 2015).

Die Arbeitsgruppe um Brewin (2000) untersuchte im Rahmen einer Metaanalyse 14 separate Risikofaktoren in Hinblick auf ihren Vorhersagewert für eine PTBS. Geschlecht, Alter zum Traumazeitpunkt und ethnische Zugehörigkeit hatten als Risikovariablen nur in einigen Stichproben Bedeutung. Das Bildungsniveau, vorangegangene Traumata, eine stressreiche Kindheit hingegen wiesen eine größere Vorhersagekraft auf, die jedoch von den Faktoren psychische Vorerkrankung des Studienteilnehmers, psychische Erkrankungen in der Familie und Missbrauchserfahrung in der Kindheit übertroffen wurde. Bei insgesamt moderaten Effektstärken zeigten insbesondere die peri- und posttraumatischen Faktoren, wie ein geringerer Traumaschweregrad, adäquate Copingstrategien und soziale Unterstützung, etwas stärkere positive Effekte als prätraumatische Faktoren (vgl. Brewin/Andrews/Valentine, 2000; Ozer et al. 2003).

Die Gruppe derjenigen, die einem Trauma ausgesetzt waren, zeigt sich in Hinblick auf die Risiko- bzw. Resilienzfaktoren deutlich heterogen. Jeder Betroffene verfügt über eine individuelle genetische Ausstattung sowie unterschiedliche Lebens- und Umwelterfahrungen. Zudem finden sich epigenetische Umwelt-Gen-Interaktionen, die zusätzlich den Verlauf nach dem Erleben eines Traumas beeinflussen.

5. Depression und Angst

Studien, die Flüchtlinge in der Postmigrationsphase untersuchten, weisen eine im Vergleich zur Allgemeinbevölkerung höhere Rate an psychischen Erkrankungen auf. Hierzu zählen insbesondere die bereits beschriebene PTBS. In ähnlicher Häufigkeit treten auch andere Angststörungen und depressive Störungen auf (vgl. Fazel et al. 2005). Dieser Befund gilt für Erwachsene wie Kinder (vgl. van Os et al. 2016). Nicht selten treten diese Störungen komorbid, also zeitgleich zu einer PTBS auf.

Menschen mit einer *Depressiven Störung* leiden vornehmlich unter einer gedrückten Stimmung: Freude kann nicht mehr empfunden werden. Antrieb und Energie für Aktivitäten erscheinen reduziert. Menschen mit einer Depression zeigen ein vermindertes Selbstwertgefühl, grübeln häufig in negativer und schuldbeladener Weise über sich selbst und ihre persönliche Lebenssituation. Zusätzlich können Konzentrationsstörungen, Schlafstörungen, Appetit-.und Libidoverlust auftreten. Die Symptome führen bei mittelgradiger Ausprägung zu einer deutlichen Beeinträchtigung des psychosozialen Funktionsniveaus, so dass der alltägliche Tagesablauf in seiner ursprünglichen Form nicht fortgesetzt werden kann. Die Diagnostik einer depressiven Störung im engeren Sinne erfolgt anhand spezifischer Kriterien, die in den genannten Klassifikationssystem (ICD-10 oder DSM-5) verankert sind, durch ein klinisches (standardisiertes)

Interview. Ein *depressives Syndrom* kann über eine Selbstbeurteilung per Fragebogen erhoben werden. Dieses Verfahren ist vergleichsweise unspezifisch. Das Überschreiten eines bestimmten Punktwertes bei der Fragebogenauswertung deutet auf das Vorliegen einer depressiven Störung im Sinne einer Krankheit hin.

Die in der ICD-10 oder DSM-5 aufgelisteten *Angststörungen* sind durch eine unbegründete Angst vor bestimmten Situationen, wie z. B. dem Aufenthalt unter vielen Menschen bei der Agoraphobie gekennzeichnet. Bei der generalisierten Angststörung hingegen tritt die Angst unabhängig von einer spezifischen Situation auf, sie ist frei flottierend. Allgemein ist das Gefühl der Angst durch somatische Beschwerden, wie Herzrasen, Schwitzen, Erstickungsgefühl, Schwindel bis hin zur Panik und Todesfurcht gekennzeichnet. In Analogie zur Depression kann auch hier unterschieden werden in eine Angststörung gemäß Klassifikationssystem und in ein Angstsyndrom.

Die Arbeitsgruppe um Lindert (2009) untersuchte in einer Meta-Analyse über 35 populationsbasierte Studien die Prävalenz von Depressionen und Ängsten bei Flüchtlingen und Arbeitsmigranten. Dabei fanden die Autoren bei insgesamt n = 24.051 Flüchtlingen eine Prävalenz von 44 Prozent für Depressionen und von 40 Prozent für Ängste. Die entsprechenden Raten der Arbeitsmigranten lagen bei 20 Prozent respektive 21 Prozent und damit ungefähr auf dem Niveau der Allgemeinbevölkerung. Die Analyse umfasste Syndrom- und Störungsdiagnosen. Flüchtlinge und Arbeitsmigranten befanden sich zum Zeitpunkt der Befragung zwischen null und mehr als zehn Jahre im Aufnahmeland. Eine weitere Meta-Analyse, vorgelegt von Bogic et al. (2015), untersuchte die Punktprävalenz für Depressionen und Ängsten bei Kriegsflüchtlingen fünf oder mehr Jahre nach ihrer Vertreibung. Die Autorin kommt für diese Population zu deutlich höheren Raten für Depressionen (2,3–80 Prozent) und Ängste (20,3–88 Prozent).

Der Blick in ein zentrales Aufnahmelager in Süddeutschland zeigt ähnliche Prävalenzzahlen. Richter, Lehfeld und Niklewski (2015) suchten die Bewohner dieses Aufnahmelagers auf, um per standardisierten klinischen Interviews und Fragebögen die Häufigkeit psychischer Störungen festzustellen. Die Auswahl von ca. einem Drittel der Studienteilnehmer unterlag dem Zufallsprinzip, die restlichen zwei Drittel entfielen auf Selbstzuweiser. Von n = 283 Asylbewerbern erhielten 63,6 Prozent (n = 180) eine psychiatrische Diagnose. An erster Stelle der Diagnosestatistik stand die PTBS und an Platz zwei die depressiven Störungen.

6. Psychiatrische Versorgung und Integration von Flüchtlingen

Zusammenfassend lässt sich postulieren, dass die Punktprävalenz der PTBS bei Flüchtlingen und/oder Asylsuchenden aus verschiedenen Stichproben zwischen zwei und 44 Prozent schwankt, wobei die Häufigkeit eines traumatischen Erlebnisses deutlich höher liegt (50–84 Prozent) (vgl. Horn et al. 2016). Die Prävalenzen von depressiven und Angststörungen bei Flüchtlingspopulationen fallen mit ca. 40 Prozent etwa doppelt so hoch, wie in der Allgemeinbevölkerung aus. Aufgrund der Zusammensetzung der Studienstichproben, der Situation im Aufnahmeland und der methodischen Unterschiede findet sich eine große Schwankungsbreite der berichteten Prävalenzzahlen. Qualitativ höherwertige Studien mit zufällig und repräsentativ ausgewählten Teilnehmern und hohen Fallzahlen weisen in der Regel geringere Prävalenzzahlen nach.

Für das Aufnahmeland Deutschland liegen Studien mit diesen Merkmalen derzeit (Stand Januar 2017) noch nicht vor. Die psychiatrische Versorgung der Flüchtlinge stellt das Hilfesystem vor große Herausforderungen. Grundsätzlich sind Erkrankungen wie PTBS, Depression und Angststörungen gut psychotherapeutisch und psychopharmakologisch zu behandeln. Außerdem können diese Störungen sich auch spontan wieder legen. Für die PTBS wird – je nach Trauma – eine relativ hohe Spontanremissionsrate von im Mittel 44 Prozent im Verlauf von 40 Monaten berichtet (vgl. Morina et al. 2014). Allerdings flossen in diese Meta-Analyse nur teilweise Studien zu Kriegsüberlebenden ein. Für den Fall von ausgeprägtem psychischen Stress durch einen prekären Aufenthaltsstatus oder häufige Relokalisationen zwischen Unterkünften, durch die Akkulturation oder andere Probleme in der Post-Migrationsphase kann davon ausgegangen werden, dass die Spontanremissionsrate vergleichsweise geringer ausfällt und die Störungen chronifizieren.

Insgesamt kann derzeit keine seriöse Aussage darüber getroffen werden, inwieweit psychisch kranke Flüchtlinge das psychologisch-psychiatrische Hilfesystem benötigen werden.

Im Rahmen einer Studie befragte Gesundheitsamtsleiter in der BRD schätzten, dass Flüchtlinge mit psychischen Erkrankungen nicht ausreichend versorgt sind (vgl. Bozorgmehr et al. 2016). Die Autoren um Gouzoulis-Mayfrank (2017) erhoben den Anteil von Flüchtlingen an allen Behandlungsfällen in psychiatrischen Kliniken im Jahr 2015 auf der Grundlage einer bundesweiten Befragung (Rücklaufrate bei postalischer Befragung: 32 Prozent). Demnach betrug der Anteil der Flüchtlinge an vollstationär-freiwillig Behandelten 1,70 Prozent, an vollstationär geschützt Behandelten 2,27 Prozent und an in Psychiatrischen Krankenhausambulanzen vorgestellten Flüchtlingen 2,16 Prozent.

Bei der Diagnostik und Therapie müssen Flüchtlinge wie Therapeuten einige Probleme und Barrieren überwinden. Viele Flüchtlinge sprechen nicht die Sprache ihres Aufnahmelandes, so dass ein Übersetzer bei der Konsultation anwesend sein muss. Dadurch können zwar durch das Fehlen einer direkten Kommunikation Informationen verloren gehen; allerdings beeinträchtigt der Einsatz von Dolmetschern unter Beachtung bestimmter Grundsätze nicht den Erfolg einer Therapie (Böttche et al. 2016b). Transkulturelle Kompetenzen, also Wissen über die kulturellen und sozialen Eigenheiten sowie die subjektiven, kulturell spezifischen Sichtweisen auf die psychisch Erkrankung von Seiten der Behandler erscheinen unabdingbar. Weiterhin können kulturbedingte Hemmnisse auftreten, z. B. über die Erkrankung zu sprechen oder Hilfe anzunehmen. Hier handelt es sich beispielsweise um Schamgefühle, Selbst-Stigmatisierung, kulturell bedingt fehlende oder alternative Krankheitskonzepte etc. (vgl. Schneider/Bajbouj/Heinz 2016). Aufgrund der Symptomatik der Erkrankungen, wie Angst, Depression und PTBS, fällt es den Betroffenen häufig ohnehin nicht leicht, professionelle Hilfe anzunehmen und Vertrauen zum Hilfesystem zu fassen.

Giacco und Priebe (2015) empfehlen für den Aufbau und die Verbesserung der psychiatrischen Versorgung von Flüchtlingen vier Punkte zu beachten: Hierzu zählen die Etablierung von aufsuchenden Programmen, die Kommunikation von Hilfeangeboten, ein multidisziplinärer Behandlungsansatz sowie die Koordination mit anderen Akteuren im Feld. In der BRD werden bereits einige innovative Ansätze, die die in diesem Abschnitt dargelegten Herausforderungen berücksichtigen, diskutiert bzw. umgesetzt.

Hierzu gehören z. B. das Dresdener „Stepped Care Modell zur Versorgung psychisch vulnerabler Geflüchteter" (vgl. Schellong et al. 2016), das Modell der Gesundheitscoaches (vgl. Bohus/Missmahl 2017) oder der Einsatz neuer Kommunikationsmedien zur Behandlung (vgl. Böttche, 2016b). Neben diesen veröffentlichten Ansätzen und Ideen gibt es zurzeit und zukünftig mit Sicherheit weitere Hilfsangebote, die effizient und adäquat die Problemlagen der Flüchtlinge in der BRD adressieren.

Auf übergeordneter Ebene kann die psychische Gesundheit von Flüchtlingen dadurch verbessert werden, dass sie in ihrem Ankunftsland körperliche Unversehrtheit, soziale Sicherheit, eine Befriedigung der Grundbedürfnisse und soziale Unterstützung erfahren. Die Integration in die Gesellschaft durch Einbindung in soziale Netze, Sprachkurse, Bildung und Arbeit erscheint hier zentral. Bereits in der Allgemeinbevölkerung findet sich ein positiver Zusammenhang zwischen dem Arbeitsmarktstatus und dem psychischen Wohlbefinden. McKee-Ryan und Kollegen konstatieren, dass dieses Verhältnis unter anderem durch die Faktoren Selbstwirksamkeitserwartungen, soziale Unterstützung und Coping-Strategien vermittelt wird (vgl. McKee-Ryan et al. 2005). Flüchtlinge haben eine ausgeprägte Motivation, eine Arbeit aufzunehmen (vgl. Flanagan 2007). Die Arbeit selbst und die daraus resultierende soziale und finanzielle Anerkennung führen auch in dieser Gruppe zu einer positiven Selbstwirksamkeitserwartung und dem Gefühl, die Einkommenssituation unter eigener Kontrolle zu haben (vgl. Correa-Velez et al. 2013). Soziale Kontakte am Arbeitsplatz ermöglichen die soziale Unterstützung bei Coping-Prozessen in stressreichen Situationen aber auch in Hinblick auf eine mögliche PTBS.

Insbesondere die Wertschätzung, als Trauma-Überlebender lebensbedrohliche Ereignisse bewältigt zu haben, kann sich positiv auf die Symptomatik auswirken (vgl. Maercker et al. 2017). Teilhabe am Arbeitsmarkt stellt auch für Flüchtlinge eine wichtige Bedingung für eine gute Lebensqualität und Integration in die Aufnahmegesellschaft dar (vgl. Bogic et al. 2012).

Psychische Erkrankungen können allerdings auch ein Hemmnis für die Arbeitsmarktintegration darstellen. Zur Identifikation und Beratung von Arbeitslosen, die aufgrund einer psychischen Störung Schwierigkeiten bei der Integration in Arbeit aufweisen, eignen sich Liaison-Modelle: In enger Kooperation zwischen den Arbeitsvermittlern des JobCenters mit Psychiatern wird den Betroffenen eine freiwillige Diagnostik, Vermittlung von psychiatrischer Hilfe sowie adäquate Platzierung im Arbeitsmarkt angeboten (vgl. Reissner et al. 2016). Dieses in einigen Städten bereits erfolgreich etablierte Verfahren könnte auch für Flüchtlinge eine Chance bieten, sich trotz psychischer Störung in den Arbeitsmarkt zu integrieren. Insgesamt stellt die Arbeitsmarktintegration einen wesentlichen Baustein dar, um genügend psychosoziale Stabilität zu schaffen, die bisher erlebten traumatischen Erlebnisse bewältigen zu können und – falls angestrebt – im Aufnahmeland eine neue Heimat zu finden.

Literatur

AMERICAN PSYCHIATRIC ASSOCIATION. (2000): Diagnostic and Statistical Manual of Mental Disorders - DSM-IV-TR (4th Text Revision ed.): Washington, DC: American Psychiatric Association.

AMERICAN PSYCHIATRIC ASSOCIATION. (2013): Diagnostic and Statistical Manual of Mental Disorders: DSM-5 (5th ed.). Arlington, VA: American Psychiatric Publishing.

BOGIC, M./AJDUKOVIC, D./BREMNER, S./FRANCISKOVIC, T./GALEAZZI, G. M./ KUCUKALIC, A., et al. (2012): Factors associated with mental disorders in long-settled war refugees: refugees from the former Yugoslavia in Germany, Italy and the UK. In: Psychiatry, 200 (3), 216–223.

BOGIC, M./NJOKU, A./PRIEBE, S. (2015): Long-term mental health of war-refugees: a systematic literature review. In: BMC Int Health Hum Rights, 15, 29.

BOHUS, M./MISSMAHL, I. (2017): Zur Umsetzung alternativer Behandlungsmodelle für Flüchtlinge in der BRD. Was können – was sollten – wir aus Afghanistan lernen? In: Nervenarzt, 88 (1), 34–39.

BÖTTCHE, M./HEEKE, C./KNAEVELSRUD, C. (2016a): Sequenzielle Traumatisierungen, Traumafolgestörungen und psychotherapeutische Behandlungsansätze bei kriegstraumatisierten erwachsenen Flüchtlingen in Deutschland. Bundesgesundheitsblatt Gesundheitsforschung. In: Gesundheitsschutz, 59 (5), 621–626.

BÖTTCHE, M./STAMMEL, N./KNAEVELSRUD, C. (2016b): Psychotherapeutische Versorgung traumatisierter geflüchteter Menschen in Deutschland. In: Nervenarzt, 87 (11), 1136–1143.

BOZORGMEHR, K./NÖST, S./THAISS, H. M./RAZUM, O. (2016). Die gesundheitliche Versorgungssituation von Asylsuchenden. Bundesweite Bestandsaufnahme über die Gesundheitsämter. In: Bundesgesundheitsblatt Gesundheitsforschung. Gesundheitsschutz, 59 (5), 545–555.

BREWIN, C. R./ANDREWS, B./VALENTINE, J. D. (2000): Meta-analysis of risk factors for posttraumatic stress disorder in trauma-exposed adults. In: Journal of Consulting and Clinical Psychology, 68 (5), 48–766.

BUNDESAMT FÜR MIGRATION UND FLÜCHTLINGE. (2016a): Aktuelle Zahlen zu Asyl – Ausgabe: Dezember 2016. Nürnberg.

BUNDESAMT FÜR MIGRATION UND FLÜCHTLINGE. (2016b): Asylgeschäftsstatistik für den Monat Dezember 2016. Nürnberg: Bundesamt für Migration und Flüchtlinge.

BUNDESAMT FÜR MIGRATION UND FLÜCHTLINGE. (2017): Schutzformen. Abgerufen unter: http://www.bamf.de/DE/Fluechtlingsschutz/AblaufAsylv/Schutzformen/schutzformen-node.html [08.01.2017].

BUNDESMINISTERIUM DES INNEREN. (2017, 11.01.2017): 280.000 Asylsuchende im Jahr 2016. Pressemitteilung vom 11.01.2017.

CATANZARO, S. J./GREENWOOD, G. (1994): Expectancies for negative mood regulations, coping, and dysphoria among college students. In: Journal of Counselling Psychology, 41, 34–44.

CORREA-VELEZ, I./BARNETT, A. G./GIFFORD, S. (2013): Working for a Better Life: Longitudinal Evidence on the Predictors of Employment Among Recently Arrived Refugee Migrant Men Living in Australia. In: International Migration, 53 (2), 321–337.

DARVES-BORNOZ, J. M./ALONSO, J./DE GIROLAMO, G./DE GRAAF, R./HARO, J. M./KOVESS-MASFETY, V., et al. (2008): Main traumatic events in Europe: PTSD in the European study of the epidemiology of mental disorders survey. In: Journal of Traumatic Stress, 21 (5), 455–462.

DILLING, H./MOMBOUR, W./SCHMIDT, M. H. (Eds.). (1991): Internationale Klassifikation psychischer Störungen. ICD-10 Kapitel V (F) Klinisch-diagnostische Leitlinien (2. ed.). Bern: Huber.

FAZEL, M./WHEELER, J./DANESH, J. (2005): Prevalence of serious mental disorder in 7.000 refugees resettled in western countries: a systematic review. In: Lancet, 365 (9467), 1309–1314.

FEDER, A./AHMAD, S./LEE, E. J./MORGAN, J. E./SINGH, R./SMITH, B. W., et al. (2013): Coping and PTSD symptoms in Pakistani earthquake survivors: purpose in life, religious coping and social support. In: Journal of Affective Disorders, 147 (1–3), 156–163.

FLANAGAN, J. (2007): Dropped from the moon: the settlement experiences of refugee communities in Tasmania. Hobart, Tasmania: Social Action and Research Centre, Anglicare Tasmania.

FOLKMAN, S./LAZARUS, R. S. (1980): An analysis of coping in a middle aged community sample. In: Journal of Health and Social Behavior, 21, 219–239.

GÄBEL, U./RUF, M./SCHAUER, M./ODENWALD, M./NEUNER, F. (2006): Prävalenz der Posttraumatischen Belastungsstörung (PTSD) und Möglichkeiten der Ermittlung in der Asylverfahrenspraxis. In: Zeitschrift für Klinische Psychologie und Psychotherapie, 35 (1), 12–20.

GIACCO, D./PRIEBE, S. (2015): WHO Europe policy brief on migration and health: Mental health care for refugees. Copenhagen: World Health Orgaization – Regional Office for Europe.

GLAESMER, H./MATERN, B./RIEF, W./KUWERT, P./BRÄHLER, E. (2015): Traumatisierung und posttraumatische Belastungsstörungen – Auswirkung von Art und Anzahl traumatischer Erfahrung. In: Nervenarzt, 86 (7), 800–806.

GOUZOULIS-MAYFRANK, E./SCHMITZ-BUHL, M./SCHAFFRATH, J./POLLMA-CHER, T. (2017): Die aktuelle Situation der Versorgung von Flüchtlingen in psychiatrischen Kliniken in Deutschland – Eine Bestandsaufnahme der BDK. In: Psychiatrische Praxis, 44 (1), 7–9.

HAUFFA, R./RIEF, W./BRÄHLER, E./MARTIN, A./MEWES, R./GLAESMER, H. (2014): Lifetime traumatic experiences and posttraumatic stress disorder in the German population: results of a representative population survey. In: The Journal of Nervous and Mental Disease, 199 (12), 934–939.

HECKER, T./FETZ, S./AINAMANI, H./ELBERT, T. (2015): The Cycle of Violence: Associations Between Exposure to Violence, Trauma-Related Symptoms and Aggression-Findings from Congolese Refugees in Uganda. In: Journal of Traumatic Stress, 28 (5), 448–455.

HOCKING, D. C./KENNEDY, G. A./SUNDRAM, S. (2015): Mental disorders in asylum seekers: the role of the refugee determination process and employment. In: The Journal of Nervous and Mental Disease, 203 (1), 28–32.

HORN, S. R./CHARNEY, D. S./FEDER, A. (2016): Understanding resilience: New approaches for preventing and treating PTSD. In: Experimental Neurology, 284 (Pt B), 119–132.

INTERNATIONAL ORGANIZATION FOR MIGRATION. (2017). Key Migration Terms. Abgerufen unter: http://www.iom.int/key-migration-terms [08.01.2017].

JERUSALEM, M. (1990). Persönliche Ressourcen, Vulnerabilität und Streßerleben. Göttingen: Hogrefe.

KELES, S./IDSOE, T./FRIBORG, O./SIRIN, S./OPPEDAL, B. (im Druck): The Longitudinal Relation between Daily Hassles and Depressive Symptoms among Unaccompanied Refugees in Norway. Journal of Abnormal Child Psychology.

KESSLER, R. C./SONNEGA, A./BROMET, E./HUGHES, M./NELSON, C. B. (1995): Posttraumatic stress disorder in the National Comorbidity Survey. In: Archives of General Psychiatry, 52 (12), 1048–1060.

KRÖGER, C./FRANTZ, I./FRIEL, P./HEINRICHS, N. (2016): Posttraumatische und depressive Symptomatik bei Asylsuchenden. In: Psychotherapie Psychosomatik Medizinische Psychologie, 66 (9–10), 377–384.

LAZARUS, R. S./FOLKMAN, S. (1984): Stress, appraisal, and coping. New York: Springer.

LINDERT, J. EHRENSTEIN, O. S./PRIEBE, S./MIELCK, A./BRÄHLER, E. (2009): Depression and anxiety in labor migrants and refugees-a systematic review and meta-analysis. In: Social Science & Medicine, 69 (2), 246–257.

MAERCKER, A./HEIM, E./HECKER, T./THOMA, M. V. (2017): Soziale Unterstützung nach Traumatisierung. In: Nervenarzt, 88 (1), 18–25.

MARSEE, M. A. (2008): Reactive aggression and posttraumatic stress in adolescents affected by Hurricane Katrina. In: Journal of Clinical Child & Adolescent Psychology, 37 (3), 519–529.

MCKEE-RYAN, F./SONG, Z./WANBERG, C. R./KINICKI, A. J. (2005): Psychological and physical well-being during unemployment: a meta-analytic study. In: The Journal of Applied Psychology, 90 (1), 53–76.

MCRAE, K./CIESIELSKI, B./GROSS, J. J. (2012): Unpacking cognitive reappraisal: goals, tactics, and outcomes. In: Emotion, 12 (2), 250–255.

MILLER, K. E./RASMUSSEN, A. (2010): War exposure, daily stressors, and mental health in conflict and post-conflict settings: bridging the divide between trauma-focused and psychosocial frameworks. In: Social Science & Medicine, 70 (1), 7–16.

MORINA, N./WICHERTS, J. M./LOBBRECHT, J./PRIEBE, S. (2014): Remission from post-traumatic stress disorder in adults: a systematic review and meta-analysis of long term outcome studies. In: Clinical Psychology Review, 34 (3), 249–255.

OZER, E. J./BEST, S. R./LIPSEY, T. L./WEISS, D. S. (2003): Predictors of posttraumatic stress disorder and symptoms in adults: a meta-analysis. In: Psychological Bulletin, 129 (1), 52–73.

RASMUSSEN, A./VERKUILEN, J./HO, E./FAN, Y. (2015): Posttraumatic stress disorder among refugees: Measurement invariance of Harvard Trauma Questionnaire scores across global regions and response patterns. In: Psychological Assessment, 27 (4), 1160–1170.

REISSNER, V./SCHERBAUM, N./WILTFANG, J./KIS, B./MEILER, B./LIEB, B. et al. (2016): Psychiatrische Interventionen für Arbeitslose. In: Nervenarzt, 87 (1), 74–81.

RICHTER, K./LEHFELD, H. NIKLEWSKI, G. (2015): Warten auf Asyl: Psychiatrische Diagnosen in der zentralen Aufnahmeeinrichtung in Bayern. In: Gesundheitswesen, 77 (11), 834–838.

RUF, M./SCHAUER, M./ELBERT, T. (2010): Prävalenz von traumatischen Stresserfahrungen und seelischen Erkrankungen bei in Deutschland lebenden Kindern von Asylbewerbern. In: Zeitschrift für Klinische Psychologie und Psychotherapie, 39 (3), 151–160.

SCHELLONG, J./EPPLE, F./WEIDNER, K./MOLLERING, A. (2016): Modelle zur regionalen Versorgung psychisch vulnerabler Flüchtlinge. Psychotherapie Psychosomatik Medizinische Psychologie.

SCHNEIDER, F./BAJBOUJ, M./HEINZ, A. (2016): Psychische Versorgung von Flüchtlingen in Deutschland Modell für ein gestuftes Vorgehen. In: Nervenarzt, 88 (1), 10–17.

SILVER, R. C./HOLMAN, E. A./MCINTOSH, D. N./POULIN, M./ GIL-RIVAS, V. (2002): Nationwide longitudinal study of psychological responses to September 11. In: Jama, 288 (10), 1235–1244.

UNITED NATIONS HIGH COMMISSIONER FOR REFUGEES. (1951). Abkommen über die Rechtsstellung der Flüchtlinge (Vol. BGB. II, pp. 559): United Nations High Commissioner for Refugees.

UNITED NATIONS HIGH COMMISSIONER FOR REFUGEES. (2017). Figures at a Glance: United Nations High Commissioner for Refugees.

VAN OS, E. C./KALVERBOER, M. E./ZIJLSTRA, A. E./POST, W. J./KNORTH, E. J. (2016): Knowledge of the Unknown Child: A Systematic Review of the Elements of the Best Interests of the Child Assessment for Recently Arrived Refugee Children. In: Clinical Child and Family Psychology Review, 19 (3), 185–203.

VANCAMPFORT, D./STUBBS, B./RICHARDS, J./WARD, P. B./FIRTH, J./SCHUCH, F. B./ et al. (Im Druck): Physical fitness in people with posttraumatic stress disorder: a systematic review. Disability and Rehabilitation, 1–7.

Reale und virtuelle Einflüsse auf muslimische Flüchtlinge in Deutschland

Klaus Spenlen

In Deutschland leben bislang mehr als 17 Mio. Migranten einschließlich der 4,1 Mio. EU-Bürgerinnen und -Bürger („Unionsbürger"), die beständig oder vorübergehend hier ihren Wohnsitz genommen haben. Zu diesen Zahlen hinzuzuzählen sind die Schutzsuchenden, die aus den Krisengebieten vornehmlich des Nahen und Mittleren Ostens, aus Afrika und Afghanistan verstärkt seit September 2015 nach Deutschland eingereist sind und die Asyl begehren.[1] Migranten verarbeiten ihr Fremdsein sowie Erfahrungen in Deutschland oftmals dadurch, dass sie sich an Hergebrachtem und Überliefertem festhalten, was ihnen ein Gefühl der Sicherheit in Fragen kultureller und erzieherischer Werte vermittelt. Gerade wenn sie erst jüngst nach Deutschland gekommen sind, müssen Menschen in ihrem Alltag zumindest in der ersten Zeit konkurrierende Erfahrungen, Prägungen und Einflussnahmen synthetisieren, die sich hinsichtlich der kulturellen Codes sowie unterschiedlicher Anforderungen an Rollenverhalten stark unterscheiden. Das trifft auch für die meisten der ca. 4–4,5 Mio. Muslime zu, sowohl für die, die schon länger hier leben als auch für diejenigen, die gerade als Flüchtlinge angekommen sind. Auch sie leben zwischen zwei Kulturen mit divergierenden Erwartungen, die bei ihnen zu Symptomen von (i. d. R. lediglich vorübergehenden) Identitätskrisen führen können. Religionen scheinen hier geradezu auf die Beantwortung der Identitätsfrage spezialisiert zu sein, zumal sie die Möglichkeit für sich reklamieren, Ungewissheiten durch die Akzeptanz ihrer Normen zu minimieren und so Komplexität zu reduzieren. Dies ist einer der Gründe, weshalb viele Muslime ihre mitgebrachte Religion wiederbeleben und ggf. ausgeprägter praktizieren als in ihrem Herkunftsstaat.

---

[1] Im Jahr 2015 wurden 441.899 und von Januar bis Oktober 2016 weitere 702.492 Menschen registriert, vgl. BAMF, Aktuelle Zahlen zu Asyl. Tabellen, Diagramme, Erläuterungen, Ausgaben Dezember 2015 und November 2016, jeweils S. 8.

1. Zahlen und Daten zu Flüchtlingen

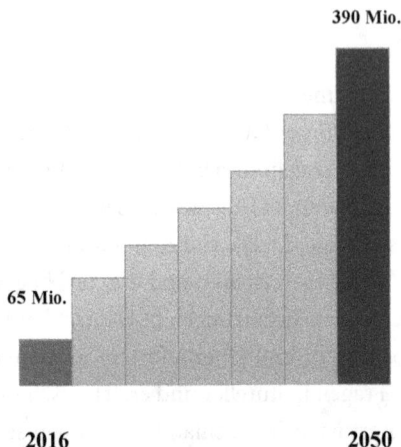

390 Mio.

65 Mio.

2016   **2050**

Abbildung 1: Aktuelle und voraussichtliche Entwicklung der Flüchtlingszahlen bis 2050
(Quelle: Zahlen UHNCR, 11/2015, eigene Grafik)

Von den weltweit aktuell 65,3 Mio. Menschen, die auf der Flucht sind, sind 21,3 Mio. Flüchtlinge, 40,8 Mio. Binnenvertriebene und 3,2 Mio. Asylsuchende.[2] Für das Jahr 2050 prognostiziert der Hohe Flüchtlingskommissar der Vereinten Nationen, dass weltweit ca. 390 Mio. Menschen, davon ca. 150 Mio. aufgrund des Klimawandels auf der Flucht sein werden, der UN-Generalsekretär spricht für 2050 gar weltweit von voraussichtlich einer Milliarde Flüchtlingen.[3] Anders ausgedrückt: Trotz der Problematik langfristiger sozialwissenschaftlicher Prognosen scheint das, was manche in Europa und auch in Deutschland als temporäre „Welle" ansehen, erst der Beginn einer weltweiten Entwurzelung und einer damit verbundenen Migrationsbewegung zu sein.

---

[2]   Vgl. unter https://www.uno-fluechtlingshilfe.de/fluechtlinge/zahlen-fakten.html sowie http://www.unhcr.de/home/artikel/f31dce23af754ad07737a7806dfac4fc/weltweit-fast-60-millionen-menschen-auf-der-flucht.html, beide zuletzt geprüft am 15.01.2017.

[3]   Vgl. http://www.unhcr.de/service/zahlen-und-statistiken.html sowie http://german.irib.ir/nachrichten/panorama/ gesellschaft/item/281440-uno-%C3%BCber-eine-milliarde-fl%C3%BCchtlinge-bis-2050-weltweit, beide zuletzt geprüft am 15.01.2017.

Hauptherkunftsländer im Jahr 2016
Gesamtzahl der Erstanträge: 722.370

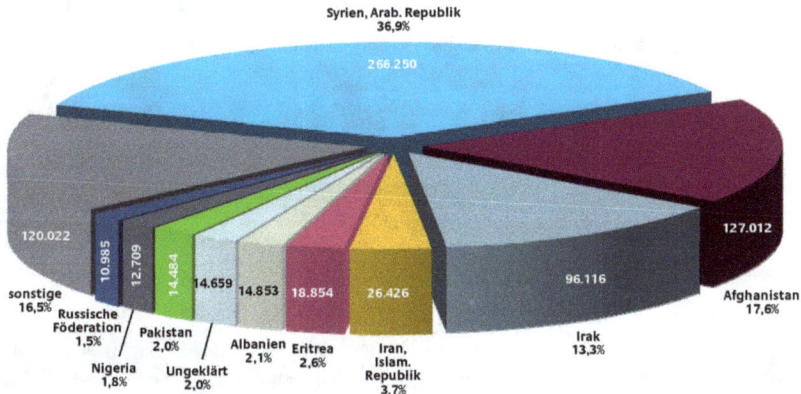

Syrien, Arab. Republik
36,9%

266.250

120.022

10.985

12.709

14.484

14.659   14.853   18.854   26.426

127.012

96.116

sonstige
16,5%   Russische
Föderation
1,5%   Pakistan
2,0%

Nigeria
1,8%   Ungeklärt
2,0%

Albanien
2,1%   Eritrea
2,6%

Iran,
Islam.
Republik
3,7%

Irak
13,3%

Afghanistan
17,6%

Abbildung 2: Hauptherkunftsländer im Jahr 2016 (Quelle: BAMF 2016a, S. 8)

Unter den Top-Ten-Staaten der Asylsuchenden in Deutschland im Jahr 2016 steht an erster Stelle Syrien, gefolgt von Afghanistan und dem Irak. Addiert man hierzu Menschen aus den Herkunftsstaaten Iran, Albanien, Pakistan, Eritrea und Nigeria kommen mehr als 75 Prozent der Flüchtlinge aus islamisch geprägten Staaten, das Gros mithin Muslime.

Mehr als drei Viertel der seit Januar 2016 gestellten Erstanträge entfallen auf die drei erstgenannten Herkunftsländer. Unter allen Zugereisten waren 34 Prozent weiblichen und 66 Prozent männlichen Geschlechts, und zum Alter gibt es folgende Angaben: 0–15 Jahre 29 Prozent, 16–17 Jahre 5 Prozent, 18–24 Jahre 25 Prozent, 25–29 Jahre 15 Prozent, 20–34 Jahre 10 Prozent, 35 und älter 11 Prozent.[4]

---

[4]   Quelle: BAMF, vgl. unter: https://www.bpb.de/politik/innenpolitik/flucht/218788/zahlen-zu-asyl-in-deutschland, zuletzt geprüft am 15.01.2017.

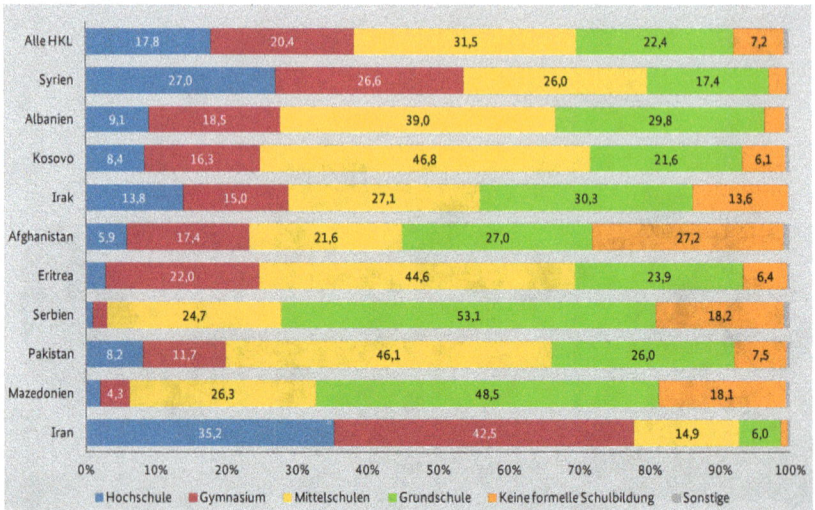

	Hochschule	Gymnasium	Mittelschulen	Grundschule	Keine formelle Schulbildung	Sonstige
Alle HKL	17,8	20,4	31,5	22,4	7,2	
Syrien	27,0	26,6	26,0	17,4		
Albanien	9,1	18,5	39,0	29,8		
Kosovo	8,4	16,3	46,8	21,6	6,1	
Irak	13,8	15,0	27,1	30,3	13,6	
Afghanistan	5,9	17,4	21,6	27,0	27,2	
Eritrea		22,0	44,6	23,9	6,4	
Serbien		24,7	53,1	18,2		
Pakistan	8,2	11,7	46,1	26,0	7,5	
Mazedonien	4,3	26,3	48,5	18,1		
Iran		35,2	42,5	14,9	6,0	

Abbildung 3: Höchste besuchte Bildungseinrichtung der Migranten aus allen und den Top-10-Herkunftsländern (HKL) im Jahr 2015 in Prozent (Quelle: BAMF 2016b, S. 5)

Damit bestätigen diese Angaben im Kern diejenigen des Vorjahres, die von ca. 70 Prozent „jungen, ledigen, männlichen und muslimischen" Flüchtlingen sprechen, obwohl auch Menschen mit dem Religionsmerkmal Christen, Drusen, Jesiden, Kopten, Aleviten o. a. unter den Flüchtlingen sind, allerdings in deutlich geringerer Anzahl.[5] Allerdings ist „der Islam" kein monolithischer Block, und Muslime gehören innerhalb des Islam weltweit unterschiedlichen Glaubensrichtungen und Bekenntnissen an, sie leben unterschiedliche Mentalitäten, Riten und Überlieferungen und sind unterschiedlich intensiv religiös. Allein in Deutschland weist der Islam bislang, d. h. ohne die aktuellen Flüchtlinge, ca. 70–80 Organisationen und Strömungen auf (vgl. Krech/Volkhard 2009, S. 11).

2. Identitäten als Migrant und Muslim

Die überwiegend muslimischen Flüchtlinge stoßen hier in Deutschland auf Glaubensbrüder und -schwestern. Sie gehören – wie Angehörige anderer Religionsgemeinschaften auch – den unterschiedlichsten religiösen Richtungen an, sprechen verschiedene Sprachen, haben unterschiedliche Bildungsniveaus, gehö-

---

[5]   Vgl. exemplarisch unter: http://www.spiegel.de/kultur/gesellscha10.06.2016.ft/fluechtlinge-warum-vor-allem-maenner-nach-deutschland-kommen-a-1051755.html, zuletzt geprüft am 15.01.2017.

ren unterschiedlichen sozialen Schichten an und unterscheiden sich hinsichtlich ihrer Aufenthaltsdauer und ggf. Migrationsgründe. Diese Feststellungen treffen auch auf die Neuankömmlinge zu. Sie sind Individuen, die nicht-, gemäßigt- oder strengreligiös leben und verschiedene Identitäten, nicht nur religiöse, leben. Mithin verkürzen Religionsmerkmale wie „Muslim" die Vielheit und Vielfalt der Menschen islamischen Glaubens in unzulässiger Weise. Zudem gewinnt mit Angriffen auf einen Teil ihrer Identität, hier der religiösen, dieser Teil eine übermächtige Bedeutung und kann für manche Muslime, selbst für liberale, so wichtig werden, dass er unter allen Umständen verteidigt werden muss.

3. Internationale virtual community
Muslime in Deutschland (und andernorts) achten sehr genau darauf, wie sich europäische Politiker zu den Veränderungen durch Zuwanderungen verhalten. Durch Migrationsströme und technische Vernetzungen haben sich transnationale soziale Räume gebildet, auch innerhalb der islamischen Welt und über sie hinaus, die die Ortsbindungen von Gemeinschaften aufheben und Kohäsionen bereits unter Flüchtlingen herstellen. Der Umgang mit neuen Technologien hat für alle gesellschaftspolitischen Bereiche Konsequenzen.

Zur aktuellen Flüchtlingsfrage legte das Institut für Publizistik der Freien Universität Berlin im November 2016 einen Forschungsbericht mit der Auswertung einer Befragung (Feldphase: 20.04.–26.05.2016) von Flüchtlingen zu ihrer Mediennutzung sowie deren Bedeutung für die Flucht vor (Emmer/ Richter, 2016). Danach war in den Herkunftsländern für viele Schutzsuchende Fernsehen das wichtigste Medium. Vor ihrer Flucht nach Deutschland haben sie mehrmals wöchentlich ferngesehen (Syrien: 78 Prozent, Irak: 85 Prozent, Zentralasien: 75 Prozent). An zweiter Stelle stand das Internet, das ähnlich häufig genutzt wurde, andere Massenmedien wie Radio oder Zeitungen spielten dagegen eine untergeordnete Rolle.

Während der Flucht nutzten 36,5 Prozent der Fluchtsuchenden täglich und 82 Prozent zumindest gelegentlich vor allem das Internet: die Flucht hielt viele vom täglichen Gebrauch ab. Für alle drei Zeiträume (vor, während und nach der Flucht) gilt: Die Mediennutzung galt überwiegend dem Kontakt mit Bekannten und Verwandten – sei es, um Fotos zu versenden oder den eigenen Standort mitzuteilen sowie Einschätzungen zur persönlichen und politischen Situation auszutauschen.

Nur etwa die Hälfte der Flüchtlinge, die das Internet vor und während der Flucht nutzten, haben auf Webseiten konkret nach Informationen zu Deutschland gesucht oder Dienste wie Google Maps in Anspruch genommen. Die Informationsfunktion digitaler Medien fällt also weit hinter die Funktion zurück, mit anderen in Kontakt zu treten. Das zeigt auch die Liste der Plattformen, die von Flüchtlingen am häufigsten genutzt wurden. Am beliebtesten sind Messaging-Systeme wie WhatsApp, Twitter, Instagram, YouTube, Viber oder Facebook. Je nach Herkunftsland scheint es dabei unterschiedliche Präferenzen zu geben. Die Studie zeigt aber auch, dass zwar im Vordergrund die Fluchtursachen standen. Gleichwohl hatten und haben Medien einen Einfluss darauf, wie Flüchtlinge Deutschland wahrnehmen. Dabei spielte das „Merkel-Selfie" zwar eine Rolle, allerdings keine bedeutende (Anteil der Flüchtlinge, die dieses Selfie vor ihrer Ankunft in Deutschland kannten: Syrien 35,6 Prozent, Irak 27,1 Prozent, Zentralasien 18,5 Prozent). Vielmehr hatten zahlreiche der Befragten vor ihrer Flucht Gerüchte und Halbwahrheiten über Deutschland gehört, die sie in ihrer Entscheidung bestärkt haben könnten. So gaben rund 90 Prozent der befragten Syrer und Iraker an, davon gehört zu haben, dass sie in Deutschland ein eigenes Haus bekommen, kostenlos Sozialleistungen beziehen und ihre Familie nachholen könnten.

Worauf die Studie leider nicht eingeht, sind die Einfallstore der elektronischen Medien für Neo-*Salafisten*, Fluchtsuchende von ihrer Sache zu überzeugen. Dass diese Bedrohung real ist, wissen Staats- und Verfassungsschutz und zeigen einige aktuelle Terroranschläge.

Die Veränderungen durch Flucht und Vertreibung sowie deren Folgen verdeutlichen daher säkularen und pluralen Gesellschaften in Europa oder Deutschland die Notwendigkeit, lokal wie global ihre Werte und Interessen in Einklang zu bringen, um glaubwürdig alternative Gesellschaftsformen aufzuzeigen. Menschenrechte und Grundwerte müssen von ihnen universell zur Geltung gebracht werden: Sie sind selbst dann unteilbar, wenn die Gesellschaften mit bis dato „fremden" Begehren konfrontiert werden oder diese eigenen Interessen und Traditionen zuwiderlaufen. Und Muslime achten auch auf den Sprachgebrauch, der Flüchtlinge bislang nach Bedarf als Bereicherung, erforderliche oder billige Arbeitskräfte, Belastung der Steuersysteme, Nutznießer der Sozialsysteme, Angehörige rückständiger Kulturen, potentielle Angehörige islamistischer/terroristischer Organisationen u. a. m. etikettiert. Informationen sowie die ungeteilte Anwendung gemeinsamer Werte sind die Basis, wechselseitige Ängste und überzogene Erwartungen abzubauen.

Und als konkrete Empfehlungen für die Integrationsarbeit mit Fluchtsuchenden lassen sich ableiten: Politik und Zivilgesellschaft sollten Schlüsse daraus ziehen, dass Schutzsuchende in Deutschland vor allem das Internet nutzen. Um Flüchtlinge zu erreichen, erscheint es notwendig, Informationen und Angebote auch online und in den jeweiligen Landessprachen zur Verfügung zu stellen. Zudem sollten Informationen möglichst nicht nur in Schriftform, sondern auch in audiovisuellen Formaten verfügbar sein.

4. Prägendes Gesellschafts- und Geschlechterverständnis[6]

Ein Teil der Flüchtlinge, so ist aus den Merkmalen *Herkunftsregion, höchste besuchte Bildungseinrichtung* sowie *Religion* abzuleiten, bringt ein eher hierarchisches, anti-emanzipatorisches und traditionsorientiertes Weltbild mit nach Deutschland. Ziel einer Erziehung in diesem Sinne ist idealerweise das ehrerbietige, loyale und gehorsame Familienmitglied, das Eltern und Verwandten sowie älteren Geschwistern Respekt und Folgsamkeit entgegenbringt und die Familie unterstützt. Geschlechts- und Altersrollen sind durchweg asymmetrisch angelegt. Das traditionelle Männerbild entspricht einem Patriarchat mit starren hierarchischen Strukturen und dem Vater als Hüter und Verteidiger der Familie. Ihm obliegt es, die Familienehre aufrechtzuerhalten. Sein Ansehen erarbeitet er sich anhand seiner Handlungen, die einen hohen Stellenwert innerhalb der Gemeinschaft einnehmen. Das gesellschaftliche Leben der Familie bestimmt überwiegend der Mann, alle Aktivitäten außerhalb des Haushalts und der Familie liegen in seinem Geltungsbereich. Demgegenüber wird der Frau die Rolle als Hausfrau und Mutter zugewiesen. Sie hat eine niedrigere Rangposition als ihr Mann und wird zu Gehorsam erzogen. Der Erhalt ihrer Ehre und die Einhaltung des strengen Normen- und Wertesystems sind die wichtigsten Säulen ihres Verhaltens (vgl. Spenlen 2014 und 2016). Soziale Diskriminierung aus dem Umfeld ist Grund genug, unter allen Umständen die Ehre wiederherzustellen, um die Achtung und den Respekt der Familie und der Gesellschaft zurück zu erlangen.

---

[6] Zu diesen sowie den weiteren Spezialfragen des Islam in Deutschland siehe Spenlen, 2016 (1).

In überwiegend ländlich geprägten, traditionell-islamischen Familien, aber auch beispielsweise bei Jesiden, die in vergleichbaren Sozialstrukturen leben, wird die Ehre eines Mannes als abhängig vom moralischen und respektablen Verhalten seiner weiblichen Familienmitglieder gesehen. Sittsames Verhalten der Frauen begründet die männliche Ehre. Deshalb fällt dem Mann die Aufgabe zu, die Frauen in seiner Familie zu kontrollieren und in der Öffentlichkeit dafür die Verantwortung zu tragen. „Die Ehefrau stellt die größte Gefahr für die Ehre des Mannes dar, da sie es ist, welche die Ehre am nachhaltigsten ruiniert" (Falthauser/Norbert 2006, S. 81) und selbst nicht wiederherstellen kann. Im Hinblick auf die große Anzahl muslimischer Flüchtlinge lohnen ein paar kurze Blicke auf gesellschaftliche Auswirkungen der islamischen Religion.

5. Prägendes Frauenbild

Die Stellung der Frau im Islam ist abhängig von der des Mannes. Die Frage, welche Rolle das islamische Frauenbild für muslimische Flüchtlinge spielt, wird oftmals erst anlässlich von Ereignissen wie der „Kölner Silvesternacht" aufgeworfen.

- *Spirituelle Stellung:* Gleichheit von Mann und Frau in ihrer menschlichen Natur; gleicher „Kern" des Menschseins (vgl. exemplarisch Sure 7, Vers 189 sowie 30:21)[7]; Gleichheit in spirituellen Pflichten sowie des Lohnes im Paradies.
- *Wirtschaftliche Stellung:* Recht der Frau auf Versorgung (2:233), auf Eigentum (z. B. Brautgeld, 4:4, 2:229), ein eher eingeschränktes Recht auf Arbeit (33:33).
- *Soziale Stellung:* eingeschränkte Freizügigkeit, auch von Ehefrauen; Verbot der proaktiven Polygamie (4:3); Verbot der proaktiven Ehe auf Zeit (4:24); Verhüllungsgebot in der Öffentlichkeit (24:31, 33:53 und 33:59).
- *Rechtliche Stellung:* Frauen erben die Hälfte von dem, was Männer erben (4:19, 4:11); es braucht im Streitfall doppelt so viele Zeuginnen als Zeugen (2:282), Nichtzulassung von Zeuginnen bei Kapitalverbrechen (vgl. Schirrmacher/Spuler-Stegemann, 2004).

Die zentrale Frage lautet also: Sind muslimische Frauen den Männern gleichberechtigt, gleichgestellt oder in Teilen oder gänzlich untergeordnet?

---

[7] Koranzitate beziehen sich auf der Koranübersetzung von Rudi Paret.

Was die religiösen Pflichten betrifft, sind Frauen den Männern gleichgestellt, auch sie müssen sich am Jüngsten Tag verantworten. Dennoch: Der Mann, so die islamisch begründeten Argumente, habe die verantwortungsvolleren und schwierigeren Aufgaben zu bewältigen. Er muss erwerbsmäßig arbeiten, die Familie ernähren, über deren Ehre wachen, sie nach außen vertreten u. a. m. Männer „stehen den Frauen in Verantwortung vor, weil Allah sie (von Natur vor diesen) ausgezeichnet hat und wegen der Ausgaben, die sie von ihrem Vermögen (als Morgengabe für die Frauen) gemacht haben…" (4:34, Koranübersetzung: Paret, 2004). Zudem bestimmt im Islam der Mann die Religion der Familie, was es ihm erlaubt und einer Muslima verbietet, die Ehe mit einer Person einer anderen Buchreligion – Judentum, Christentum – einzugehen (asymmetrische Endogamie).

Im Vergleich zu den vielfältigen Pflichten des Mannes habe die Frau „lediglich" den Haushalt zu führen und die Kinder aufzuziehen. Deshalb sei es nur gerecht, wenn dem Mann mehr Rechte zugestanden würden.[8]

Was die Sexualmoral des Islam betrifft, unterscheiden sich Islam und Christentum lediglich in Details, der Islam ist tendenziell eher liberaler. Dennoch gibt es Suren, auf die sich Muslime gerne berufen, wenn sie Vorrechte für sich reklamieren, auch und gerade sexuelle Vorrechte (z. B. 2:228, 2:223 und 4:34). Sexualität ist zunächst einmal etwas Individuelles; gleichwohl mögen eine internalisierte islamische Sexualmoral im Sinne der zitierten Suren sowie verstärkende machistische Attitüden das Selbstverständnis und Rollenverhalten einiger männlicher Flüchtlinge dominieren (vgl. Rünzler 1988).[9] Die Übergriffe von Männern aus islamisch geprägten Herkunftsstaaten in der sog. „Kölner Silvesternacht" – und danach andernorts – deuten darauf hin. In Rede stehen neben Sexual- zudem Diebstahl- und Raubdelikte. Allerdings können sie nur z. T. damit erklärt werden, dass die überwiegend nordafrikanischen Männer es bis dahin nicht geschafft hatten, unterschiedliche Anforderungen an ihr Rollenverhalten, die Freizügigkeit von Frauen etwa im Karneval sowie „westliche" und archaische Frauenbilder zu synthetisieren.

---

[8] Zu der Frage minderjähriger Verheirateter vgl. den Beitrag in diesem Band von Spenlen, Nur Flüchtlinge in der Pflicht? Fragen über Wahlkampfzeiten hinaus.

[9] Machismo ist in allen sozialen Schichten verbreitet und gegenüber Frauen auf spezifische Weise gespalten: Während die Frauen der eigenen Familie, Sippe, ggf. Religion als rein und unantastbar angesehen werden, scheinen alle anderen Frauen dazu geschaffen, die eigene Unwiderstehlichkeit zu bestätigen und Objekte sexueller Begierden zu sein, auch dann, wenn damit gegen die Normen verstoßen wird.

An dieser Stelle kann auf Traumata als Folge außergewöhnlicher Bedrohungen oder eines katastrophalen Ausmaßes an verstörender Erfahrungen lediglich hingewiesen werden (vgl. Kraemer 2004), auch auf Gewalterfahrungen, denen ein Teil der Fluchtsuchenden ausgesetzt war und ist (vgl. Linke /Hashemi/Voß 2016).

6. Bausteine für eine gelingende Integration

Damit sich problematische Einstellungen Einiger nicht verfestigen, müsste insbesondere von Funktionären der Dachverbände, der Moscheevereine und von Imamen eine innerislamische Bewegung angestoßen werden, die „Gewaltsuren" und den gewaltsamen („kleinen") *Ǧihād* endgültig in den „Giftschrank der Geschichte" einzuschließen und den Schlüssel wegzuwerfen. Damit würde islamischen Scharfmachern und islamistischen Terroristen jedwede religiöse Legitimation entzogen. Nicht zuletzt wäre dies auch angesichts hoher Flüchtlingszahlen und zum Schutz von Fluchtsuchenden vor haltlosen Verdächtigungen unverzichtbar.

Die islamischen Dachverbände unterhalten Moscheen in Deutschland und sind dadurch an der islamischen Bildung beteiligt. Ihre Hauptaufgabe müssten sie hierbei darin sehen, Muster des Andersseins zu deuten, um Fremdheit, Unterschiede in den Verhaltensweisen und Fragen nach dem Verständnis gemeinsamer Werte bei kulturellen Unterschieden zu erklären. Es wäre ihre originäre Aufgabe, religiöse Heterogenität unter Muslimen als tolerierbare Differenz zu kommunizieren und sie möglichst von gefährlicher Devianz abzugrenzen. Sie sollten sich viel mehr als bislang dafür einsetzen, dass Muslime integrierbar und integrationsfähig sind.

Sie müssten von dem *shitstorm* über Straftaten von Flüchtlingen wachgerüttelt werden, dass dadurch nunmehr auch das Strafrecht Einzug in die Islamdebatte in Deutschland hält und die Islamphoben hierzulande Zulauf erhalten. Dass einzelne Verbände aber eine andere Politik verfolgen, zeigt das Beispiel der DİTİB vom September 2016. Unter der Überschrift „Möge Allah unsere Märtyrer belohnen, mögen sie in Frieden ruhen" publizierte der Verband einen Comic von DIYANET, der Religionsbehörde der Türkei, in dem der Märtyrertod von Allah belohnt wird und der Todesschmerz „bloß so stark wie ein Zwicken" sei.[10]

---

[10] Vgl. die Publikation des Comics unter: http://www.rp-online.de/nrw/landespolitik/ditib-spaltet-die-nrw-landesregierung-das-ende-der-zusammenarbeit-aid-1.6239515, zuletzt geprüft am 15.01.2017.

Hier reiht sich DİTİB nahtlos in *daʿwa-*, also Missionierungsversuche *salafistischer* Prediger ein und macht auch vor Gewalt nicht Halt. Solche Indoktrinationen finden nicht nur in den Flüchtlingsunterkünften, sondern mehr noch in Moscheen statt, die die Dachverbände betreiben und in denen sie – folgerichtig – die Propaganda von Neo-*Salafisten* zulassen, im Fall von DİTİB sogar deren Geschäft betreiben. Denn die Flüchtlinge passen perfekt in das Beuteschema von Islamisten: jung, männlich, ledig, muslimisch. Hier haben alle Verantwortlichen die Aufgabe, dies zu verhindern: die Betreiber der Unterkünfte, Sicherheitspersonal, aber eben auch die Dachverbände und Moscheevereine.

Wenn der Faden einer möglichst schnellen, vor allem aber nachhaltigen Integration der Flüchtlinge weiter gesponnen werden soll, ist das Wichtigste, dass der nationale Konsens der Aufnahmegesellschaft Deutschland nicht zerbricht.

Es bleibt unverzichtbar, hierzulande von einer gemeinsamen Rechts- und Werteordnung auszugehen. Auch wenn es in Sure 22:58 eine Verknüpfung von Auswanderung und *Ğihād* gibt,[11] kommt die große Mehrheit der muslimischen Flüchtlinge weder nach Deutschland, um *Ğihād* zu betreiben, noch um Europa zu islamisieren. Vielmehr wollen sie in Sicherheit leben und besser versorgt werden als zuhause. Auch die türkischen Gastarbeiter, die in den 60er- und 70er-Jahren des letzten Jahrhunderts nach Deutschland kamen, hatten nicht die Absicht, Parallelgesellschaften zu errichten. Man überließ sie sich selbst und hoffte darauf, dass alles gut geht.

Die Fehler der Vergangenheit will das Integrationsgesetz (vgl. Bundesgesetzblatt 2016, Teil I, Nr. 39 vom 05.08.2016) verhindern. Der Mehrheitsgesellschaft muss der Wert von Integration deutlicher als bislang vermittelt werden. Und den neu Zugewanderten muss frühzeitig der Wert einer offenen, demokratischen Gesellschaft vor Augen geführt werden. Ihnen muss erklärt werden, dass Religionsfreiheit Teil des Freiheitskonzepts ist, das jedem das Recht gibt, (k)einer Religion anzugehören oder eine zu verlassen, das Recht auf Meinungs- und Pressefreiheit, solange nicht zu Straftaten aufgerufen wird:

---

[11] „Und diejenigen, die um Allahs willen ausgewandert sind und hierauf (im Kampf) getötet werden oder (eines friedlichen Todes) sterben, denen wird Allah bestimmen einen schönen Unterhalt bescheren. Er kann am besten bescheren."

„Wer nach Deutschland kommt, wandert ins Grundgesetz ein, mit all' den dort niedergelegten Rechtsansprüchen und Verpflichtungen."[12]

7. Online Angebote zur Integration

Ob die zwei an dieser Stelle wegen ihres relativ hohen Verbreitungsgrades sowie ihrer prominenten Unterstützer näher besprochenen Publikation der CDU-nahen Konrad-Adenauer-Stiftung (KAS) in Deutsch und Arabisch sowie das Webportal „Zanzu.de" der Bundeszentrale für gesundheitliche Aufklärung (BZgA) zur sexuellen Gesundheit in 13 Sprachen die Integration der Flüchtlinge unterstützt, darf bezweifelt werden.

Die Publikation der KAS will „Erste Informationen für Flüchtlinge" geben, die ausgewählten Sprachen Deutsch und Arabisch weisen auf die Zielgruppen hin: überwiegend deutsche Helfer („Multiplikatoren") und Menschen aus dem arabischen Raum, also überwiegend muslimische Flüchtlinge. Die letzte Gruppe erwirbt in Kapiteln „Allgemeines Wissen zu Land und Leuten", erhält „Wichtige Informationen zum Verständnis von Staat und Gesellschaft" und erfährt im Anschluss an „Praktisches Wissen für die ersten Tage" noch „Praktisches Wissen für den Alltag" sowie abschließend „Nützliche Hinweise".

Hier einige Auszüge der insgesamt 33 „nützlichen Hinweise", deren Alltagstauglichkeit fragwürdig erscheint:

8. Manche Deutsche haben einen eigenartigen Humor, der sehr ironisch sein kann. Im Zweifelsfall lieber nachfragen, was gemeint ist.

9. Andere wirken so, als hätten sie überhaupt keinen Humor. Das muss nicht so sein, sie sind vielleicht einfach nur vom Typ her nachdenklich und ernst.

---

[12] Bundestagspräsident Norbert Lammert auf der internationalen Antisemitismus-Konferenz in Berlin am 14.03.2016, vgl. unter: http://www.tagesschau.de/inland/antisemitismuskonferenz-101.html, zuletzt geprüft am 15.01.2017.

12. Wie viele andere Menschen lüften auch die Deutschen ihre Wohnungen sehr häufig – z. B. nach dem Aufstehen und vor dem Schlafengehen. Viele schlafen auch bei offenem Fenster, egal wie kalt oder laut es draußen ist …
13. In den Toiletten wird benutztes Klopapier in die Kloschüssel geworfen, für Tampons und Binden gibt es einen extra Behälter. Händewaschen ist wichtig, um die Übertragung von Krankheitserregern zu vermeiden.

Das dann folgende „Basisvokabular für Flüchtlinge" erinnert an die Sprachführer, die *Polyglott* für Touristen herausgibt: „Guten Tag / Guten Morgen / Guten Abend / Gute Nacht!"; „Prost"; „Ich habe Hunger / Ich habe Durst"; „Mir ist schlecht"; „Ich bin krank"; „Ich bin vergewaltigt worden"; „(Die) Damenbinde", „(das) Wasser"; „Wie viel kostet…?"; „(Das) Postamt"; „Ich muss schlafen"; „Ich brauche…"; „Eine Minute"; „Eine Stunde"; „Ein Tag"; „(Das) Frühstück"; „(Das) Mittagessen"; „(Das) Abendessen"; „(Das) Brot"; „(Die) Socken"; „(Die) Unterwäsche"; „(Die) Uhr"; „(Das) Auto"; „Norden"; „Süden"; „Osten"; „Westen".

Das folgende akustisch-visuelle Webportal wurde von der BZgA in Kooperation mit der belgischen NGO Sensoa erarbeitet und wird vom Bundesministerium für Gesundheit (BMG) sowie dem Bundesministerium für Familie, Senioren, Frauen und Jugend (BMFSFJ) unterstützt.

Es bietet zur Auswahl die Sprachen D, E, F, RU, TR, AR, BG, PL, SQ, RO, ES, NL an (Gebärdensprache soll hinzukommen) und hinterlegt zudem zahlreiche fotoähnliche naturalistische Abbildungen.

zanzu Mein Körper in Wort und Bild

Die Bundesregierung klärt Flüchtlinge auf der Homepage 'Zanzu' über Sexualität auf, weil es in vielen Ländern keinen Sexualkundeunterricht gibt.

Hinter den verwendeten Icons verbergen sich z. T. in erheblicher Anzahl weitere Icons:

Mit dem mehrsprachigen Informationsportal zanzu.de leistet die Bundeszentrale für gesundheitliche Aufklärung einen wichtigen Beitrag, um den Zugang von Migrantinnen und Migranten zur Gesundheitsversorgung zu verbessern.[13]

Dazu gehören in Wort und Bild nach Meinung der BZgA u. a. Sex zwischen Männern sowie Heteros, verschiedene Sex-Stellungen und -Praktiken

---

[13] http://www.zanzu.de/de, zuletzt geprüft am 15.01.2017.

einschließlich Cunnilingus, Fellatio und Selbstbefriedigung. Weiterhin gibt es Informationen zu Brüsten, Jungfernhäutchen und zur Spermaproduktion, zu „gutem Sex" und „guten Beziehungen", zu Homo-, Inter- und Transsexualität, zu Beziehungsproblemen, Verhütungs-, Hygiene- und Krankheitsformen bis zu Hinweisen zur Bedeutung und zum Training von Beckenbodenmuskeln, insgesamt Informationen zu mehr als 150 Stichwörtern.

Das Menschenbild, das durch das Webportal über Fluchtsuchende transportiert wird, rechtfertigt in keinem Punkt die vorgegebenen Absichten: Sexualkunde nachholen, die Versorgung und Aufklärung insgesamt und den Zugang für Migrantinnen und Migranten zur Gesundheitsversorgung verbessern und Rechtsfragen klären zu wollen. Beide Publikationen werden eher als untaugliche Versuche gewertet, die Debatte zwischen Zuwanderungseuphorie und -hysterie zu versachlichen.

8. Ausblick

Die historische Perspektive rückt nicht nur den Zeitfaktor in den Blick, der einer gelingenden Integration vorbehaltlos eingeräumt werden muss. Zugleich wird deutlich, dass sich auch die deutsche Gesellschaft unabhängig von den Zuzügen von Schutzsuchenden selbst noch auf dem Weg zu Gleichheit, Rechtstaatlichkeit und uneingeschränkter Anerkennung befindet.[14]

Eine entscheidende Frage zur Gestaltung der Gegenwart und Zukunft Deutschlands wird diejenige sein, wie Migranten (Flüchtlinge) hier wahrgenommen werden können und wahrgenommen werden wollen und inwieweit das Einwanderungsgesetz positive Wege unterstützt. Richten sich die Blicke auch zukünftig eher auf Problemlagen und fokussieren sie Arbeitslosigkeit, Transferleistungen, Zwangsheirat und Straffälligkeit? Wie können Pauschalierungen aus der Defizitperspektive als Irrtum oder Demagogie enttarnt, wie Fakes von Fakten unterschieden werden? Werden die Ressourcen von Menschen mit Migrationshintergrund, mithin auch diejenigen vieler Muslime, in Deutschland unterschätzt oder anerkannt? Was können Schulen, Jugendeinrichtungen und Eltern leisten, um Präferenzen von Migrantenkindern und -jugendlichen beim Medienkonsum auf deutsche Sender zu richten? Welchen Beitrag an Transparenz können Muslime über sich und ihren Glauben beisteuern?

---

[14] Vgl. hierzu den zweiten Beitrag von Spenlen, Klaus, in diesem Band.

Welche Strategien müssen Muslime entwickeln, um Loyalitätseinforderungen ihrer Community zu Lasten der Gesamtgesellschaft abzuwehren? Welche alternativen Strategien zu „Rückzug in die eigene Community" und „Extremismus" stehen Migranten zur Verfügung, wenn sie Ablehnung und Diskriminierung erfahren? Müssen sich Muslime bei Bedarf und immer wieder neu von extremistischen oder islamistischen Aktivitäten öffentlich distanzieren? Warum tolerieren viele Muslime, dass die Dachverbände als ihr Sprachrohr wahrgenommen werden, obschon höchstens 20 Prozent von ihnen Mitglied sind? Wie kann – als gemeinsame Aufgabe – politischer Einfluss ausländischer Regierungen auf Migranten in Deutschland nachdrücklich eingedämmt werden? Können sich Migranten wie Einheimische darauf verständigen, für die in Jahrhunderten erkämpften Grundwerte, insbesondere der negativen und positiven Religionsfreiheit, der Gleichstellung der Geschlechter, der Meinungs- und Pressefreiheit, als indisponible Menschenrechte einzutreten?

Der Fragenkatalog verdeutlicht es: Integration bleibt eine gesamtgesellschaftliche Mammutaufgabe.

Literatur

BUNDESAMT FÜR MIGRATION UND FLÜCHTLINGE – BAMF (Hrsg.) (2016a): Aktuelle Zahlen zu Asyl, Ausgabe Dezember 2016, Nürnberg.

BUNDESAMT FÜR MIGRATION UND FLÜCHTLINGE – BAMF (2016b): Kurzanalysen des Forschungszentrums Migration, Integration und Asyl des Bundesamtes für Migration und Flüchtlinge, Nürnberg, Nr. 05/2016.

BUNDESMINISTERIUM FÜR BILDUNG UND FORSCHUNG (2016): Berufsbildungsbericht 2016, Berlin 2016.

BUNDESZENTRALE FÜR GESUNDHEITLICHE AUFKLÄRUNG (Hrsg.) (2016): Zanzu, mein Körper in Wort und Bild, Köln, unter: http://www.zanzu.de/de.

EMMER, Martin/RICHTER, Carola (2016): Flucht 2.0. Mediennutzung durch Flüchtlinge vor, während und nach der Flucht, Berlin 2016.

ENGGRUBER, Ruth/RÜTZEL, Josef (2014): Berufsausbildung junger Menschen mit Migrationshintergrund. Eine repräsentative Befragung von Betrieben im Auftrag der Bertelsmann Stiftung, Gütersloh.

FALTHAUSER, Norbert (2006): Falsche Fremdenfreundlichkeit. Islamisches Frauenbild gefährdet europäische Lebensart, Tübingen.

INSTITUT FÜR ARBEITSMARKT UND BERUFSFORSCHUNG (2015): Aktuelle Berichte: Flüchtlinge und andere Migranten am deutschen Arbeitsmarkt: Der Stand im September 2015, Nr. 14/2015, Bielefeld 2015.

KONRAD-ADENAUER-STIFTUNG (Hrsg.) (2015): Deutschland. Erste Informationen für Flüchtlinge, Freiburg.

KRAEMER, Horst (2003): Trauma und Gewalt. München.

KRECH, Volkhard (2009): Islam und Integration – 12 Thesen, in: Friedrich-Ebert-Stiftung (Hrsg.), Policy Nr. 30, Migration – Religion – Integration, Berlin.

LINKE, Torsten/HASHEMI, Farid/VOSS, Heinz-Jürgen (2016): Sexualisierte Gewalt, Traumatisierung und Flucht, in: Sexuologie – Zeitschrift für Sexualmedizin, Sexualtherapie und Sexualwissenschaft, Bd. 23, Heft 1/2 (2016).

NEUMANN, Ursula (1994): Ohne Jeans und Pille, Stuttgart.

PARET, Rudi (2004): Der Koran, Stuttgart, Nr. 9. Auflage.

RÜNZLER, Dieter (1988): Machismo. Die Grenzen der Männlichkeit, Wien, Köln, Graz.

SCHIRRMACHER, Christine/SPULER-STEGEMANN, Ursula (2004): Frauen und die Scharia. Die Menschenrechte im Islam, Kreuzlingen/München.

SINUS SOCIOVISION, (2016): Zentrale Ergebnisse der Sinus-Studie über Migranten-Milieus in Deutschland unter: http://www.sinus-institut.de/uploads/tx_mpdown-loadcente r/MigrantenMilieus_Zentrale_Ergebnisse_ 09122008. pdf.

SPENLEN, Klaus (2014): Im Zwiespalt konkurrierender Identitäten. Erziehungsvorstel-lungen in Migrantenfamilien aus der Türkei, in: Bildung und Erziehung, Heft 7, Wien/Köln.

SPENLEN, Klaus (Hrsg.) (2015): Gehört der Islam zu Deutschland? Fakten und Analy-sen zu einem Meinungsstreit, Düsseldorf.

SPENLEN, Klaus (2016): Islam in Deutschland. Ein Leitfaden für Schule, Aus- und Wei-terbildung, Essen.

SPENLEN, Klaus (2016): Religiöse Konflikte in multikulturellen Gesellschaften, in: Hei-ner Barz und Klaus Spenlen (Hrsg.), Islam und Bildung. Auf dem Weg zur Selbst-verständlichkeit, Heidelberg.

SPULER-STEGEMANN, Ursula (2007): Die 101 wichtigsten Fragen Islam, München.

UNHCR (2015): UNHCR Global Trends. Forced Displacements in 2015. Abrufbar unter: http://www.unhcr.org/statistics/unhcrstats/576408cd7/unhcr-global-trends-2015. html [18.01.2017]

Nur Flüchtlinge in der Pflicht?
Fragen über Wahlkampfzeiten hinaus
Klaus Spenlen

Westliche Werte tolerieren, hier übliche Verabredungen und Regeln des Zusammenlebens achten, in der Öffentlichkeit auf religiöse Symbole verzichten: aus Politik und Mehrheitsgesellschaft kommen immer konkretere Forderungen an Flüchtlinge, besonders an Muslime. Wird Integration damit gefördert – oder werden eher Vorurteile gepflegt?

1. Lektionen in Sachen „Burkalogie"

Vier von fünf Deutschen sind dafür, eine Vollverschleierung muslimischer Frauen in der Öffentlichkeit ganz oder teilweise zu verbieten. Jeder Zweite (51 Prozent) befürwortet ein generelles, knapp jeder Dritte (30 Prozent) ein teilweises Verbot etwa im öffentlichen Dienst und in Schulen, wie aus einer am 26. August 2016 veröffentlichten ARD-Umfrage hervorgeht. Gegen ein Verbot der Vollverschleierung sind hingegen 15 Prozent von insgesamt 1.008 Menschen, die das Institut Infratest dimap im Auftrag des ARD-„Morgenmagazins" dazu befragte.[1]

Burka, niqab und *Burkini* sind einige der Verschleierungen, die ihre Trägerinnen mit religiösen Geboten begründen und die Vertreter der Mehrheitsgesellschaft vielfach als Gradmesser für misslungene Integration werten.

Die besonders in Wahlzeiten aufgeheizten öffentlichen Kritiken reichen vom „permanent ausgestreckten Mittelfinger gegen Emanzipation" bis zu „Uniformen des Islamismus". Es lohnt sich deshalb, einige Sachverhalte sachlich zu untersuchen.

a. Das religiöse Gebot der Bedeckung

Das Gebot des Kopftuchtragens für die muslimische Frau wird vor allem mit Textpassagen des Koran begründet, die sich in den Suren 24:31, 33:53 und 33:59 finden. Hier wird exemplarisch Koranvers 24:31 zitiert:

---

[1] Vgl. http://www.infratest-dimap.de/umfragen-analysen/bundesweit/umfragen/aktuell/grosse-mehrheit-der-deutschen-plaediert-fuer-burka-verbot/, zuletzt geprüft am 15.01.2017.

Und sag den gläubigen Frauen, sie sollen (statt jemanden anzustarren, lieber) ihre Augen niederschlagen, und ihre Keuschheit bewahren, den Schmuck, den sie (am Körper) tragen, nicht offen zeigen, soweit er nicht (normalerweise) sichtbar ist, ihren Schal sich über den (vom Halsausschnitt nach vorne herunter-gehenden) Schlitz (des Kleides) ziehen und den Schmuck, den sie (am Körper) tragen, niemandem offen zeigen, außer ihrem Mann, ihrem Vater, ihrem Schwiegervater, ihren Söhnen, ihren Stiefsöhnen, ihren Brüdern, den Söhnen ihrer Brüder und ihrer Schwestern, ihren Frauen, ihren Sklavinnen, den männ-lichen Bediensteten, die keinen Geschlechtstrieb (mehr) haben, und den Kindern, die noch nichts von weiblichen Geschlechtsteilen wissen. Und sie sollen nicht mit ihren Beinen aneinanderschlagen und da-mit auf den Schmuck aufmerksam machen, den sie (durch die Kleidung) verborgen (an ihnen) tragen...[2]

Aus diesen sowie weiteren Quellen der Sunna folgern traditionsgebundene Muslime bis heute für Frauen, dass zugleich mit dem Verhüllen des Brustschlit-zes des Kleides mittels des *ḥimār* auch das Tragen dieses *ḥimār* selbst oder einer modernen Variante von ihm wie z. B. des Kopftuchs geboten ist. Sie berufen sich dabei auf den Grundsatz, dass, wenn ein Ziel obligatorisch sei, zugleich auch das Mittel obligatorisch sei, das zur Erreichung dieses Zieles diene. Das im Koran genannte Mittel, um den Schlitz des Kleides zu bedecken, sei, so argumentieren sie, nun einmal der *ḥimār*; mithin sei auch dieser obligatorisch.

Im weiteren Sinne sollen Frauen also ihre *'aura* („Blöße") bedecken. Wei-terhin wird der Vers als Beleg dafür angeführt, sie dürften auch ihren Schmuck, das ihr Haar einschließt, niemandem außerhalb des Kreises der genannten nahe stehenden Personen oder der Geschlechtsgenossinnen, zeigen. Damit werden die Verschleierung des Kopfes sowie auch die totale oder partielle Verschleierung des Gesichts und Körpers gerechtfertigt (vgl. Spenlen 2011, S. 284 ff.).

b. Zur Rechtslage in Deutschland und in Nachbarländern

In europäischen Nachbarländern existieren teilweise oder völlige Verbote von Vollverschleierungen. So gibt es etwa in Frankreich seit 2010 ein Gesetz, das die Verhüllung des Gesichts in der Öffentlichkeit verbietet. Und auch in Belgien ist seit 2011 und im Kanton Tessin seit 2016 der gesamte öffentliche Raum für Vollverschleierte tabu. Ein teilweises Verbot hat die niederländische Regierung 2015 eingeführt. Dort ist das Tragen der *burka* nicht auf Straßen und öffentli-chen Plätzen, in öffentlichen Verkehrsmitteln, Krankenhäusern oder Behörden, wohl aber in Schulen untersagt.

---

[2]   Alle Koranübersetzungen in diesem Beitrag nach Rudi Paret, siehe unter: http://koransuren.com/koran.html, zuletzt geprüft am 15.01.2017.

In Deutschland gibt es hingegen bislang kein Gesetz, das das Tragen von *burka* (arabisch: *burqu'*), *niqab* und *Burkini*[3] untersagt. In diesem Kontext hatte das Bundesverfassungsgericht bereits 1968 entschieden, dass jeder Einzelne darin geschützt wird, sein gesamtes Verhalten an seiner Religion auszurichten (BVerfGE 24, 236).

Unter den Schutz des Grundrechts fällt demnach nicht nur der private Glaube, sondern auch das öffentliche Bekenntnis zur eigenen Religion. Dazu kommt die von Art. 4 Abs. 2 GG umfasste Religionsausübung, also die religiöse Betätigung. Hierzu zählen alle kultischen Handlungen wie Gottesdienst, Gebet, Einweisungen in religiöses Brauchtum etc. Auch das Tragen besonderer Kleidung, um seine religiösen Überzeugungen kundzutun, wird von Art. 4 GG geschützt. Maßgeblich ist zudem, was nach dem Selbstverständnis der jeweiligen Religion oder religiösen Vereinigung von ihrer Religionsausübung umfasst ist.

Ob das Tragen von *niqab* oder *burka* vom Grundrecht der Religionsfreiheit umfasst ist, hängt somit von ihrer Bedeutung für den islamischen Glauben ab. Die Verhüllung des Körpers hat seine Ursprünge zwar in vorislamischer Zeit, dennoch gilt die Verschleierung muslimischer Frauen weithin bei gläubigen Muslimen als direkt aus dem Koran sowie der Sunna, der Tradition, ableitbar. Wie weit die Verschleierung reicht, steht in starker Abhängigkeit zu den regionalen Traditionen und der Frömmigkeit der Frau. Die Rechtsprechung erkennt an, dass eine Verschleierung ein religiöses Bekenntnis sein kann.

Das Tragen von *niqab* oder *burka* fällt damit in den Schutzbereich des Art. 4 GG, soweit die Trägerin dies als verbindlich von den Regeln ihrer Religion vorgeschrieben empfindet.

Nach Plänen von Bundesinnenminister Thomas de Maiziere aus dem Spätsommer 2016 soll die Vollverschleierung – als Teil seines Sicherheitskonzepts – in Zukunft in bestimmten Bereichen verboten werden. Dazu sollen Schulen, Hochschulen, Gerichte, Behörden und Orte gehören, an denen Menschen identifizierbar sein müssen – zum Beispiel auch in Banken, im Straßenverkehr oder bei Demonstrationen. Bezugsgrößen für Konflikte zwischen Schule und Islam sind in Deutschland das Grundgesetz, schulrechtliche Bestimmungen der Länder, Entscheidungen oberster Gerichte, religiöse Quellen des Islam sowie Schul- und Religionspraxis. Die Konflikte sind idealtypische Beispiele, wie das

---

[3]   Burkini ist ein Neologismus, zusammengesetzt aus Burka und Bikini.

Verhältnis von Mehrheitsgesellschaft und Muslimen im Sinne *praktischer Konkordanz* verträglich gestaltet werden kann (vgl. Spenlen 2016).

Bislang bestimmten die Schulgesetze der Länder, dass Lehrkräfte an öffentlichen Schulen in der Schule keine politischen, religiösen, weltanschaulichen oder ähnliche äußeren Bekundungen abgeben dürfen, die geeignet seien, die Neutralität der Staatsbediensteten gegenüber Schülern und Eltern oder den politischen, religiösen oder weltanschaulichen Schulfrieden zu gefährden oder zu stören. Sie regelten zudem, dass das religiöse Neutralitätsgebot nicht im Religionsunterricht gelte.

Dieses Neutralitätsgebot staatlich Bediensteter hat durch die Entscheidung des Bundesverfassungsgerichts vom 27. Januar 2015 (1 BvR 471/10, 1 BvR1181/10) einen massiven Dämpfer erhalten.

Danach ist ein pauschales Verbot religiöser Bekundungen in öffentlichen Schulen durch das äußere Erscheinungsbild von Lehrkräften mit Art. 4 Abs. 1 und 2 GG nicht vereinbar. Vielmehr müsse, um ein Verbot zu rechtfertigen, von einer äußeren religiösen Bekundung nicht nur eine abstrakte, sondern eine hinreichend konkrete Gefahr der Beeinträchtigung des Schulfriedens oder der staatlichen Neutralität ausgehen. Entsprechende Bestimmungen in Schulgesetzen der Länder, die als Privilegierung zugunsten christlich-abendländischer Bildungs- und Kulturwerte oder Traditionen konzipiert seien, verstießen mithin gegen das Verbot der Benachteiligung aus religiösen Gründen (Art. 3 Abs. 3 Satz 1 und Art. 33 Abs. 3 GG) und seien daher nichtig.

Für öffentliche Schulen bedeutet dies: Lehrkräfte aller Religionen und Glaubensrichtungen dürfen nunmehr in jedem beliebigen Unterrichtsfach Symbole ihrer Religion zeigen, mithin dürfen auch muslimische Lehrerinnen den *ḥiǧāb* in Schulen und im Unterricht tragen, es sei denn, es würde dadurch „eine hinreichend konkrete Gefahr der Beeinträchtigung des Schulfriedens oder der staatlichen Neutralität ausgehen". Damit wurden bislang geltende entsprechende Verbote in den Schulgesetzen der Länder gegenstandslos.

Aktuelle Zahlen des inzwischen jedem bekannten BAMF belegen, dass mehr als 70 Prozent der Flüchtlinge, die seit 2015 verstärkt nach Deutschland kommen, muslimischen Glaubens sind, unter ihnen sind 34 Prozent bis 17 Jahre alt, also potentiell alles Schülerinnen und Schüler.[4]

---

[4]   Vgl. unter: https://www.bpb.de/politik/innenpolitik/flucht/218788/zahlen-zu-asyl-in-deutschland, zuletzt geprüft am 15.01.2017.

Religionsmündigen Schülerinnen und Schülern an öffentlichen Schulen steht es in Ausübung ihres Grundrechts auf freie Religionsausübung aus Art. 4 GG ebenfalls frei, Zeichen ihrer Religionszugehörigkeit zu tragen oder sich religiösen Vorschriften gemäß zu kleiden, soweit nicht gewichtige sachliche Gründe, etwa die Gewährleistung der Sicherheit im Sportunterricht, entgegenstehen. Das Tragen des *hiǧāb* kann daher in Schulordnungen, Elternverträgen o. ä. nicht untersagt werden.

Das elterliche Erziehungsrecht vor Eintritt der Religionsmündigkeit umfasst nach Art. 6 GG grundsätzlich auch, auf die Bekleidung ihrer Kinder Einfluss zu nehmen und diese mitzubestimmen. Insofern könnten Eltern ihre Töchter vor Eintritt der Religionsmündigkeit und auch vor der Pubertät zum Tragen des Kopftuches anhalten, wenngleich das Tragen des Kopftuches nach ganz überwiegender islamischer Auffassung vor Eintritt der Pubertät kein religiöses Gebot ist.

Eine Verhüllung des Gesichts bzw. des ganzen Körpers ist dagegen mit der offenen Kommunikation, die den Unterricht und den Erziehungsprozess in den Schulen bestimmt, unvereinbar. In diesen Fällen überwiegt der Erziehungsauftrag des Staates aus Art. 7 Abs. 1 GG, sodass ein Verbot von *niqab* und *burka* für Lehrerinnen und Schülerinnen in der Schule verfassungsgemäß ist.

Sollten Bildungseinrichtungen für eine vollverschleierte Schülerin jedoch die einzige Bildungsoption sein, sollten die Schülerin, ggf. auch ihre Eltern, die Schule sowie ein Imam, der beiderseitiges Vertrauen besitzt, eine Lösung im Sinne praktischer Konkordanz suchen.

Ein *Burkini* hingegen bedeckt nicht das Gesicht der Trägerin. Den Rechtsrahmen für deren Tragen in der Schule hatte das Bundesverwaltungsgericht in seiner Entscheidung vom 11. September 2013 – VerwG 6 C 25.12 VGH 7 A 1590/12 – unter ausdrücklichem Bezug auf den Grundsatz der praktischen Konkordanz festgelegt. Danach können muslimische Schülerinnen regelmäßig keine Befreiung vom koedukativen Schwimmunterricht verlangen, wenn ihnen die Möglichkeit offensteht, hierbei einen *Burkini* zu tragen. Der Anblick männlicher Mitschüler in Badekleidung sei für sie ebenso zumutbar wie für die Schule die *Burkini*-Lösung.

2. Verweigerung des Handschlags

Zunehmend häufiger ist zu lesen, dass muslimische Flüchtlinge Frauen den Handschlag verweigern. Vereinzelt haben auch Pädagoginnen in der Vergangenheit diese Erfahrung gemacht. Zudem ist bekannt geworden, dass sich einige männliche Fluchtsuchende in Unterkünften weigern, sich Essen von Frauen reichen zu lassen.

Vorab: Es gibt keine rechtliche Grundlage, den Handschlag oder sonstige Umgangsformen, die in Deutschland gelebt werden, einzufordern. Unabhängig hiervon sind Verhaltenskodizes, die die Angehörige der Mehrheitsgesellschaft von Flüchtlingen erwarten.

Konservative Muslime rechtfertigen ihre Haltung, den Handschlag zu verweigern, mit dem Hinweis auf *fitna*, was Versuchung bedeutet. *Fitna* rege die Begierde an und führe zu *harām* (verbotenen) Wünschen.

„Untermauert" wird diese Haltung mit einem Verweis auf Mohammed, der niemals eine Nicht-*mahram*-Frau (mahram: Ehefrau, Mutter, Schwester, Schwägerin) berührt habe, selbst dann nicht, wenn er ihren Treueeid entgegennahm. Dabei berufen sie sich auf Koranvers 60:12:

> Prophet! Wenn gläubige Frauen zu dir kommen, um sich dir gegenüber zu verpflichten, Allah nichts (als Teilhaber an seiner Göttlichkeit) beizugesellen, nicht zu stehlen, keine Unzucht zu begehen, ihre Kinder nicht zu töten, kein Unrecht zu begehen zu ihren Händen und Beinen, dass sie selbst wissentlich ersonnen haben und sich dir in nichts zu widersetzen, was recht und billig ist, dann nimm ihre Verpflichtung (in aller Form) entgegen und bitte Allah für sie um Vergebung! Allah ist barmherzig und bereit zu vergeben.

Besonders Strenggläubige führen zudem den vermeintlichen *Hadîth* von *Ma`qal ibn Yassaar* an:

> Es ist besser, dass einer von euch mit einem Eisenstachel in den Kopf gestochen wird, als dass er eine Frau berührt, die er nicht berühren darf.[5]

Wer dennoch einer Frau z. B. am Arbeitsplatz oder vor und nach Gesprächen die Hand gibt, handelt in den Augen dieser Verfechter unislamisch, denn Muslime sollten ihre Gefühle unter Kontrolle haben und den Versuchungen des Teufels widerstehen. Vergleichbar verhalten sich auch einige Muslima gegenüber Nicht-*mahram*-Männern (Ehemann, Vater, Bruder, Schwager), bekannt ist sol-

---

[5]   Zitiert bei: http://islamfatwa.de/soziale-angelegenheiten/91-gesellschaft-aktuelles/regeln-nichtmahram-mann-frau/271-das-haendeschuetteln-von-frauen-a-maennern, zuletzt geprüft am 15.01.2017.

ches Verhalten z. B. von Angehörigen der *Ahmadiyya*. Diese wiederum werden jedoch von Teilen des Islam als nichtislamische Sekte eingestuft.

3. Die Vorrangstellung des Mannes[6]

Muslime in Deutschland gelten in gesellschafts- und familienpolitischen Fragen als „die Katholiken der 50er und 60er Jahre". Deshalb hilft ein Blick hinter den 1949 formulierten Artikel 3 Abs. 2 des Grundgesetzes „Männer und Frauen sind gleichberechtigt". Durch diese Bestimmung musste das seit 1896 geltende deutsche Familienrecht bis zum 31. März 1953 dem Gleichheitsgrundsatz angepasst werden. Tatsächlich ist die Gleichstellung von Frau und Mann in Deutschland bis heute jedoch nicht umfassend realisiert.

Der Integration der neuen Flüchtlinge in Deutschland und ihrem überwiegend islamischen Glauben hinreichend Zeit einzuräumen, muss gesellschaftlicher Konsens werden. Ein Zeitraum von mindestens 20–30 Jahre erscheint dabei nicht willkürlich festgelegt, denn Manches, was heute selbstverständlich erscheint und integraler Bestandteil der aktuellen Rechts- und Werteordnung in Deutschland ist, musste erst z. T. hartnäckig und gegen viele Widerstände erstritten werden. Und dazu brauchte es Jahrzehnte, die auch Fluchtsuchenden in Deutschland zugestanden werden müssen. Zwischenresümees erscheinen jedoch unabdingbar, um ggf. nach- oder umzusteuern. Wie sehr das Bürgerliche Gesetzbuch (BGB) und weitere Gesetze, die Rechtsprechung, die Kirchen sowie konservative Politiker der Adenauer-Ära die damalige Gesellschafts- und Werteordnung prägten, verdeutlichen einige Beispiele (vgl. Höfer/Rahner, 1960, S. 19/20; Neumann, 1994):

- *Haushaltsführung:* Frauen waren bis 1977 verpflichtet, den Haushalt zu führen. Sie waren „berechtigt", vor allem aber „verpflichtet, das gemeinschaftliche Hauswesen zu leiten". Zusätzlich waren sie zu Arbeiten „im Geschäfte des Mannes verpflichtet", soweit dies in ihren Verhältnissen „üblich" war (§1356 BGB). Dem Mann stand das letzte Wort „in allen das gemeinsame eheliche Leben betreffenden Angelegenheiten zu" (§ 1354). Wenn er sagte: wir ziehen um, dann wurde umgezogen. Die Frau lieferte einen Scheidungsgrund, wenn sie nicht mitzog – und verwirkte damit auch ihr Recht auf Unterhalt.

---

[6] Vgl. hierzu auch den zweiten Beitrag von Klaus Spenlen in diesem Band.

- *„Elterliche Gewalt"* hatte allein der Mann: Er entschied über Namen, Konfession und Schule der Kinder. Er konnte verbieten, ob die Tochter studierte oder eine Lehre absolvierte. Selbst bei lebensbedrohlichen Situationen mussten Ärzte nicht auf die Mutter hören und operieren, sondern erst die Zustimmung des Vaters einholen.

- *Sorge- und Familienrecht:* Eine verwitwete oder geschiedene Mutter verlor das Sorgerecht für ihre Kinder, wenn sie sich neu verheiratete, ein Witwer oder geschiedener Mann hingegen nicht. Ausschließlich Kinder deutscher Väter, aber nicht die Kinder deutscher Mütter bekamen die deutsche Staatsbürgerschaft. Erkannte zum Beispiel ein amerikanischer Soldat das Kind mit seiner deutschen Freundin nicht an, war dieses staatenlos (bis 1974). Bei fehlender Einigung der Ehepartner in wichtigen Erziehungsfragen stand dem Mann als dem „natürlichen Haupt der Familie" die letzte Entscheidung zu („Stichentscheid", bis 1959).

- *Vermögensbildung und Erwerbstätigkeit:* Nach der Heirat war das gesamte Vermögen der Frau „der Verwaltung und Nutznießung des Mannes unterworfen" (§ 1363) – egal, ob sie es in die Ehe mitgebracht hatte oder in der Ehe erwarb. Frauen durften bis 1953 kein eigenes Bankkonto eröffnen, und bis 1977 benötigten sie die Zustimmung ihres Ehemannes für eine Erwerbstätigkeit. Frauen durften nicht in organisierten DFB-Liegen Fußball spielen (bis 1970); sie durften nicht Schutzpolizistinnen (bis 1978) und Feuerwehrleute (bis 1995) bzw. in der Bundeswehr „an der Waffe" ausgebildet werden (bis 2001); der Verdienstunterschied von Frauen und Männern ist auch 2016 noch beträchtlich.

- *Schlüsselgewalt:* Die Frau war berechtigt, „innerhalb ihres häuslichen Wirkungskreises die Geschäfte des Mannes für ihn zu besorgen und ihn zu vertreten". Außerdem konnte „der Mann ... das Recht der Frau beschränken oder ausschließen". Er konnte ihr sogar die Schlüssel wegnehmen und das Haushaltsgeld streichen.

- Grundsätzlich hatte bis in die 70er Jahre hinein der Mann und Vater „die Verantwortung als Haupt der Ehefrau und der Familie". Wer das leugnete, stellte „sich in Gegensatz zum Evangelium und zur Lehre der Kirche" empörten sich die deutschen Erzbischöfe und Bischöfe (vgl. Deutsche Erzbischöfe und Bischöfe 1953, 41–44, 42, 43). Auch für die etwas offenere EKD war die Ehe „Institution", „Keimzelle des Staates" und „Grundpfeiler der gesell-schaftlichen Ordnung". Sie war zudem überzeugt, dass „die Unterordnung der Frau dem Mann gegenüber in der Ehe" ein „Wesenszug der christlichen Ehe" überhaupt sei.[7]

- 1966 entschied der BGH (Az. IV ZR 239/65):

Die Frau genügt ihren ehelichen Pflichten nicht schon damit, dass sie die Beiwohnung teilnahmslos geschehen lässt. Wenn es ihr infolge ihrer Veranlagung oder aus anderen Gründen versagt bleibt, im ehelichen Verkehr Befriedigung zu finden, so fordert die Ehe von ihr doch eine Gewährung in ehelicher Zuneigung und Opferbereitschaft und verbietet es, Gleichgültigkeit oder Widerwillen zur Schau zu tragen.

Laßt euch nicht den Sinn verdrehen durch Schlagworte von Gleichstellung, die in Wirk-lichkeit unnatürliche Gleichmacherei bedeute ... Laßt euch nicht abdrängen vom Weg des wahren Frauenglücks, das da ist: Dienend zu herrschen ... (Fastenhirtenbrief des Bischofs von Speyer vom 02.02.1953, S. 183).

Haupt des Weibes aber ist der Mann. Die Frau lebt seinsmäßig, ihren geschöpflichen Fun-damenten nach, aus dem Manne und um des Mannes willen ... Die Frau, welche gegen das schöpfungsgemäße Verhältnis der Geschlechter rebelliert, das Zeichen der Abhängig-keit nicht mehr tragen und in gleicher Weise wie der Mann auftreten will, erlangt nicht etwa die Würde des Mannes, sondern geht ... der weiblichen Würde verlustig (Reidick, Gertrude, 1953, S. 41 ff.).

- Der Ordensgeistliche Albert Ziegler führte aus, dass der Mann zwar das Recht zu befehlen habe, zum Ausgleich dafür habe aber die Frau das Recht zu gehorchen: „In dieser gegenseitigen Berechtigung ... ist echt qualitative Gleichberechtigung verwirklicht" (Ziegler, 1958, S. 282).

4. Kinderehen in Deutschland

a. Bestandsaufnahme

a. Das Bürgerliche Gesetzbuch (BGB) bestimmt für Deutschland in § 1303:

(1) Eine Ehe soll nicht vor Eintritt der Volljährigkeit eingegangen werden.

(2) Das Familiengericht kann auf Antrag von dieser Vorschrift Befreiung erteilen, wenn der Antragsteller das 16. Lebensjahr vollendet hat und sein künftiger Ehegatte volljährig ist.

Wie aber soll mit Ehen umgegangen werden, die im Ausland unter Minder-jährigen geschlossen wurden?

---

[7]   Vgl. http://www.ekd.de/EKD-Texte/zusammenleben_1998_verantwortung2.html, zuletzt geprüft am 15.01.2017.

Dass dies keine rhetorische Frage ist, zeigt die Antwort des Bundesministers des Innern (BMI) auf eine Anfrage der Grünen-Bundestagsfraktion: Registriert seien 1.475 minderjährig Verheirate, davon 361 unter 14 Jahren. Dabei handelt es sich bei den meisten minderjährig Verheirateten um Syrer – hier waren dem BMI 664 Fälle bekannt. Weitere Herkunftsstaaten waren Afghanistan (157 Fälle), Irak (100 Fälle), Bulgarien (65 Fälle), Polen (41 Fälle), Rumänien (33 Fälle) und Griechenland (32 Fälle). Unter den minderjährig Verheirateten waren mit 1.152 deutlich mehr Mädchen als Jungen. Nur 26 der registrierten Betroffenen haben den Angaben zufolge ein unbefristetes Aufenthaltsrecht in Deutschland.[8]

Der Anstieg von Kinderehen ist durch verschiedene Faktoren zu erklären: Mädchen sind in Krisenzeiten besonders gefährdet. Durch eine frühe Heirat hoffen Eltern, ihre Töchter vor körperlichem Schaden und einem Verlust der Ehre zu bewahren. Laut Terre des Femmes kommt es in den Flüchtlingslagern im Ausland inzwischen zu einem wahren Heiratshandel. Reiche Männer aus den Nachbarländern würden in die Camps reisen und den Familien Geld für eine Hochzeit mit ihren Töchtern bieten. Oft würden die Eltern in dem guten Glauben handeln, ihre Tochter durch die Heirat mit einem älteren und wohlhabenden Mann zu schützen – gerade wenn der Familie nach einer langen Flucht das Geld ausgehe.[9]

Mithin spielen auch Kriege und Armut eine immer größere Rolle. So berichtet Terre des Femmes Zahlen aus Syrien, die von den SOS Kinderdörfern erhoben wurden, belegten, dass vor dem Ausbruch des Krieges und der Flüchtlingskrise 13 Prozent der syrischen Mädchen bei ihrer Hochzeit jünger als 18 Jahre waren, inzwischen seien es bereits mehr als 50 Prozent. Vor allem in Flüchtlingscamps in Jordanien, im Libanon, dem Irak und in der Türkei habe sich die Zahl der Kinderehen stark erhöht.[10] Der Hintergrund von Kinderehen ist jedoch eher weniger in Religionen, vielmehr in traditionell-ländlichen und

---

[8] Vgl. BT-DS 18/9595 vom 09.09.2016, unter: http://dip21.bundestag.de/dip21/btd/18/095/1809595.pdf, zuletzt geprüft am 15.01.2017.

[9] Vgl. Terre des femmes, Unbegleitete Minderjährige – minderjährige Ehefrauen, März 2016, unter: https://www.frauenrechte.de/online/images/downloads/fruehehen/Position_minderjaehrige_Ehefrauen.pdf, zuletzt geprüft am 15.01.2017.

[10] Vgl. http://www.dw.com/de/terre-des-femmes-kinderehen-abschaffen/a-36237516l, zuletzt geprüft am 15.01.2017.

existentiell gefährdeten Gesellschaften zu suchen. In manchen dieser traditionell-ländlichen Gesellschaften wird das Heiratsalter auf den Zeitpunkt der Geschlechtsreife datiert, bei Mädchen neun und bei Jungen 12 Jahre. Zwar gibt es auch in Ländern wie der Türkei, Ägypten, Algerien, Marokko, Tunesien u. a. m. Zivilgesetze, die das Heiratsalter höher ansetzen.[11] Gleichwohl ist gerade in traditionell-ländlichen islamischen Gesellschaften die Bedeutung der Sunna, die das Leben und Wirken Mohammeds umfasst, sehr groß. Danach ist der Prophet mit seiner dritten Frau Aischa eine Ehe eingegangen, die nach islamischer Überlieferung zum Zeitpunkt des Eheschließungsvertrages sechs Jahre und bei der Hochzeit neun Jahre alt gewesen sein soll.

In einem Hadîth von Muslim zitiert dieser eine Aussage von Aischa:

Der Gesandte Gottes, Gottes Segen und Heil sei auf ihm, heiratete mich, als ich sechs (Jahre) war. Er führte mich in sein Haus, als ich ein Mädchen von neun Jahren war (Muslim: Ṣaḥîḥ. Band 2).

Der letzte Satz ist die Umschreibung des Vollzugs der Ehe.

Die Folgen einer Kinderehe sind verheerend. Viele Mädchen brechen die Schule ab, werden ihrer Kindheit und ihren Freundinnen entrissen, erhalten keine Ausbildung und werden von ihren Familien und ihren Freunden isoliert. Kommt es in der Ehe zu Gewalt oder Misshandlungen, gibt es meist niemanden, an den sie sich wenden können. Viele der jungen Mädchen müssen ihre Zukunftsträume begraben und stehen stattdessen viel zu früh in der Verantwortung für eine Familie.

---

[11] Kinderehen sind in der Türkei zwar verboten, doch annulliert eine Entscheidung des türkischen Verfassungsgerichts vom August 2016 die bisherige Definition des Missbrauchs von Minderjährigen. Bereits im Juli 2016 hat das Gericht eine Klausel im Strafgesetzbuch aufgehoben, wonach jeder Geschlechtsverkehr mit einem Kind unter 15 Jahren als sexueller Missbrauch betrachtet werden müsse. Eine niedrigere Instanz hatte in einer Petition moniert, dass das Gesetz keinen Unterschied mache zwischen sexuellen Handlungen mit einem Jugendlichen oder einem Kleinkind. Kinder zwischen zwölf und 15 Jahre seien in der Lage, die Bedeutung des sexuellen Aktes zu verstehen; das müsse strafrechtlich berücksichtigt werden, heißt es in dem Antrag. Die Annullierung wird im Januar 2017 wirksam. Das Gericht hat dem Parlament sechs Monate Zeit gegeben, das Gesetz zu ändern. Vgl. unter: http://www.spiegel.de/politik/ausland/tuerkei-und-schweden-eklat-nach-missbrauchsurteil-a-1107976.html, zuletzt geprüft am 15.01.2017.

b. Zum Umgang mit Kinderehen in Deutschland

Wann verstößt eine Ehe gegen die guten Sitten, wann gegen die öffentliche Ordnung? Das ist grundsätzlich eine Frage der Auslegung, die Behörden und Gerichte jeweils für sich entscheiden und bei der die Schutzverantwortung des Staates für das Kindeswohl eine entscheidende Rolle spielt.

Ist eine Regelung international durchsetzbar, wonach eine im Ausland geschlossene Ehe beim Grenzübertritt nach Deutschland einfach für ungültig erklärt würde? Bei Ehen, die im Ausland geschlossen wurden, muss unterschieden werden, ob sie nach staatlichem oder religiösem Recht (etwa der islamischen Scharia, arab.: *shari'a*), geschlossen wurde. So entschied das Oberlandesgericht Bamberg am 12.05.2016 – 2 UF 58/16 –, dass eine

> in Syrien nach syrischem Eheschließungsrecht wirksam geschlossene Ehe einer zum Eheschließungszeitpunkt 14-Jährigen mit einem Volljährigen [...] als wirksam anzuerkennen (ist), wenn die Ehegatten der sunnitischen Glaubensrichtung angehören und die Ehe bereits vollzogen ist.[12]

Eine Folge dieser Entscheidung ist: Das Jugendamt scheint in diesen Fällen staatlicher Eheschließungen kein Zugriffsrecht auf die minderjährige Braut zu besitzen, sie vor sexuellen Handlungen ihres Ehemannes zu schützen. Endgültig entschieden ist jedoch auch das nicht, denn der Familiensenat hat die Rechtsbeschwerde gegen seine Entscheidung zugelassen, da die Sache grundsätzliche Bedeutung habe.

Das sieht bei Ehen, die ausschließlich nach religiösem Recht etwa auch im hinduistisch geprägten Indien und unter christlichen Roma, besonders häufig jedoch im islamisch geprägten Kulturkreis und bei Jesiden geschlossen werden, anders aus. Sie gelten nach deutschem Recht als nicht geschlossen. Hier können Jugendämter unter Hinweis auf das Kindeswohl die Trennung der Eheleute bis zu deren Volljährigkeit durchsetzen oder die Nichtigkeit der Eheschließung beantragen.

Es ist erklärte Absicht der Bunderegierung, die Ergebnisse einer Arbeitsgruppe in gesetzgeberische Maßnahmen einmünden zulassen, die Kinder – sowie Formen von Zwangsehen zukünftig ausschließen. Hier gibt es eine breite Zustimmung über Partei- und Ländergrenzen hinweg und unterstützt von

---

[12] Vgl. http://www.gesetze-bayern.de/Content/Document/Y-300-Z-BECKRS-B-2016-N-09621?hl=true, zuletzt geprüft am 15.01.2017.

Wohlfahrtsorganisationen. Geplant ist, dass Jugendämter künftig per Gesetz verpflichtet werden, als Antragsteller Kinderehen vor Gericht zu bringen, sobald sie davon Kenntnis haben. Zudem könnte die ersatzlose Streichung von § 1303 Abs. 2 BGB beschlossen werden und zukünftig die Ehemündigkeit von der Volljährigkeit beider Partner abhängig machen.

5. Fazit

Im Sommer 2016 verabschiedeten Bundestag und Bundesrat ein Integrationsgesetz (vgl. Bundesgesetzblatt 2016, Teil I, Nr. 39 vom 05.08.2016).

Es beinhaltet für Flüchtlinge u. a. Pflichten zur Teilnahme an Sprach- und Integrationskursen für eine Perspektive in Gesellschaft und Berufseinstieg. Die Politik setzt bei der Integration also auf Bildung und Arbeit. Das wird trotz guten Willens von Flüchtlingen nicht einfach, da bislang 58,9 Prozent der Betriebe noch nie Migranten ausgebildet haben (vgl. Enggruber/ Rützel, 2014; Bertelsmann Stiftung 2015).

Ungeachtet vernehmbarer Kritik aus Wissenschaft und Publizistik an Details im Integrationsgesetz müssen grundsätzliche Fragen zulässig sein: Ein Gesetz, das für die Integration im Kern die Zuwanderer und nicht gleichermaßen Betriebe, die Zivilgesellschaft und die Politik in die Pflicht nimmt, vereinfacht Komplexität. Am Beispiel der für diesen Beitrag ausgewählten Themen wird zudem deutlich, dass die Politik in Sachen Integration oftmals – und dann lediglich unter dem Einfluss von Wahlen – reagiert, dabei aber häufig hinterherhinkt. Was für die Gesellschaft in Deutschland hilfreich wäre, wären politische und ggf. gesetzgeberische Eckpfeiler, die durchaus solange auch Zumutungen enthalten könnten, solange Integration nicht im gewünschten Maße greift. Dazu kann der Anblick vereinzelter *burkas* und *niqabs* im öffentlichen Raum gehören. In gleichem Maße müssten aber auch Signale gesetzt werden, was nicht toleriert wird und wie Probleme gelöst werden sollen. Dazu gehören u. a. der Umgang mit den 24 Prozent Asylbewerbungen, die endgültig abgelehnt wurden und ggf. auch die Rückführungen von Personen, die Kinderehen eingegangen sind und endgültig kein unbefristetes Aufenthaltsrecht in Deutschland erhalten (26 Prozent).

Anders ausgedrückt: Es geht um die schlüssige Beantwortung der Frage, wie viel Freiheit unser Land verträgt und wie viel (Rechts-)Sicherheit es braucht.

Zu viel Freiheit eröffnet auch extremistischen und antidemokratischen Kräften wie z. B. den Neo-*Salafisten* Raum für politische Aktivitäten. Zu viel Sicherheit hingegen, zu viele Verbote etwa, ersticken individuelle Freiheitsrechte und höhlen die Demokratie von innen aus. Das Verhältnis beider Prinzipien macht die „wehrhafte Demokratie" aus. Um sie mit Leben zu füllen, muss vieles auf den Prüfstand, und zwar jetzt. Die Lektion, alle gesellschaftlichen Gruppen, die Zivilgesellschaft, die Bildungseinrichtungen, die Unternehmen und auch Zuwanderer in die Pflicht zu nehmen, haben wir alle erst noch zu lernen. Sie muss ebenso integraler Bestandteil der Integrationsdebatte werden wie prospektive effektive Problemlösungen.

Was zudem bislang zu kurz kommt, ist ein Entwurf über die Zukunft unserer Gesellschaft. Münden Herausforderungen wie die Flüchtlings-„welle" nicht in eine schlüssige Deutung des Wohlergehens aller gesellschaftlichen Gruppierungen ein, bei der an Alltagerfahrungen der Bürgerinnen und Bürger angeknüpft wird, scheitert Integration. Es geht darum, schnellstmöglich eine Sinngebung in der Entwicklung der deutschen und europäischen Gesellschaften zu kommunizieren, die sich an Objektivität und Perspektivität orientiert, weder schön- noch schwarzredet und die nicht den Populisten das Feld überlässt.

Literatur

DEUTSCHE ERZBISCHÖFE und BISCHÖFE (1953): Hirtenwort zur Neuordnung des Ehe- und Familienrechtes vom 30.01.1953, in: Kirchlicher Amtsanzeiger für die Diözese Trier, 97, 1953.

EMANUEL, Isidor Markus (1953): Fastenhirtenbrief des Bischofs von Speyer vom 02.02.1953.

ENGGRUBER, Ruth/RÜTZEL, Josef (2014): Josef, Berufsausbildung junger Menschen mit Migrationshintergrund. Eine repräsentative Befragung von Betrieben im Auftrag der Bertelsmann Stiftung, Gütersloh.Abrufbar unter: https://www.bertelsmannstiftung.de/fileadmin/files/BSt/Publikationen/GrauePublikationen/LL_GB_Integration_UnternBefr_Links_2015.pdf.

HÖFER, Josef/RAHNER, Karl (Hrsg.) (1960): Lexikon für Theologie und Kirche. Vierter Band, Freiburg.

MUSLIM (1955): Ṣaḥīḥ. Muḥammad Fu'ād 'Abd al-Bāqī, Band 2: Kairo, S. 1038: Nr. 1422 (69); siehe dort auch S. 1039: Nr. 70–73.

NEUMANN, Ursula (1994): Ohne Jeans und Pille, Stuttgart.

REIDICK, Gertrude (1953): Die hierarchische Struktur der Ehe, München.

SPENLEN, Klaus (2011): Das Kopftuch – religiöses Symbol oder politischer Ausdruck, in: Gemein, Gisbert (Hrsg.), Kulturkonflikte – Kulturbegegnungen. Juden, Christen und Muslime in Geschichte und Gegenwart, Bonn.

SPENLEN, Klaus (2016): Islam in Deutschland. Ein Leitfaden für Schule, Aus- und Weiterbildung, Essen.

THRÄNHARDT, Dietrich/BERTELSMANN STIFTUNG (2015): Die Arbeitsintegration von Flüchtlingen in Deutschland Humanität, Effektivität, Selbstbestimmung, Gütersloh. Abrufbar unter: http://www.bertelsmann-stiftung.de/fileadmin/files/Projekte/28_Einwanderung_und_Vielfalt/Studie_IB_Die_Arbeitsintegration_von_Fluechtlingen_in_Deutschland_2015.pdf.

ZIEGLER, Albert (1958): Das natürliche Entscheidungsrecht des Mannes in Ehe und Familie. Ein Beitrag zur Frage der Gleichberechtigung von Mann und Frau, Heidelberg.

Für ein selbstbewusstes Einwanderungsland

Annette Treibel

2010 erschien Thilo Sarrazins apokalyptisches Buch „Deutschland schafft sich ab". Deutschland werde untergehen, so Sarrazin, weil es von gebärfreudigen, unangepassten und rückständigen Muslimen unterwandert werde. Das Buch wurde weniger gelesen, sondern – in einer Art Bekenntnisakt – gekauft. Für diejenigen, die „Deutschland schafft sich ab" zum Bestseller gemacht haben, war es ein Statement, dieses Buch zu kaufen. Mit dem Kauf konnten sie ihr Unbehagen über die gesellschaftlichen Veränderungen kanalisieren. Es gab ihnen ein Ventil, sich über Integrationsverweigerer mit Migrationshintergrund aufzuregen.

Gut fünf Jahre später ist Deutschland immer noch da. Und mehr als das: Es ist seither im Ranking der Einwanderungsländer auf den zweiten Platz hinter den USA gelangt. Attraktive Einwanderungsländer sind diejenigen, die soziale und ökonomische Perspektiven und demokratische Verhältnisse versprechen. Das haben die Menschen so gesehen, die Ende des 19. Jahrhunderts aus deutschen Regionen in die USA ausgewandert sind. Das sehen die ehemaligen Gastarbeiter so, deren Kinder und Enkel heute als Nachkommen von Einwanderern in Deutschland leben. Und das sehen die Flüchtlinge aus Syrien, Irak oder Eritrea so, die vor Krieg, Zerstörung, korrupten Regimen und Perspektivlosigkeit fliehen. Aus ihrer aller Sicht ist Deutschland ein Land mit Perspektive. Nach dem Mikrozensus 2015 hatten im Jahr 2014 unter der Bevölkerung Deutschlands 20,5 Prozent einen Migrationshintergrund. Von diesen 16 Millionen Menschen sind neun Millionen Deutsche.

Deutschland erklärt sich zwar selbst nicht offiziell als Einwanderungsland, ist aber ein solches geworden. In Reaktion auf mein im September 2015 erschienenes Buch „Integriert Euch! Plädoyer für ein selbstbewusstes Einwanderungsland" und die sich daran anschließenden Interviews gingen zahlreiche Kommentare ein. Ein zentraler Impuls in den Äußerungen betrifft „Deutschland als Einwanderungsland". Während ich dafür plädiere, keineswegs missmutig oder defensiv, sondern sogar selbstbewusst von Deutschland als Einwanderungsland zu sprechen, ist für viele das Statement als solches ein Ärgernis. Möglicherweise gründet sich die Abwehr darauf, dass man Deutschland nicht als ein klassisches Einwanderungsland begreift. Während es für Länder wie die USA oder Kanada zur gesellschaftlichen DNA gehört, ein Einwanderungsland zu sein, ist dieses

Selbstverständnis hierzulande nicht gegeben. Insofern ist der Protest erklärbar. Diesen hätte ich in seiner Schärfe gleichwohl nicht erwartet. Denn in der Wissenschaft ist seit 30 Jahren unstrittig, dass wir ein – wenn auch ein offiziell unerklärtes – Einwanderungsland sind.

Für die Abwehrhaltung sind die Bundesregierungen der letzten Jahrzehnte wesentlich mitverantwortlich. Man hat beispielsweise auf Druck bestimmter wirtschaftlicher Branchen wie Gastronomie oder Gesundheitswesen bereits 1990 die „Anwerbestoppausnahmeverordnung" erlassen. Der offizielle Tenor war jedoch immer durch Abwehr von Zuzug und ein grundlegendes Misstrauen gegenüber Menschen bestimmt, die nach Deutschland kommen wollten. Nachdem man jahrzehntelang das Wort „Einwanderung" vermieden hat und bis heute lieber von „Zuwanderung" spricht, ist es auch kein Wunder, wenn große Teile der Bevölkerung die de-facto-Einwanderung negieren. Für die Käufer des Buches von Sarrazin oder die Anhänger von Pegida geht es jedoch um mehr.

Sie vertreten eine soziale Bewegung, die ich Integrationsverweigerer ohne Migrationshintergrund nennen möchte.

1. Deutsch kann man auch werden

Viele hat es noch nicht erreicht, dass Deutsche heute ganz verschieden aussehen können, nicht zwingend weißhäutig sind und nicht ausschließlich Müller oder Schmidt heißen. Deutsche können auch Boateng oder Özoğuz heißen. So ist das in einem Land mit Einwandererfamilien, die in der zweiten oder dritten Generation hier leben. Diese Menschen wollen auch nicht mehr gefragt werden, wo sie herkommen und wann sie „zurück" gehen. Sie kommen aus Hamburg, Leverkusen oder Augsburg und sehen sich als Deutsche. Noch kann man sie im Vergleich mit den länger ansässigen „alten Deutschen" als „neue Deutsche" bezeichnen, wie ich es in Anschluss an Veröffentlichungen von Naika Foroutan und anderen nenne.

Mit „alten Deutschen" sind die gemeint, die seit vielen Generationen als Deutsche in Deutschland leben; manche sprechen hier auch von „Bio-Deutschen". Zu den „neuen Deutschen" gehören die eingewanderten und die eingebürgerten Personen und jene aus Einwandererfamilien, die hier geboren und aufgewachsen sind. Sie haben mit den Herkunftsgesellschaften ihrer Eltern oder Großeltern häufig nichts oder nur sehr sporadisch zu tun. Insofern sind sie nicht automatisch Experten für diese Gesellschaften, werden aber oft zu solchen erklärt. Ich plädiere dafür, diese „neuen Deutschen" endlich nicht mehr als Ausländer, sondern als Einheimische anzusprechen. Das mit dem „Neudeutsch-Sein" wird sich aber auch für die zweite und dritte Generation bald erübrigt haben. Dann sind vielleicht einige der Flüchtlinge, die dann zu Einwanderern geworden sind, die wirklich „neuen" Deutschen.

2. Das Integrationsparadox

Sarrazin nahm prekäre soziale Lagen von Einwanderern zum Anlass, das ganze Thema Integration als Weltuntergangs-Szenario aufzuziehen. Das Unbehagen und die Empörung über die Nicht-Integrierten halfen über die weitgreifende Beunruhigung hinweg, dass Deutschland für Hunderttausende zur Heimat geworden ist. Denn Integration kann auch als Erfolgsgeschichte erzählt werden.

Das Auffällige am heutigen Deutschland sind nicht die 15 Prozent unter den 16 Millionen Menschen mit Migrationshintergrund, für die wir vereinfachend von Integrationsmisserfolg sprechen können, sondern die anderen 85 Prozent. Unter diesen befindet sich ein wachsender Anteil der sogenannten „migrantischen Mittelschicht". Zu ihnen gehören auch diejenigen, die gut ausgebildet und vielfach mehrsprachig sind. In der globalisierten Ökonomie können sie womöglich eine ernsthafte Konkurrenz für weniger Qualifizierte ohne Migrationshintergrund darstellen. Der Migrationshintergrund kann also durchaus eine Ressource, und eben nicht mehr automatisch ein Problem oder eine Belastung sein.

Tausende von ehemaligen Gastarbeitern sind zurückgekehrt oder weitergewandert, aber viele Tausende sind einheimisch geworden. Ihre Kinder und Enkel sind Deutsche, manchmal mit einem weiteren Pass. Ihre Integration macht – so meine These – die eigentliche Beunruhigung für viele alte Deutsche aus. Das nenne ich das Integrationsparadox. Denn ist es auffallend, dass Menschen, die sich erfolgreich integriert haben, sich erneut rechtfertigen müssen: „Sie sprechen aber gut Deutsch", heißt es dann. Was sollen sie auch anders tun, wenn sie hier aufgewachsen sind?

Viele derjenigen, die über Parallelgesellschaften klagen, wollen „die Ausländer" in ihrer eigenen Gesellschaft nicht dabei haben und haben ein Problem damit, dass ganz unterschiedliche Menschen heute Einheimische in Deutschland sind.

3. Leitbild statt Leitkultur

Gegenwärtig wird wieder einmal über „Leitkultur" geredet. Dieser Begriff ist für mich als Soziologin wenig hilfreich. Auch ganz ohne Einwanderer und ohne Flüchtlinge ist eine moderne Gesellschaft durch die Heterogenität von Lebensweisen gekennzeichnet. Dies ist nicht zu verwechseln mit Beliebigkeit. Den Zuzug muslimisch-traditionalistischer Einwanderer kann man auch als Aufforderung verstehen, selbstbewusster mit den eigenen Traditionen umzugehen. Zum Beispiel sollten christlich geprägte Feste selbstverständlich weiterhin gefeiert werden, und der Weihnachtsmarkt sollte weiterhin Weihnachts-markt heißen. Überdies trifft die Vermutung, dass sich jemand mit anderer Religionszugehörigkeit daran stört, meist gar nicht zu. Es sollte Platz sein für viele Formen. Da sind manche Einzelpersonen und auch Institutionen in vorauseilendem Gehorsam übervorsichtig. Menschen packen andere und sich selbst gerne in Gruppen: die Franken, die Badener, die Sachsen. Man weiß verstandesmäßig, dass die Gruppen nicht einheitlich sind. Aber solche Etikettierungen sind manchmal lustig, manchmal erleichtern sie die Orientierung. Fremdheitsgefühle haben wir innerhalb Deutschlands und alleine im Vergleich unterschiedlicher Stadtbezirke doch auch. Vielerorts muss man drei Generationen anstehen, bis es heißt, man sei „von hier". Studien zu Einbürgerung und Integration zeigen, dass es vielleicht sogar „typisch deutsch" ist, sich mit seinem Viertel, seinem Kiez oder seinem Bundesland zu identifizieren.

Wenn wir uns die Daten anschauen, wo Integration mit viel Einsatz von beiden Seiten gut gelingt, dann ist dies am ehesten in Strukturen gegeben, wo die sozioökonomische Lage gut ist, etwa in Kommunen wie Stuttgart. Dort sind soziale Problemlagen insgesamt geringer ausgeprägt als etwa in Berlin, und insofern ist dort die Situation auch für die Bevölkerung mit Migrationshintergrund günstiger. Die Bedeutung von Strukturen wird gerne unterschätzt. Die enge Kopplung von Arbeitsmarktintegration, Sprachkompetenz und allgemeinen Integrationserfolgen ist aus meiner Sicht wichtiger als die Debatte um Leitkultur. Natürlich kann man Grundgesetze in den Sprachen der Ankommenden verteilen. Wichtiger aber sind Maßnahmen, die von Sprachkursen über die Koordination und Unterstützung der Ehrenamtlichen bis hin zu Wohnungsbau-Förderprogrammen reichen.

Statt Leitkultur sollte man besser von Leitbild sprechen, in dem es um ein neues gesellschaftliches Selbstverständnis geht. Zu einer solchen Grundsatz-Debatte ruft der Rat für Migration, dem ich angehöre, seit Anfang 2015 auf. Was bedeutet es, in einem Einwanderungsland zu leben, wie geht das?

4. Sich mit Konflikten anfreunden

In einem (sich seiner) selbstbewussten Einwanderungsland zu leben, ist keine Kuschelveranstaltung. Moderne Gesellschaften werden durch Sympathie und Kooperation zusammengehalten, aber auch durch die Art und Weise, mit Meinungsunterschieden und Konflikten umzugehen. Wenn Menschen beispielsweise Streit mit ihrem Vermieter haben, lauern sie ihm nicht auf und verprügeln ihn, sondern lassen sich beraten und gehen notfalls vor Gericht. Es geht nicht darum, alle Einwanderer und Flüchtlinge zu mögen, sondern miteinander klar zu kommen – wie es in der Gesellschaft generell gilt.

Ein solcher Pragmatismus ist nichts Ehrenrühriges, sondern etwas sehr Modernes. Es ist in Ordnung, wenn man teilweise auch nebeneinander her lebt. Aus einer soziologischen Perspektive heraus sehe ich das ganz unaufgeregt. In modernen Gesellschaften gibt es ganz viele Subkulturen und Milieus, die sich nicht oder nicht sofort vermischen. Nüchtern betrachtet, sind die Voraussetzungen gar nicht so schlecht – zumindest in den sogenannten alten Bundesländern, in denen es einen Erfahrungsvorsprung mit neuen Deutschen gibt.

5. Gemischte Integrationsbilanz

Insgesamt haben wir zu Selbstbewusstsein, bei allem Missmut im Umgang mit Einwanderung, auch durchaus Anlass: Wir fangen nicht bei null an, sondern haben langjährige Erfahrung mit der Integrationsarbeit. Vieles haben wir in den letzten Jahren auch ganz gut gemacht, wie etwa OECD-Daten oder die MI-PEX-Studie vom Herbst 2015 zeigen. Deutschland ist mit der Integrationsleistung insgesamt im Mittelfeld angekommen und steht nicht schlecht da. Es gibt Nachholbedarf bei der Bildung, beim Schutz vor Diskriminierung und bei der Gesundheit von Einwanderern. Beachtenswert sind die Erfolge etwa in der dualen Ausbildung. Was die Gastarbeiter- und die Aussiedlerzuwanderung angeht, kann man von einer gemischten Integrationsbilanz sprechen. Viele Personen mit Migrationshintergrund, seien es Cem Özdemir oder Helene Fischer, haben hierzulande ihren Weg gemacht. Es wird wenig reflektiert, dass Einwanderer und ihre Nachkommen keineswegs nur die klassische Dönerbude betreiben, sondern auch Ärzte oder Managerinnen sind.

In der Mediengesellschaft sind vor allem spektakuläre und negative Nachrichten interessant. Eine gute Nachricht ist eine langweilige Nachricht.

Ein paar mehr langweilige Nachrichten über gelingende Integration hätten aber geholfen, das Selbstbewusstsein als Einwanderungsland zu stärken. Wenn Deutschland sich wirklich neu finden will und soll, dann geht dies nur mit einem neuen Integrationsverständnis. Integration ist dann ein Projekt für alle. Für alle geht es darum, sich in diesen veränderten gesellschaftlichen Prozess, ein Einwanderungsland zu sein, zu integrieren. Insofern ist meine Idee, Integrationskurse für alle, gerade auch für die alten Deutschen, anzubieten, keineswegs nur humoristisch gemeint, sondern eine ernstzunehmende Option.

6. Deutschland auf der Beschleunigungsspur

Unter einem selbstbewussten Einwanderungsland verstehe ich eine Gesellschaft, die sich ihrer Entwicklung und Potentiale bewusst ist, sich über ihre Regularien verständigt. Durch die Flüchtlinge wird Deutschland in der Debatte um Einwanderung auf die Beschleunigungsspur gesetzt. Endlich wird viel diskutiert. Darin sehe ich eine Chance, öffentlich breiter über Integrationserfolge und gelungene Einwanderungsprozesse zu sprechen. Entsprechend könnte man die aktuelle Situation dazu nutzen, das aus meiner Sicht überfällige Einwanderungsgesetz zu verhandeln. Der Prozess ist mit der Installation eines solchen Gesetzes keineswegs zu Ende, wie die Debatten in den klassischen Einwanderungsländern zeigen. Vielmehr bleibt es kontinuierlich in der Debatte und wird bei Bedarf nachjustiert. Entscheidend ist die Unterstützung von Strukturen. Aktuell wird es darauf ankommen, wie viel Geld in das Bildungssystem fließt, in Integrationskurse, in Sprachkurse, in die Professionalisierung von Lehrern, die schon lange und jetzt zunehmend mit Mehrsprachigkeit zu tun haben.

Wie sieht die Unterstützung der Wirtschaft aus, damit die gewünschten Arbeitskräfte tatsächlich eine Chance bekommen? Viele Betriebe, Behörden und Schulen sind seit Jahren mit Einwanderung beschäftigt und haben viele Erfahrungen im Zusammenleben gemacht. Man sollte die Akteure in diesen Institutionen öfter fragen, wie das geht und wo sie Unterstützung brauchen.

Die Autorinnen und Autoren

Dr. Heiner Barz, Professor für Bildungsforschung und Bildungsmanagement an der Heinrich-Heine-Universität Düsseldorf. Seit 2009 Vorstandsvorsitzender und seit 2014 Präsident des Instituts für Internationale Kommunikation, Düsseldorf und Berlin (IIK e.V.).

Barbara Baumann, wissenschaftliche Mitarbeiterin im Kooperationsprojekt „Bildungssprache Deutsch für berufliche Schulen" im Arbeitsbereich Berufliche Bildung an der Technischen Universität München, School of Education.

Dr. Michael Becker-Mrotzek, Professor für Deutsche Sprache und ihre Didaktik an der Universität zu Köln, und seit 2012 Direktor des Mercator-Instituts für Sprachförderung und Deutsch als Zweitsprache.

Dr. Nora von Dewitz, wissenschaftliche Mitarbeiterin am Mercator-Institut für Sprachförderung und Deutsch als Zweitsprache an der Universität zu Köln.

Dr. Hermann Funk, Professor für Methodik und Didaktik des Deutschen als Fremd- und Zweitsprache, Friedrich-Schiller-Universität Jena.

Dr. Tobias Hentze, Wirtschaftswissenschaftler und Mitarbeiter im Bereich öffentliche Finanzen, Soziale Sicherung, Verteilung am Institut der deutschen Wirtschaft, Köln (IW); zahlreiche Publikationen zur Finanzpolitik.

Dr. Andrea von Hülsen-Esch, Professorin für Kunstgeschichte und seit 2014 Prorektorin für Internationales an der Heinrich-Heine-Universität Düsseldorf.

Dr. Matthias Jung, seit 2009 Vorstandsvorsitzender des Fachverbands Deutsch als Fremd- und Zweitsprache und seit 1995 Geschäftsführer und seit 2014 geschäftsführender Vorstand des Instituts für Internationale Kommunikation, Düsseldorf und Berlin (IIK e.V.).

Thorsten Klute, seit 2013 Staatssekretär für Integration im Ministerium für Arbeit, Integration und Soziales des Landes Nordrhein-Westfalen.

Ulrich Lilie, evangelischer Theologe, seit 2014 Präsident der Diakonie Deutschland mit Sitz in Berlin.

Mona Massumi, wissenschaftliche Mitarbeiterin am Zentrum für LehrerInnenbildung der Universität zu Köln und Koordinatorin Deutsch für Schülerinnen und Schüler mit Zuwanderungsgeschichte.

Rupert Neudeck (†), Journalist und Gründer der Hilfsorganisationen „Cap Anamur" und „Grünhelme", Autor zahlreicher Bücher zu Fluchtursachen und Flüchtlingshilfe.

Dr. Dr. Volker Reissner, Privatdozent an der Abteilung für Bildungsforschung und Bildungsmanagement der Heinrich-Heine-Universität Düsseldorf sowie Projektleiter an der Klinik für Psychiatrie, Psychosomatik und Psychotherapie des Kindes- und Jugendalters der Universität Duisburg-Essen.

Dr. Alfred Riedl, Professor für Pädagogik und Studiendekan sowie Leiter des Arbeitsbereichs Berufliche Bildung an der Technischen Universität München, School of Education.

Dr. Hans-Joachim Roth, Professor für Erziehungswissenschaft mit dem Schwerpunkt Interkulturelle Bildungsforschung. Dekan der Humanwissenschaftlichen Fakultät an der Universität zu Köln und seit 2014 stellvertretender Direktor des Mercator-Instituts für Sprachförderung und Deutsch als Zweitsprache.

Holger Schäfer ist Wirtschaftswissenschaftler und als Senior Economist Mitarbeiter im Hauptstadtbüro des Instituts der deutschen Wirtschaft, Köln (IW).

Dr. Klaus Spenlen, Islamforscher, Lehrbeauftragter an der Heinrich-Heine-Universität Düsseldorf, zahlreiche Publikationen zu Islam, islamischem Religionsunterricht, Integration und Migration.

Oliver Targas, Sozialarbeiter, Koordination der Flüchtlingsberatung der Diakonie Düsseldorf in den städtischen Unterkünften.

Dr. Annette Treibel, Professorin für Soziologie am Institut für Transdisziplinäre Sozialwissenschaft der Pädagogischen Hochschule Karlsruhe. Ihr Buch zum Thema „Integriert Euch! Plädoyer für ein selbstbewusstes Einwanderungsland" ist im September 2015 im Campus Verlag erschienen.

Dr. Margret Wintermantel, Professorin für Sozialpsychologie, ehemalige Vorsitzende der Hochschulrektorenkonferenz und seit 2012 Präsidentin des Deutschen Akademischen Austauschdienstes.